Louanges à propos du
Petit guide pratique pour le bonheur

« Encore une fois, tu y es parvenue, Linda Leaming. Ce livre m'a forcée à ajouter une toute nouvelle destination à ma liste déjà bien remplie de pays à visiter. Quoi qu'il en soit, merci pour cet excellent guide pratique pour le bonheur. Merci, chère collègue voyageuse, de partager cet amour avec nous. »
— Pam Grout, auteure des livres à succès
E-Squared et *E-Cubed*

« Linda Leaming écrit avec une finesse et une sagesse qui s'apprécient tout autant qu'une bonne tasse de thé. Elle a également un bon sens de l'humour. Si vous êtes vivant, ou que vous aimeriez l'être, lisez le *Petit guide pratique pour le bonheur*, et trouvez la joie à chaque page. »
— Eric Weiner, auteur de *The Geography of Bliss*

« Linda Leaming nous offre une vision rafraîchissante sur les défis à relever dans la poursuite de ses rêves. Écrit avec une sagesse très terre-à-terre et un humour rempli d'intelligence, le *Petit guide pratique pour le bonheur* propose un périple himalayen vers le Bhoutan où le cœur n'est jamais bien loin. »
— Matteo Pistono, auteur de *Fearless in Tibet* et
In the Shadow of the Buddha

« Avec le Bhoutan comme toile de fond, le *Petit guide pratique pour le bonheur* contient des leçons de vie basées sur l'expérience personnelle de son auteure et nous encourage à explorer davantage les profondeurs de nos propres paysages intérieurs. Ce petit bijou de livre est une invitation à découvrir ce que nous devons faire pour accéder à la plénitude et mesurer la sensation d'être en vie, non pas en fonction de la vitesse ou de la productivité, mais sur la base des liens sincères. À lire lentement afin de savourer chaque bouchée. »

— Nancy Levin, auteure du livre à succès *Jump… And Your Life Will Appear* traduit sous le titre de *Se lancer… pour vivre sa vie*

PETIT GUIDE PRATIQUE POUR LE

BONHEUR

PETIT GUIDE PRATIQUE POUR LE

BONHEUR

CE QUE J'AI APPRIS AU BHOUTAN SUR LA VIE, L'AMOUR ET L'ÉVEIL

Linda Leaming

Traduit de l'anglais par
Miville Boudreault

ADA éditions

Syntonisez Radio Hay House à hayhouseradio.com

Éditeur : François Doucet
Traduction : Miville Boudreault
Révision linguistique : Daniel Picard
Correction d'épreuves : Nancy Coulombe
Conception de la couverture : Matthieu Fortin
Photo de la couverture : © Thinkstock
Mise en pages : Sébastien Michaud
ISBN papier 978-2-89767-082-5
ISBN PDF numérique 978-2-89767-083-2
ISBN ePub 978-2-89767-084-9
Première impression : 2016
Dépôt légal : 2016
Bibliothèque et Archives nationales du Québec
Bibliothèque Nationale du Canada

Éditions AdA Inc.
1385, boul. Lionel-Boulet
Varennes, Québec, Canada, J3X 1P7
Téléphone : 450-929-0296
Télécopieur : 450-929-0220
www.ada-inc.com
info@ada-inc.com

Diffusion

Canada :	Éditions AdA Inc.
France :	D.G. Diffusion Z.I. des Bogues 31750 Escalquens — France Téléphone : 05.61.00.09.99
Suisse :	Transat — 23.42.77.40
Belgique :	D.G. Diffusion — 05.61.00.09.99

Imprimé au Canada

Participation de la SODEC.
Nous reconnaissons l'aide financière du gouvernement du Canada par l'entremise du Fonds du livre du Canada (FLC) pour nos activités d'édition.
Gouvernement du Québec — Programme de crédit d'impôt pour l'édition de livres — Gestion SODEC.

Catalogage avant publication de Bibliothèque et Archives nationales du Québec et Bibliothèque et Archives Canada

Leaming, Linda, 1954-
[Field Guide to Happiness. Français]
Petit guide pratique pour le bonheur : ce que j'ai appris au Bhoutan sur la vie, l'amour et l'éveil
Traduction de : A Field Guide to Happiness.
ISBN 978-2-89767-082-5
1. Leaming, Linda, 1954- . 2. Leaming, Linda, 1954- - Voyages - Bhoutan. 3. Bonheur - Bhoutan. 4. Bhoutan - Moeurs et coutumes. 5. Américains - Bhoutan - Biographies. I. Titre. II. Titre : Field Guide to Happiness. Français.
DS492.73.L43A3 2016 954.98 C2015-942518-2

À Judy Liff Barker, avec amour et affection

Table des matières

Introduction

Enfant, j'ai beaucoup joué à un jeu de société appelé *Carrières,* mais sans jamais remporter une seule partie. Dans ce jeu, les joueurs doivent fixer leurs propres objectifs pour gagner la partie en allouant un nombre de points, 60 en tout, à une combinaison de notoriété, de prospérité ou de bonheur. La plupart des joueurs divisent les points de manière égale, soit 20 points pour chaque élément. Pour ma part, je plaçais tous mes points sur le bonheur. Je ne me préoccupais pas de la notoriété ou de la prospérité. Je refusais obstinément de changer d'idée, même si le frère aîné de mon amie m'expliquait que, statistiquement parlant, agir de la sorte réduisait considérablement mes chances de gagner. Que mes chances soient minces, voire nulles, ne me dérangeait aucunement. Pour moi, il n'y avait d'autres choix que le bonheur. J'étais une enfant sensible, parfois taciturne ; j'étais aussi une fillette déterminée que d'aucuns qualifiaient d'inflexible. Si j'ai fini par reconnaître que miser tous mes points sur le bonheur était une mauvaise stratégie pour gagner une partie de jeu de société, il s'est avéré par la suite qu'il s'agissait d'une excellente stratégie de vie.

À l'université, pendant que mes pairs s'inscrivaient à la maîtrise en administration des affaires, j'ai décroché un diplôme en philosophie puis, au début des années 1980, une maîtrise en littérature, parce que c'étaient les domaines qui me passionnaient. Au milieu des années 1990, j'ai voyagé à travers l'Europe et l'Asie pour finalement me retrouver au Bhoutan, un petit pays bouddhiste niché dans l'Himalaya et réputé pour être un endroit d'une grande beauté où on cultive le bonheur. J'étais allée au Bhoutan sans raison particulière. À New York, je m'étais liée d'amitié avec des Bhoutanais. Je les appréciais beaucoup et j'étais curieuse de découvrir leur pays. Cependant, comme le Bhoutan n'apparaît pas sur certaines cartes et que mes amis bhoutanais possédaient un grand sens de l'humour, je ne pouvais exclure totalement la possibilité que je veuille me rendre dans un lieu qui n'existait même pas.

Je suis retournée au Bhoutan à plusieurs reprises depuis et j'ai raconté à qui voulait bien l'entendre que je souhaitais m'établir dans cet endroit. Ce n'était vraiment pas gagné d'avance à l'époque et ce l'est toujours aujourd'hui. C'est un pays lointain où le coût de la vie est très élevé et qui ne ressemble à aucun autre endroit sur Terre. Je n'étais même pas certaine de ma volonté de quitter tous ceux et celles que j'aimais. Mais il y avait ce précédent avec le jeu de société, sans compter que j'avais la réputation d'être une personne qui, dans sa quête du bonheur, ne gardait jamais le même emploi et la même relation amoureuse très longtemps, abîmait tout ce qui lui tombait sous la main, brûlait les ponts, et lançait des brochettes de shish kebab tout en faisant une pirouette et en sautant à travers un cerceau de flammes. J'avais soif d'aventures, et le bonheur que je ressentais quand j'étais au Bhoutan me poussait à m'y installer définitivement. Je savais que ce pays ferait de moi une meilleure personne.

J'ignorais combien de temps je resterais au Bhoutan, mais je savais que chaque minute que j'y passerais aurait un profond impact sur moi. Tout ce que j'avais à faire pour y arriver était de prendre un vol à destination de ce pays, ce qui est en soi une expérience capable de changer une vie. Ceinturé par l'Himalaya — la plus haute chaîne de montagnes au monde — et des jungles touffues, le Bhoutan est une forteresse naturelle. Monter à bord d'un avion de son transporteur national, Drukair, est une aventure hors du commun et un acte de foi absolu. Seule une poignée de pilotes possèdent l'habilité et le courage incroyables d'y voler.

Du haut des airs, au moment où l'avion amorce sa descente vers Paro, la piste d'atterrissage ressemble à une petite boîte d'allumettes perdue au beau milieu d'un champ, lequel se trouve dans une clairière bordée par les plus imposantes montagnes qui soient. Vous volez à travers une petite vallée entourée de toutes parts par des géants aux sommets pointus comme des aiguilles et, du hublot, vous apercevez, accrochées à flanc de montagne, des bandes de verdure aménagées pour la culture du riz, ainsi que de pittoresques fermes blanches qui semblent toutes droites sorties d'un univers fantaisiste à la Narnia. Vous vous attendez presque à voir des licornes et des dragons dans le ciel bleu. Vous pouvez apercevoir fréquemment des arcs-en-ciel. Les agriculteurs arrêtent leur travail dans les champs, lèvent la tête, saluent et sourient. Vous êtes suffisamment rapprochés pour voir leurs dents étincelantes dans le soleil de l'Himalaya.

Peu de temps avant d'atterrir sur la minuscule piste, l'appareil fait un brusque mouvement vers la gauche pour éviter une maisonnette juchée sur une petite colline située à côté de l'aéroport. Puis l'avion plonge très rapidement vers le sol et, dieu merci, finit par se poser. Prendre un vol pour le Bhoutan donne l'impression que tout est une question non pas de mètres, mais de centimètres. On pourrait dire la même chose pour le bonheur.

Après une première visite au Bhoutan, il me tardait d'y revenir. J'avais l'impression d'avoir trouvé le paradis sur Terre. Je n'avais pas vraiment conscience d'être dans un pays en développement, où il manquait de tout, tellement ses habitants étaient des personnes charmantes et enjouées. Il s'agit vraiment de l'endroit le plus sauvage que j'aie jamais vu. Quelque chose d'intangible m'avait également attiré vers cet endroit. Après y avoir goûté une première fois, j'ai compris que je ne pourrais plus m'en passer. Ce lieu m'emplissait d'un sentiment de bien-être. J'aimais l'effet que le Bhoutan produisait sur moi. J'étais plus indulgente envers moi-même et aussi envers les autres. La bonté est à toutes fins pratiques la norme au Bhoutan parce qu'il y a peu d'empêchements qui bloquent l'accès au bonheur. La vie y est plus simple. Ce pays n'a jamais été colonisé, ce qui donne à sa population une indépendance d'esprit, une identité claire et une vision empreinte d'optimisme. Les Bhoutanais prennent soin les uns des autres. Ils rient et profitent de la vie d'une manière contagieuse. Se lever chaque jour au Bhoutan avec une attitude de bonté rend possibles toutes sortes de merveilleuses choses. Je suis depuis convaincue que la bonté est la voie qui mène au bonheur.

Il n'en demeure pas moins que le Bhoutan est un endroit qui échappe aux catégories et aux stéréotypes. C'est un pays plein de surprises, de mystères et de contradictions. C'est aussi un endroit frustrant et imprévisible, une terre à la fois sacrée et affreusement profane. On y respire un air où se mélangent des odeurs de feu de bois, de bouse de vache, d'air cristallin des montagnes, de piments et d'encens. Si vous êtes disposé à mettre de côté vos vaches sacrés et vos préjugés les plus tenaces, le Bhoutan peut vous enseigner une ou deux choses qui vous mèneront vers l'illumination.

Je me suis installée au Bhoutan en 1997, puis je tombée amoureuse ; trois ans plus tard, j'ai épousé Phurba Namgay, un artiste-peintre bhoutanais. En 2005, une petite fille, Kinlay, est entrée dans nos vies. Toutes ces années ont été une quête fantastique faite de changement et d'adaptation : apprendre à mieux vivre avec moins. Pour moi, les mesures extrêmes étaient à l'ordre du jour, et je vous déconseille de les mettre en pratique à la maison. Ou plutôt, faites-le. En effet, j'ai appris qu'il n'était pas nécessaire d'aller aux confins du monde pour apprendre à être heureux. En fait, il n'est même pas nécessaire de renoncer à l'intimité et au confort de son foyer. Le bonheur n'en demande pas tant. Au contraire, il est préférable de le chercher là où vous vous trouvez présentement. J'ai pratiquement vécu en permanence au Bhoutan pendant plus de 10 ans, puis, au cours des dernière années, j'ai partagé mon temps entre Nashville et Thimphu ; six mois ici, six mois là-bas. C'était une navette épuisante entre deux endroits qui ne pouvaient être plus éloignés l'un de l'autre. Mais le travail, la famille et la vie rendaient ces périples inévitables. Pour ne pas sombrer dans la folie et pour profiter de la vie, j'ai consacré beaucoup de temps et d'énergie à demeurer la même personne et à vivre de la même façon peu importe l'endroit où je me trouve. La différence est si grande entre ces deux endroits :

comment les gens vivent, à quoi ils s'occupent, ce qu'ils considèrent comme important, comment ils travaillent, s'amusent et mangent.

En Occident, nous avons tout ce dont nous avons besoin ou tout ce que nous désirons — tout, sauf la paix de l'esprit. Nous ne ménageons aucun effort pour essayer d'être heureux. Vivre au Bhoutan, puis revenir aux États-Unis, m'a enseigné que nous pouvons tous apprendre à dégager un espace en nous où nous sommes immaculés et pleinement épanouis, là où nous pouvons faire preuve d'ouverture face à la vie et où nous pouvons être, même dans les heures les plus sombres, sereins et relativement heureux. Et ce, peu importe l'endroit où on se trouve.

J'ai maintenant vécu au Bhoutan pendant la majeure partie de ma vie adulte. Vivre dans cette culture ancestrale m'a amenée au bonheur, car j'en suis venue à penser différemment à propos du temps, du travail, de l'argent, de la nature, de la famille, des autres, de la vie, de la mort, du thé, de la bonté, de la générosité, des machines à laver, du réveil le matin, et de moi-même. Ironiquement, il subsiste beaucoup d'inconfort. Mais je suis heureuse, profondément et complètement heureuse. Malheureusement, le Bhoutan ne restera pas éternellement le Bhoutan. Le changement est inhérent à toute chose, et c'est pour cette raison que, lorsque je quitte le Bhoutan, j'essaie d'emporter avec moi les émotions et les idées qui y sont associées. J'appelle cela « faire comme si j'étais au Bhoutan ». Même lorsque Namgay et moi sommes au Bhoutan, nous devons « faire comme si », car, même dans ce lieu paisible et relativement pur, il est possible d'en perdre le fil.

Parfois, nous avons l'impression d'être heureux lorsque nous croyons avoir atteint la stabilité ou le succès que procurent notre travail, notre compte en banque, notre vie amoureuse et nos relations avec les autres. Nul doute que le bonheur est une chose compliquée. C'est la quête de toute une vie. Une part importante du bonheur, et de la quête pour y parvenir, est de savoir que l'on est heureux, ou plutôt de connaître ce qui nous rend heureux. C'est d'une simplicité trompeuse. Et c'est pourquoi c'est si difficile ! C'est comme les paroles de cette chanson pour enfants, « Si tu aimes le bonheur, claque des mains », qui sont à la fois mièvres et prophétiques. Le bonheur est plus difficile à atteindre qu'il n'y paraît à prime abord, car il y a tant d'obstacles qui se dressent en chemin. Nous devons simplifier les choses, aller à l'essentiel, tout quitter pour repartir à zéro.

Lorsque je parle du bonheur dans ce livre, je fais référence au bien-être. Je vois le bonheur comme un état où nous sommes « exempt de désirs ». Le bonheur est lié à la bonté et à la compassion. C'est combler ses besoins et être bien avec soi sans que cela ne soit nécessairement lié à une source de confort extérieure. Voici ma façon de concevoir le bonheur.

1. Tout le monde veut être heureux.
2. Le bonheur naît d'une intention.
3. Le bonheur n'est pas spontané ; c'est le résultat d'une action consciente qui peut parfois signifier « ne rien faire ».
4. Cette action demande de bien faire des choses simples.

En résumé, pour être heureux, vous avez besoin d'un ensemble d'aptitudes. Au fil des ans, j'ai mis au point mon propre ensemble, ce qui m'a permis de découvrir ce qui fonctionne pour moi et ce qui ne donne aucun résultat. J'aime aussi raconter des histoires. Ce recueil d'anecdotes, d'intuitions, d'impressions et de suggestions fait ressortir les choses qui m'ont menée vers la sérénité et la satisfaction. Voyez ce livre comme un petit coup de pouce qui vous aidera à atteindre le sommet métaphorique des montagnes et de respirer l'air raréfié d'un paradis ensoleillé aux paysages magnifiques.

Linda Leaming
Thimphu, novembre 2013

Chapitre 1

S'apaiser

J'ai toujours cru qu'un jour j'allais laisser ma peau à la Banque du Bhoutan. Non pas en raison d'un tremblement de terre, d'un cambriolage qui tourne mal, ou de l'effondrement du toit de ce vieux bâtiment en ciment (qui a récemment été démoli avant qu'il ne tombe en mille miettes). Je croyais plutôt que je risquais de mourir d'une crise cardiaque, d'un accident vasculaire-cérébral, de vieillesse, ou encore du simple stress causé par l'attente en file pendant des heures pour encaisser un simple chèque. Et il fallait tellement de temps à la banque pour honorer un chèque que j'avais immédiatement besoin d'en encaisser un autre.

L'ambiance de bazar qui régnait dans la banque faisait davantage penser à un carnaval qu'à une institution financière. Une odeur de renfermé, de vieux billets de banque, de piments, d'épices et de poussière flottait dans l'air. Il y avait des femmes accompagnées de leurs enfants, ainsi que des hommes vêtus de pantalons mal ajustés qui marchaient d'un pas pressé comme s'ils avaient quelque affaire importante à régler, avec à la main une serviette tout éraflée et plate parce que vide. Quant aux employés de la banque, ils mâchaient de la gomme, crachaient, bavardaient, couraient, s'assoyaient, brassaient du papier, transportaient de gros dossiers et d'énormes pots d'eau bouillante pour le thé. Puis ils s'arrêtaient net et levaient les yeux chaque fois qu'un gros son de cloche retentissait dans un haut-parleur pour indiquer à qui c'était le tour de se présenter aux guichets. Tous ces Bhoutanais au visage affable — des hommes pour la plupart, mais aussi des femmes et des enfants — faisaient comme si de rien n'était. Ils se saluaient amicalement et se serraient la main comme s'ils avaient été génétiquement programmés pour supporter des heures, des mois ou des années d'attente à la banque. La pièce bourdonnait d'une activité qui ne rimait à rien. À tout moment, je m'attendais à entendre de la musique de cirque et à voir de petits enfants en train de manger d'énormes barbes à papa.

Pour assurer la sécurité des lieux, un vieux gardien en uniforme kaki somnolait à la porte avec, adossé au mur, un fusil de fabrication russe tout aussi vieux que lui. C'était une des armes, que Castro avait fournies au Bhoutan dans les années 1970, qui tenait davantage du mousquet que de l'armement moderne.

L'ambiance était si chaotique que la présence d'un charmeur de serpents n'aurait étonné personne. Cette banque ne ressemblait en rien aux banques impeccables de mon enfance ou aux guichets automatiques que j'avais appris à apprécier pour leur discrétion. Au lieu d'être amusés ou charmés par la situation, ma tête et mon cœur étaient plutôt en proie à la frustration. Je voulais simplement encaisser mon chèque et reprendre le cours de ma vie.

J'étais arrivée au Bhoutan depuis peu pour enseigner l'anglais dans une école gouvernementale et, même si j'étais plutôt ouverte aux expériences exotiques, je demeurais encore à l'époque une Américaine typique.

Nous, Américains, brillons dans plusieurs domaines : nous sommes ingénieux, nous travaillons dur et nous sommes résilients. Même si nous sommes confrontés à des difficultés économiques et que tout est devenu politisé et polarisé, nous vivons bien comparativement à beaucoup d'autres peuples dans le monde. Nous sommes des personnes intéressantes, intelligentes et débordantes d'énergie, et, si je puis me permettre d'autres généralisations du même genre, nous sommes également les individus les plus impatients et gâtés de la planète. Nous supportons mal l'aléatoire. Nous remplissons nos agendas de rendez-vous et d'événements, et même nos journées de congé débordent d'activités. Au Bhoutan, si j'ai trois choses à faire dans la semaine, je suis considérée comme une personne occupée. Aux États-Unis, j'aurais au moins trois choses à faire entre le petit déjeuner et l'heure du lunch.

Les facteurs de stress associés à la vie au Bhoutan sont différents et principalement liés aux besoins de base. La nourriture en est un, car s'en procurer reste problématique. Il n'y a guère de gros supermarchés ; le Bhoutan est si isolé que le transport des marchandises exige beaucoup d'efforts. Par conséquent, les étagères des magasins ne sont pas toujours bien garnies. Pour trouver tout ce dont vous avez besoin, il est nécessaire de faire beaucoup de boutiques, sans compter que ce dont vous avez besoin n'est pas toujours disponible. Il faut souvent se contenter de ce qui est offert, ou s'en passer. Quatre-vingt-cinq pour cent de la nourriture que je mange aux États-Unis — comme le céleri, la dinde, le chou, le café Starbucks, le fromage parmesan, les artichauts, les pacanes et les pignons de pin — sont introuvables au Bhoutan, ou sont disponibles de manière sporadique.

La plupart des maisons ne sont pas isolées ; rester au sec et au chaud est donc une priorité. D'un autre côté, l'approvisionnement en eau est problématique, car les pénuries sont fréquentes à Thimphou. J'estime cependant que ces facteurs de stress (trouver de la nourriture et avoir un toit au-dessus de la tête) sont à maints égards plus facilement gérables parce qu'il s'agit de besoins fondamentaux et relativement simples. La culture est également un facteur de stress pour moi parce que peu importe depuis combien de temps je vis au Bhoutan, et peu importe toutes les choses que j'aime à propos de sa culture, je dois faire des efforts pour m'y adapter et l'intégrer dans mon système de valeurs. Comme, par exemple, apprendre à faire preuve de patience et à attendre au beau milieu du chaos qui règne dans la Banque du Bhoutan.

Heureusement, je me suis améliorée à ce chapitre au fil des ans. Ce qui me déstabilise encore est la façon dont je vois les autres. Peu importe l'endroit où je me trouve – Nashville, New York, Bangkok, ou ailleurs –, les gens que je rencontre peuvent facilement m'exaspérer puisque j'estime secrètement que, si chacun faisait ce que je lui dis de faire, le monde irait beaucoup mieux. Même si cela ne se produira pas et que, de toute façon, je sais que ce n'est pas réellement vrai, j'agis encore comme si c'était le cas. Le monde serait un endroit invivable si tout le monde pensait comme moi ; ma vision des choses me met dans l'embarras. Quand j'ai une pensée négative et pleine de colère, et que je me laisse aller, j'ouvre la porte à encore plus de pensées négatives. En moins de temps qu'il ne faut pour le dire, je deviens très morose. L'autre constante est mon niveau de stress car, comme la plupart des Américains, j'essaie d'en faire trop. Nous aimons la compétition, nous sommes désireux de plaire et, par conséquent, nous entretenons des attentes élevées envers nous-mêmes et les autres. Il en résulte beaucoup de pression. Les recherches scientifiques ont montré que nous ne pouvons pas accomplir plusieurs tâches simultanément et que notre cerveau est incapable de se concentrer sur plus d'une chose à la fois. Pourtant, nous essayons quand même d'y arriver, ce qui nous mène tout droit vers l'épuisement mental et physique.

Aux États-Unis, ce besoin d'une gratification immédiate en toute chose exacerbe ce manque de calme ; nous tentons désespéramment de tout avoir tout de suite : la nourriture, le divertissement, la bonne forme physique, l'illumination. Et tout concourt à ce que nous obtenions tout rapidement. Nous commandons des plats à apporter, envoyons des messages textes à nos amis, téléchargeons de la musique et envoyons des courriels à nos collègues de travail à la vitesse de l'éclair, sans même que nous ayons à sortir de notre voiture. Au Bhoutan, il faut au moins une heure pour accomplir une seule de ces tâches. La vitesse engendre encore plus de vitesse. Toute cette efficience nous pousse à tout vouloir plus rapidement. Si nous pouvions voyager dans le temps, nous tenterions d'accomplir la veille toutes nos tâches de la journée et avoir ainsi plus de temps pour en faire plus aujourd'hui. N'ai-je pas raison ?

Nous ne sommes pas habitués à penser à long terme, à nous recentrer et à cultiver une humeur égale et sereine. En fait, la perspective de ralentir nous effraie. Ironiquement, alors même que nous voulons que tout s'accélère, tout va souvent trop vite pour le cerveau humain. Trop de choses sollicitent notre attention. Il ne s'agit pas ici d'une critique envers mes concitoyens, mais d'un simple constat. Nous travaillons plus fort et plus longtemps que la plupart des autres nations dans le monde. Nous prenons moins de congés. Et lorsque nous prenons des vacances, nous nous lançons dans des projets comme rénover la cuisine, ce qui n'est pas, à proprement parler, des vacances. Si nous ne recevons pas immédiatement la réponse à un courriel, nous commençons à transpirer. *Attendre ? Quoi ? Ça fait déjà cinq minutes que j'ai envoyé ma question, et je n'ai toujours pas reçu de réponse ?*

Nous passons à côté de beaucoup de choses lorsque nous privilégions la vitesse et l'efficacité, la quantité par rapport à la qualité. Vivre ainsi est très stressant. Un jour, un ami américain qui est un coureur de haut niveau est venu me rendre visite au Bhoutan. Lui et sa fille ont fait la randonnée jusqu'à Taktsang, un temple datant du XVIIe siècle érigé à flanc d'une falaise abrupte alvéolée de cavernes. Ce site a été découvert au VIIIe siècle par le légendaire saint bouddhiste Padmasambhava, ou Guru Rinpoché, qui avait atterri à cet endroit après s'être envolé du Tibet sur le dos d'un tigre. Ce lieu emblématique est incontournable pour quiconque visite le Bhoutan, même s'il est particulièrement ardu de s'y rendre et d'en revenir. Le péril est réel en raison de l'altitude et de l'étroitesse du sentier ; à certains endroits, le vide n'est qu'à quelques centimètres. Monter au temple et en redescendre prend la majeure partie de la journée, et c'est un pèlerinage sacré pour un bouddhiste. Si l'idée de la mort ne vous effleure à aucun moment l'esprit — votre propre mort ou celle de quelqu'un d'autre — lorsque vous gravissez le flanc de la falaise, cela veut dire que le sens de ce voyage vous a échappé. Les 30 dernières minutes avant d'arriver à Taktsang se font d'un pas hésitant sur des pierres instables qui font office de marches d'escalier, puis sur un sentier étroit, aménagé à même la falaise et fait de pierres tout aussi instables, qui mène à un pont surplombant une chute. Puis c'est l'arrivée au temple. La vue est à couper le souffle en raison du paysage spectaculaire et, même si vous êtes dépourvu de la moindre parcelle de spiritualité, vous devez faire une pause de temps à autre afin de vous recueillir et de rendre hommage à la magnificence et au caractère surréel de ce qui vous entoure. Vous êtes au fin fond de l'Himalaya, la plus haute chaîne de montagnes au monde, plus proche des cieux que de la terre. L'expérience est terrifiante, magnifique et solennelle ; vous en perdez le souffle, au sens propre comme au sens figuré. Pourtant, lorsque j'ai demandé à mon ami coureur ce qu'il pensait de Taktsang, il a répondu : « C'était génial ! Nous avons fait le trajet en une heure et demie ! » Soupir.

J'ai reconnu immédiatement mes compatriotes américains stressés qui privilégient la quantité au détriment de la qualité. Je connais la sensation que procurent le manque de sommeil et un stress constant. Je peux la sentir chez les gens que je côtoie. En un sens, la fébrilité peut être une source de plaisir. Vous vous sentez plus vivant. Mais c'est une fausse sensation de vitalité, car elle vous empêche d'être dans le moment présent. Tout reste dans la superficialité des choses. Vous n'assimilez rien. Il est difficile de se concentrer. C'est votre santé physique et mentale qui en pâtit.

Au Bhoutan, j'ai dû procéder rapidement à un ajustement et apprendre à rester calme. Mon bien-être était proportionnel à ma capacité à m'adapter à une nouvelle culture, un nouveau rythme de vie, une nourriture différente, des gens différents, des habitudes différentes, des logements différents, et une centaine d'autres variables. Malgré les progrès considérables réalisés au cours des 30 à 50 dernières années, ce royaume montagnard isolé est encore un havre de paix. Le rythme de vie est plus lent, moins réglé au quart de tour, et les Bhoutanais ont une conception du temps différente de la nôtre. La capacité des Bhoutanais à prendre les choses comme elles viennent est peut-être la raison qui explique pourquoi ils ont pu s'adapter à la construction de routes et d'hôpitaux ; de projets hydroélectriques, d'immeubles à bureaux et autres infrastructures ; et au fait de passer de la vie rurale à la vie urbaine, à tout le moins pour la moitié d'entre eux ; d'éduquer plus de la moitié d'entre eux ; de passer d'un régime monarchique à une démocratie constitutionnelle ; de vivre avec plus de voitures, plus de commerces et plus d'entreprises. Ils sont connectés à l'essence même de ce qu'ils sont. C'est une question d'attitude et de capacité à rester centré sur soi. Malgré les obstacles comme la pauvreté, les catastrophes naturelles, les soubresauts géopolitiques dans les pays voisins et les autres difficultés associées à la vie dans une contrée rude et isolée, les Bhoutanais affichent une sérénité intérieure tout à fait remarquable et digne d'admiration. Qui plus est, cette attitude est probablement un gage de longévité tout en étant assurément plus amusante.

Pendant ma première année au Bhoutan, la perspective d'une visite à la banque me remplissait d'effroi. Ce n'était pas l'argent qui me perturbait, mais l'inefficacité de son système bancaire qui dépassait l'entendement. Tout d'abord, je devais remettre mes documents à une personne derrière un bureau pour recevoir un jeton en retour. Chaque fois, c'était une personne différente assise derrière un bureau différent. Il n'y avait pas de processus standardisé à suivre. Et il fallait toujours compter au minimum deux heures d'attente, jeton en main, devant le comptoir situé à l'autre extrémité de la banque afin de signer d'autres papiers. Finalement, une cloche retentissait, et le numéro inscrit sur mon jeton apparaissait sur un tableau. Je recevais alors mon argent des mains d'un caissier. Tout au long de cette attente, je hochais la tête d'incrédulité, je soupirais souvent, je levais les yeux au ciel et, de temps à autre, j'exprimais tout haut mon mécontentement. Exaspération. Soupir. Expression irritée. Insatisfaction exprimée parfois avec force. Et pourtant, malgré mes récriminations, mes attitudes courroucées et mes regards de désapprobation, les choses n'allaient pas plus vite, bien au contraire. Je crois même que je devais attendre plus longtemps pour avoir mon argent. Les Bhoutanais maîtrisent l'art de la résistance passive.

Je me démarquais, à tout le moins en raison de mon langage corporel, de ma mauvaise attitude et de mon air grognon. Il faut parfois se plonger dans une autre culture pour prendre conscience que notre communication est pour l'essentiel non verbale ; nous n'avons pas besoin de parler pour communiquer notre humeur du moment et notre manque de sérénité. Contrairement aux Bhoutanais, notre visage trahit nos émotions. Il était révélateur d'observer les autres clients et de constater que j'étais la seule qui semblait avoir de la vapeur qui lui sortait des oreilles. Personne ne semblait se plaindre de l'attente. Ils étaient dans le moment présent. Pas moi. Ce n'est jamais une position confortable.

Je devais m'entraîner à prendre les choses comme elles viennent.

Puisque je ne pouvais sortir et prendre le risque que mon numéro apparaisse sur le tableau pendant mon absence, je n'avais pas d'autre choix que d'attendre. J'ai donc décidé de mettre ce temps à profit. J'ai commencé à apporter des aiguilles et de la laine et je me suis installée dans un des sièges-baquets installés dans le hall d'entrée pour tricoter des chandails. Avez-vous déjà observé quelqu'un en train de tricoter? C'est une expérience apaisante autant pour la personne qui tricote que pour celle qui l'observe. La plupart des tâches manuelles produisent un effet calmant et profondément satisfaisant qui nous ancre dans le moment présent. C'est un moyen utile et productif de se connecter à l'histoire et à l'univers. Être assis en train d'enfiler de la laine autour d'une aiguille — les mouvements rythmés des mains, les boucles qui s'entremêlent pour créer quelque chose d'utile — permet à l'esprit de se concentrer et de se détendre. Vous sortez de vous-même tout en améliorant votre dextérité. La répétition est bonne pour le cerveau. Posez la question à une personne qui jardine, cuisine, coud ou peint. Parfois, pendant que je tricotais, je levais les yeux, et tous ceux qui attendaient comme moi me fixaient du regard, bouche ouverte, comme si le mouvement de mes doigts pour faire tourner la laine autour des aiguilles les hypnotisait. Je rendais un service public. C'était une forme de méditation qui me connectait à mes semblables d'une merveilleuse façon. Puis j'ai commencé à expliquer ce que j'étais en train de tricoter, le temps qu'il me faudrait pour mener à terme mon projet, comment je m'étais procuré la laine. Une femme m'a même enseigné à tricoter des chaussons pour bébé. Et il y avait invariablement cet air surpris chez ceux et celles qui me demandaient de leur montrer ce que j'étais en train de faire. Je leur présentais alors un chandail avec une manche plus longue que l'autre ou des chaussettes dépareillées, car je suis une piètre tricoteuse. Mais les Bhoutanais, avec leur gentillesse proverbiale, regardaient mes créations avec un air rayonnant et hochaient la tête pour m'encourager, sans jamais trahir ce qu'ils pensaient vraiment de ce que j'avais confectionné. Tout ceci était des plus agréables, et j'en suis venue au point où je prenais plaisir à aller à la banque. Encore aujourd'hui, si quelqu'un me fait un compliment pour un de mes nombreux chandails, il m'arrive de dire en riant : « Je l'ai tricoté à la banque. »

J'estime que nous devons non seulement adopter un mode de vie plus naturel, mais que nous devons amorcer un virage pour fabriquer davantage d'objets avec nos propres mains. Rien n'est plus apaisant. Occupez vos 10 doigts, et votre esprit sera plus détendu et trouvera lui-même son équilibre. En prime, vous pourrez jouir d'un produit fini et raconter l'histoire qui est derrière. Envoyer des messages textes ne compte pas. En fait, tout ce qui est en lien avec les téléphones intelligents ne compte pas. Je me désole de constater que l'écriture manuscrite est un art en voie de disparition. Nous sommes tellement obnubilés par la gratification instantanée et le besoin de rester en contact que nous en devenons complètement déconnectés. Si vous pouvez résister à l'envie de prendre votre téléphone intelligent pour prendre plutôt une balle de laine, vous établirez aussitôt le contact avec cette lueur chaude, amicale, intrigante et authentique qui se trouve à l'intérieur de vous.

Il existe des solutions de rechange pour ceux et celles qui n'ont aucun penchant pour les foulards de laine : enfiler des perles, dessiner, vernir ses ongles, jongler, s'adonner à l'origami, faire de la poterie, donner des câlins, faire du yoga. Nos ancêtres faisaient beaucoup de choses de leurs propres mains, et je me rappelle avoir lu dans les livres de Dickens ou avoir vu dans de vieux films des gens utiliser une montre attachée à une chaîne qu'ils conservaient dans une poche spéciale cousue dans le pantalon à hauteur de la ceinture, ou qu'ils portaient autour du cou. Ils prenaient leur montre et la manipulaient avec leurs doigts. Tout cela semblait avoir une utilité. Je suis nostalgique de cette époque.

Au fil des ans, j'ai appris à me détendre, ce qui m'aide à mieux accepter l'absurdité omniprésente. Être détendu vous permet d'entendre le rire cosmique, et le Bhoutan me donne toujours nombre d'occasions d'agir ainsi. À tout moment, je peux être confrontée à différentes situations, par exemple : trouver une araignée qui marche sur le lit ; entendre des chiens qui copulent sous la fenêtre ; recevoir des gens qui arrivent à l'improviste ; voir des ouvriers décharger un camion devant l'entrée et en bloquer l'accès ; accueillir un voisin qui apporte un serpent mort dans la maison pour le montrer à Namgay ; attendre plus d'une heure pour se faire servir dans un restaurant ; être obligé de faire le tour de la ville pour trouver une boutique qui vend mon thé préféré ; attendre en ligne pour obtenir un obscur permis qui donne l'autorisation de sortir de Thimphou et découvrir en fin de compte que la procédure a été modifiée ; se battre avec une plomberie complètement folle ; trouver refuge dans la voiture comme seul moyen de profiter du soleil et de se réchauffer pendant une froide journée d'hiver.

Aux États-Unis, l'absurdité revêt des habits différents. Il suffit de dire « Quelle vie de fou ! », « Soins de santé ! » ou

« Télévision par câble ! », puis de s'asseoir et écouter. Tout le monde a une histoire d'horreur à raconter sur les rapports avec la bureaucratie des entreprises de télécommunications, sur la circulation automobile aux heures de pointe, sur les voyages en avion, sur les patrons, sur les impôts, sur la politique, sur l'éducation, et ainsi de suite.

Les Bhoutanais, qui sont à la fois bouddhistes et Asiatiques, intériorisent énormément leurs émotions et ne les expriment pas avec autant de facilité que nous sur leur visage ou dans leurs gestes. Pour les Occidentaux, intérioriser ses émotions est synonyme de refoulement, ce qui a une connotation négative. Je propose une voie médiane. À l'occasion, vivez vos émotions sans les extérioriser ou les révéler aux autres. Prenez vos distances par rapport à votre propre corps et à la situation. Faites preuve d'empathie. Tous autant que nous sommes, nous faisons de notre mieux pour mettre du pain sur la table, pour payer nos factures et pour protéger nos biens. Les émotions que l'on laisse passer finissent souvent par diminuer et disparaître complètement.

Les Bhoutanais sont eux aussi aux prises avec la maladie, les problèmes d'argent et les autres aléas de la vie. Comme je l'ai mentionné précédemment, les facteurs de stress auxquels ils sont confrontés sont souvent différents de ceux des Occidentaux. Beaucoup d'entre eux vivent sans électricité et doivent transporter l'eau pour boire et se laver. Leur agriculture en est une de subsistance et, pendant les périodes de vaches maigres, l'insécurité alimentaire est un problème réel. Si vous avez suffisamment à manger et que vous avez un toit au-dessus de la tête, vous vous en sortez bien et vous pouvez même être heureux selon les critères bhoutanais.

C'est un exemple à suivre pour nous. J'ai honte des choses qui me mettent en colère car, lorsque je prends du recul, je me rends compte qu'elles sont insignifiantes. Mais plus vous vous occupez de plusieurs choses simultanément et plus vous êtes stressé.

J'ai appris au Bhoutan que, pour être calme, vous devez prendre conscience des états mentaux et physiques qui se manifestent. Cela semble une évidence, mais, trop absorbés par le quotidien, nous perdons le contact avec nos émotions. L'autoanalyse est une habitude importante à acquérir : sentez comment vous vous sentez. Si vous avez mal à la tête, si vous sentez une pression derrière vos globes oculaires, ou si vos bras, vos jambes et votre dos sont douloureux à force d'être tendus, il est probable que la nervosité vous taraude. Si vous avez de la difficulté à vous concentrer ou que vous tapez du crayon sur votre bureau, notez comment vous vous sentez. Nos humeurs nous prennent parfois par surprise, car nous n'avons pas toujours conscience de notre niveau de tension. Le stress du quotidien entraîne une augmentation de la pression artérielle et affecte notre sommeil, notre appétit et notre raisonnement — bref, tous les aspects de notre vie.

Prenez l'habitude de procéder à une autoanalyse à quelques reprises au cours de la journée et notez comment vous vous sentez. Êtes-vous tendu et en colère, ou détendu et calme ? Faites cette autoanalyse après avoir reçu une contravention pour excès de vitesse, après une dispute avec votre patron, après avoir évité de justesse une collision avec un autre automobiliste qui vient vous couper, ou après avoir reçu une facture pour quelque chose que vous n'aviez pas commandé. Comment vous sentez-vous ? Ne vous concentrez pas uniquement sur les émotions négatives comme le stress ou la nervosité. Intéressez-vous également à ce qui se passe quand vous vous sentez bien. Que ressentez-vous lorsque vous faites la toilette à votre animal de compagnie, que vous promenez votre chien, que vous donnez l'accolade à votre partenaire, que vous rigolez avec vos amis, ou que vous travaillez dans votre jardin ? Vérifiez ce que vous ressentez une vingtaine de fois par jour. La tension et la nervosité nous font perdre le fil de nos émotions. Nous devons alors rétablir le contact.

Bien entendu, nous sommes le reflet de notre environnement. Lorsqu'on vit aux États-Unis, il est difficile de maintenir le niveau de calme qui est la conséquence naturelle de vivre dans un pays à l'ambiance plus décontractée comme le Bhoutan. Toute la conscience du monde ne vous sera d'aucune utilité si vous êtes constamment en train de gérer les crises qui éclatent autour de vous. Vous pouvez cependant atténuer leur impact. Examinez calmement et avec un œil critique le stress qui est présent dans votre quotidien. Organisez votre vie de manière, au minimum, à éliminer les individus ou les choses dont vous pouvez vous passer et qui vous rendent stressés ou nerveux.

Prendre conscience de ce qui vous irrite suffit pour améliorer votre mieux-être et vous rendre plus serein. Limitez vos contacts (20 minutes ou moins) avec les membres de votre famille, les amis et les collègues avec lesquels vous entretenez des relations plus compliquées. Vous minimiserez ainsi l'impact sur votre niveau de calme.

Enfin, faites preuve de plus de retenue. Si vous voyagez ou que vous observez les gens qui sont autour de vous, vous constaterez que les Américains n'éprouvent aucune gêne à étaler au grand jour leurs états émotionnels. Bon nombre d'entre nous sont tout aussi habiles à les dépister. *Je m'ennuie, je suis en colère, je suis excité, je suis abasourdi, je suis heureux, je suis triste.* Afficher un état de calme se résume simplement à être — sans le proclamer. Apprenez à reconnaître la sensation d'être solidement ancré dans le moment présent. Vous souhaitez être à l'écoute, détendu et en contrôle. Ce que les autres pensent de vous devient secondaire ; ce qui importe, c'est comment vous vous sentez. Nul besoin ici d'étaler ses états d'âme dans les réseaux sociaux. Prenez simplement acte de ce que vous ressentez. Ou encore, occupez vos 10 doigts. C'est l'objectif à atteindre. Le point de départ. Cela vous aidera à être calme.

Une fois apaisé, vous serez en mesure d'en faire davantage. Avec le temps, cette stabilité sur le plan des émotions et de l'humeur vous aidera plus que vous ne l'imaginez à vous élever au-dessus de la mêlée. Si vous pouvez apprendre à faire face aux petits drames qui se produisent chaque jour et à garder votre calme, vous serez plus en mesure d'affronter les épreuves plus importantes qui peuvent survenir. Car elles surviendront. Faites une pause, respirez et humez l'air du temps. Votre numéro apparaîtra bientôt sur le tableau. Et vous serez prêt.

Chapitre 2

Voyager avec peu de bagages

Même si je faisais des visites régulières à la banque, j'étais arrivée au Bhoutan avec peu d'argent en poche et encore moins de bagages à la main. Paradoxalement, jamais je n'avais été aussi heureuse. Je me rappelle avoir pensé *Je vais avoir besoin de revitalisant pour mes cheveux,* mais sans en trouver nulle part. J'ai alors imité les autres Bhoutanaises et commencé à utiliser huile de moutarde et henné pour mes soins capillaires. J'ai alors constaté que je n'avais plus besoin de revitalisant. Je n'avais pas de voiture, mais ceux qui en avaient une m'offraient gentiment de m'emmener avec eux. Sinon, je marchais. J'étais étonnée de tout ce dont je pouvais me passer. Je commençais chaque journée ou presque en me disant quelque chose du genre *J'ai besoin de (tel ou tel item).* Comme il n'y en avait pas, je finissais par conclure que je n'en avais pas vraiment besoin. Ou que je pouvais le remplacer par quelque chose d'autre.

Les bagages que nous transportons nous aident dans notre cheminement de vie, ou nous ralentissent. Il y a toutes sortes de bagages : il y a le bagage émotionnel, le bagage psychologique, et le bagage des choses dont nous avons besoin pour vivre. Ces bagages — système de valeurs, souvenirs, pensées, émotions — sont utiles et font de nous ce que nous sommes. Toutefois, nous avons tendance pour la plupart à encombrer nos vies et nos classeurs mentaux d'un attirail et de préjugés inutiles qui ont perdu leur pertinence.

Un jour, en sortant d'une boutique, je croise une femme qui porte un bracelet de cheville de couleur argent. Pendant une fraction de seconde, je fais un voyage dans le temps pour me rappeler mon éducation et l'épithète que ma mère employait à propos des femmes qui arboraient de tels bracelets : « vulgaires ». Pour elle, ces bijoux étaient synonymes de mœurs légères et de lascivité. Ce souvenir m'a fait sourire, puisque je ne pense plus de la même façon, surtout depuis que je vis dans une région du monde où les bracelets de cheville et les anneaux que l'on porte aux orteils sont les signes d'une femme distinguée. Je me suis alors demandé s'il y avait d'autres croyances dépassées qui traînaient quelque part dans mon cerveau.

Ne serait-il pas formidable si nous pouvions nous délester de toutes les choses dont nous n'avons plus besoin, qui ne nous aident pas à progresser, et qui même nous empêchent d'avancer ? Vivre au Bhoutan m'a appris à faire le tri dans ce bagage pour ne conserver que ce qui m'est utile et me débarrasser du reste.

D'ailleurs, avant même mon arrivée au Bhoutan, j'en avais eu un aperçu. En fait, une prise de conscience plutôt brutale.

Nous étions en 1997, et je venais de recevoir tard en soirée l'invitation du gouvernement du Bhoutan à venir enseigner dans une école située en banlieue de Thimphou. J'attendais cette invitation depuis plus d'une année et demie et j'étais tellement excitée que je n'ai pas fermé l'œil de la nuit. Au matin, j'ai acheté un aller simple à destination de l'autre bout du monde. Puis je me suis attelée à la tâche : j'ai annulé, classé, rangé, laissé de côté, éliminé. J'ai endigué le torrent composé des personnes et des choses qui composaient ma vie d'avant pour n'en laisser qu'un mince filet. Mais le choc principal était encore à venir.

Mon amie Carly a acheté mes tapis et mes tables. Rebecca est repartie avec mes sofas et mes lits. La galerie où je m'étais procurée la presque totalité de mes objets d'art a gentiment accepté d'en reprendre quelques-uns. Tous mes visiteurs devaient obligatoirement partir de chez moi avec une boîte de vaisselle, de livres ou de vêtements. Je m'étais accordé trois semaines pour me désengager complètement de ma vie à Nashville et me préparer à prendre l'avion pour le Bhoutan. Je n'avais guère le temps de verser dans la sentimentalité. J'étais comme une future jeune mariée qui court dans tous les sens afin d'être prête pour le grand jour — excitée et concentrée. J'ai annulé les services publics et mis fin à mes abonnements à des magazines ; j'ai vendu ou donné mes meubles, ma voiture, mes vêtements, mes électroménagers, mon ordinateur. Je n'ai gardé que ce que je pouvais entasser dans mes deux grosses valises. Une fois le processus engagé, il m'a semblé incroyablement facile — amusant, presque — de voir des gens repartir avec mes choses en ayant l'air satisfaits de leurs nouvelles acquisitions. Payer pour entreposer mes affaires me semblait absurde, sans oublier qu'avec mon budget extrêmement serré, j'allais avoir besoin du moindre dollar compte tenu des faibles possibilités de gagner de l'argent au Bhoutan. L'entreposage était hors de question. Incrédules, mes voisins observaient la parade ininterrompue de personnes qui sortaient de ma maison les bras chargés d'objets.

— Vous déménagez ?
— Oui.
— Et où ?
— Au Bhoutan. En Asie.
— À quel endroit précisément. Au Bhoutan ou en Asie ?
— En fait, dans les deux endroits en même temps.
— Ne s'agit-il pas du pays en Afrique où…
— Où il y a une guerre civile ? Non. C'est au Burundi. Le Bhoutan est dans l'Himalaya. Les montagnes. Personne n'en a jamais entendu parler, disais-je.

Je m'excusais autant pour l'anonymat du Bhoutan que pour les lacunes en géographie de mon interlocuteur que cette conversation révélait.

— Oh.

Moment de silence.

— Est-ce que vous apportez votre tondeuse à gazon ?

Et ainsi de suite. J'ai entassé les derniers objets dans deux gros sacs munis de roulettes, puis je les ai attachés avec de la corde comme le faisaient les gens il y a longtemps qui partaient pour une mystérieuse destination ou en revenaient.

Oui, à bien y penser, l'entreprise était complètement folle. Je ne la conseille à personne. Mais c'était néanmoins une expérience extraordinaire, libératrice, romantique et si, si effrayante.

Quitter ma famille et mes amis en sachant qu'il était possible que ce soit la dernière fois que je les voie me ramenait à la réalité crue des choses. J'avais fait la sourde oreille à leurs suppliques de renoncer à cette folie. J'étais déterminée, concentrée sur mon unique objectif, et je ne comptais que sur moi-même. Cependant, je n'étais pas sûre de ce qui me poussait à le faire. Je pense que je souffrais d'un sérieux manque d'aventures. En outre, le changement est en quelque sorte inscrit dans mon ADN. C'est de naissance. J'aime le changement. Je l'aime davantage que la plupart des gens. J'avais pris la décision que, peu importe la durée de mon séjour au Bhoutan, le retour à mon ancienne vie serait à toutes fins pratiques impossible. Cela m'attristait un peu, mais la vie est faite de compromis, me répétais-je, et j'étais prête.

Je savais que je m'apprêtais à vivre une période intéressante de ma vie qui m'enrichirait sur le plan des connaissances et me mènerait, qui sait, à l'illumination. Je me sentais privilégiée et effrayée à la fois, comme si je marchais sur un fil. Je me sentais aussi apte à relever le défi. Prendre ce risque m'avait presque instantanément donné l'impression d'être plus forte. Ce que je m'apprêtais à entreprendre n'était peut-être pas la bonne chose à faire, mais c'était une chose qui sortait des sentiers battus. L'originalité me seyait bien.

À l'époque, le moyen le plus économique de se rendre au Bhoutan était de voyager avec PIA, le transporteur aérien national du Pakistan. Le trajet Nashville-Islamabad a pris 32 heures avec de brèves escales à Atlanta, Paris et Dubaï. Puis il y a eu un dernier saut à faire entre Islamabad et Katmandou, au Népal, où j'ai dû faire une dernière escale de deux jours avant d'accéder au Bhoutan. C'était également là où je devais me procurer mes billets de Druk Air.

À Katmandou, je suis descendue de l'avion, mais non mes chers sacs gros comme des fauteuils. Vous avez bien lu : la compagnie aérienne avait perdu mes bagages. Certes, les bagages nous alourdissent et ralentissent. À moins de les perdre alors qu'on se trouve à l'autre bout du monde, dans une ville himalayenne à destination d'une autre ville himalayenne. La perte de ses bagages est alors paralysante. Aucun mot ne peut décrire l'angoisse qui m'a envahie alors que j'étais en plein décalage horaire.

À l'aéroport international Tribhuvan, j'ai fait la navette entre de minuscules bureaux tout aussi miteux les uns que les autres pour poser des questions, supplier, remplir des formulaires, et attendre. Des Népalais au visage impassible. De beaux uniformes. Dans cette partie du monde, l'efficience est un mot inconnu, mais les uniformes sont toujours élégants. Ils étampaient, brochaient, écornaient et pliaient les formulaires, puis ils me les rendaient ou ils les utilisaient comme sous-verres sur leurs bureaux. Je me sentais terriblement seule sans mes bagages.

Puis je me suis mise à observer les avions qui décollaient et atterrissaient. Dans mon esprit confus, j'espérais que mes bagages soient à bord du prochain avion et qu'un employé en uniforme traverserait en courant l'aéroport en criant dans un anglais teinté d'un fort accent : « Liinda, Liinda ! Venez ! Vos bagages sont arrivés ! » Bon, d'accord, ils ne l'auraient pas tout à fait dit ainsi.

Je n'avais plus que mon sac à dos rempli de choses qui ne m'étaient d'aucune utilité immédiate. Je n'avais même pas de brosse à dent. Après un rapide inventaire, je me rendis compte que je disposais d'un appareil photo, de mon passeport, de bijoux, d'argent, de deux livres et d'un peu d'eau. Malgré mes efforts pour rester positive et avoir une pensée cohérente, je ne voyais guère comment poursuivre l'aventure avec ces seuls objets. Je pourrais peut-être en remplacer quelques-uns, sauf qu'il n'y a guère de choses à acheter dans ce coin du monde, mis à part les vétilles habituellement prisées par les touristes — figurines de bouddha, bols tibétains, poignards cérémoniaux. J'aurais pu en acheter assez pour remplir plusieurs centaines de valises sans que cela n'affecte le moindrement la quantité offerte dans les rues et les boutiques de Katmandou, puisque l'approvisionnement était assuré en continu par les petits ateliers installés dans les ruelles de la ville.

Après avoir passé une heure à l'aéroport à remplir des formulaires, à obtenir mon visa et à fixer le vide, je ne pouvais me résoudre à sortir, héler un taxi et me rendre à mon hôtel. Je ne pouvais pas imaginer commencer ma nouvelle vie au Bhoutan sans mes bagages. Je m'étais débarrassée de mes affaires sans trop réfléchir et sans verser dans le sentimentalisme. Je n'avais conservé qu'un écho de mon ancienne vie : quelques-uns de mes livres préférés, des objets utiles comme des bottes ou une trousse de premiers soins, des vêtements, des chandails chauds, des cadeaux, un petit lecteur CD, de la musique, des chaussures, des articles de toilette, des sous-vêtements. Des sous-vêtements ! Lors de mes visites précédentes au Bhoutan, je n'avais rien vu qui ressemblait de près ou de loin à des sous-vêtements. Je savais que les hommes du village portaient des espèces de caleçons à mi-cuisse sous leurs vêtements traditionnels. Je n'avais aucune idée de ce que les femmes portaient, sans même savoir si elles portaient des sous-vêtements. Cependant, la plupart des Bhoutanaises étaient menues. Peu importe ce qu'elles utilisaient, je n'aurais jamais été en mesure de faire de même. J'avais aussi apporté du maquillage, du parfum et d'autres articles qui sont introuvables au Bhoutan, sans oublier des manuels d'anglais pour m'aider à enseigner ma langue aux enfants bhoutanais. Je comptais énormément sur ces livres car, même si je suis beaucoup de choses, je ne suis pas une enseignante d'anglais à proprement parler. Comment allais-je me tirer d'affaires sans tous mes bagages ? Allais-je les récupérer un jour ?

Je ressentais une sensation de vide abyssal lorsque je suis finalement sortie de l'aéroport pour m'engouffrer dans un taxi avec comme seul bagage mon petit sac à dos. Je me sentais légère comme l'air, et il me semblait tellement lourd. Je m'engageais dans ma nouvelle vie d'un pas plutôt chancelant et mal équipée. Je ne réussissais même pas à trouver l'énergie pour alimenter ma colère. J'étais complètement hébétée.

Malgré les images et les odeurs que m'offrait Katmandou, la pollution, le bruit, les couleurs intenses et la cohue qui régnaient dans les rues – les gens mangeaient, dansaient, jouaient de la musique, cuisinaient, vendaient, s'aimaient, marchaient, se querellaient, mendiaient, circulaient –, rien ne m'atteignait. Je savais que des choses odorantes, bruyantes, humides et graisseuses se déroulaient autour de moi, mais j'étais incapable de me concentrer. J'avais aspiré à un grand changement dans ma vie sauf que, maintenant, j'étais complètement dépassée. Je ne pouvais pas rentrer à Nashville. En fait, je n'avais nulle part où aller.

Sans bagages pour m'embêter, je n'avais guère autre chose à faire que d'aller chercher mon billet d'avion à l'agence de voyage. J'ai donc fait ce que tout le monde aurait fait dans ma situation : je me suis tournée vers la religion. Je me suis promenée dans Katmandou et j'ai visité des temples hindous et bouddhistes pour faire des offrandes en argent et prier de manière tout aussi pressante qu'émotive.

J'ai conservé une photo de moi prise à l'époque en compagnie d'un *sâdhu*. Dans la tradition hindoue, le sâdhu est considéré comme un saint homme et un ascète qui a rejeté le monde matérialiste et fait vœu de pauvreté. Les sâdhus parcourent les routes du Népal et de l'Inde et vivent en marge de la société à la recherche de l'illumination spirituelle. Ils prennent très au sérieux leur vœu de pauvreté. Ils ne possèdent rien : certains ne portent même aucun vêtement. Mon sâdhu était un de ces types tout-ou-rien qui était nu à l'exception d'une petite corde rouge attachée autour de ses hanches ; son membre ridé pendait entre ses jambes, et son corps était recouvert de teinture rouge et jaune. Ses cheveux entremêlés formaient un nœud massif au-dessus de sa tête, et il prenait des bouffés d'un joint gros comme un cigare. Sur la photo, il semble plus calme que moi. Il a l'air heureux. Un peu fou, mais heureux. Et moi, avec mes vêtements de voyage fripés, ma chevelure en bataille et mes yeux plissés, j'ai l'air complètement stupide.

Mon séjour à Katmandou s'était transformé en un plaidoyer pour le retour de mes bagages, rendu confus par le décalage horaire et que je débitais à quiconque croisait ma route. Sans le vouloir, j'avais ouvert la porte à des changements radicaux, car c'est à Katmandou que j'ai commencé à voir ma vie sous un angle complètement différent.

Puisque je n'avais plus de bagages dans lesquels puiser ne serait-ce qu'un sous-vêtement propre, je n'avais d'autre choix que de réfléchir. Que me restait-il ? Principalement un désir brûlant de me rendre au Bhoutan pour changer mon existence, pour vivre l'aventure. J'avais travaillé dur pour parcourir tout ce chemin. Comment expliquer ce souhait ardent d'aller au Bhoutan ? C'était comme le proverbial éléphant dans la pièce. Jusqu'à présent, je n'avais aucun accomplissement significatif à mon actif, ni comme écrivaine, ni dans ma vie en général. J'avais commis des erreurs. La plupart d'entre elles s'expliquaient par mon inaction – ne rien faire, ne pas persévérer, gaspiller mon temps. J'étais aussi encline, comme la plupart de mes compatriotes d'ailleurs, à me regarder le nombril. Voilà en gros le bagage émotionnel que je devais assumer. Rien de très dramatique, certes, mais cela pesait parfois lourd sur mes épaules. Il y avait aussi beaucoup de choses que je gardais en moi et qui sont trop banales, stupides, embarrassantes ou insignifiantes pour que j'en fasse ici mention. Sauf que mon ancienne vie était la somme de toutes ces choses. C'était mon histoire, mes pensées, mes sentiments – en d'autres mots, les opinions et les émotions qui faisaient de moi la personne que j'étais. D'instinct, je savais que si j'allais ailleurs, dans un endroit nouveau et différent, je serais obligée de me concentrer sur l'essentiel. Cependant, je n'avais pas prévu le faire dans un état de dénuement presque aussi complet que celui du sâdhu.

Ce séjour à Katmandou, sans mes bagages (au sens propre du terme) et avec un mince espoir de les revoir à nouveau, a eu un impact profond sur moi. Un résultat que des années de psychothérapie, de counselling, ou de drogues, n'auraient pu me procurer. À compter de ce jour et pour le reste de ma vie, il me fallait renoncer à un autre type de bagages – le bagage émotionnel. C'était le « moi d'avant » versus le « moi à venir ». J'avais traversé un mur de feu et j'étais passée de l'autre côté. Je me retrouvais dans une situation où je devais me retrousser les manches pour créer une nouvelle existence, voire pour survivre. Mais j'étais toujours en vie. J'avais toujours les deux pieds sur terre.

Et mon bagage émotionnel alors ? Je parle ici du sentiment d'échec, de l'impression que ma vie me glissait entre les doigts, de la colère, du ressentiment, des mauvaises coupes de cheveux, des frustrations, des insignifiances, des occasions ratées. J'ai juré de le faire monter à bord d'un avion imaginaire à destination de nulle part et de le perdre également. Si on prend la peine de s'installer dans un endroit nouveau que l'on connaît à peine et où on doit se réinventer, pourquoi ne pas en profiter pour laisser derrière ses préjugés, surtout lorsqu'ils n'ont pas vraiment donné de résultats probants ? On libère ainsi un espace où de nouvelles idées et croyances peuvent germer.

Ce soir-là, je n'avais pas envie de dormir. J'étais excitée et je voulais poursuivre ma réflexion car je venais de comprendre quelque chose. Nous atteignons un point dans notre vie, avec l'âge ou l'expérience, où les gestes que nous posons, ou que nous ne posons pas, sont de plus en plus une réponse, ou une réaction, à une perte, une tentative de conjurer la mort, cette ultime perte. En prendre conscience transforme votre vie. Nous perdons toutes sortes de choses : des emplois, des opportunités ; les gens meurent ; les objets tombent en morceaux ; des possibilités se présentent puis disparaissent ; des lumières s'éteignent ; des amis s'en vont. Nous comprenons alors que nous possédons au plus profond de nous-mêmes ce qui nous pousse à nous réveiller le matin et à commencer la journée : une force, un phare, un but, un amour-propre. Notre âme, l'essence de ce que nous sommes. Nous en tant que personne. Quelque chose que nous ne pouvons pas perdre. La chose la plus importante. Cette prise de conscience m'a aidée à me débarrasser d'une partie de mon bagage émotionnel. Comme ce sâdhu, n'avoir rien d'autre que moi-même m'a aidée à comprendre ma propre valeur. Je possédais quelque chose qu'il m'était impossible de perdre.

Je suis redevable envers cette compagnie aérienne qui a perdu mes bagages. Toute cette réflexion me faisait du bien. Lorsque j'ai finalement réussi à m'endormir, j'ai sombré dans un sommeil profond.

Le matin, dès l'aube, je me suis rendue à l'aéroport. Je suis montée à bord du petit avion blanc de Druk Air avec son dragon peint sur la queue, puis nous nous sommes envolés vers Paro. Mon arrivée au Bhoutan a été un moment de pur bonheur que j'attendais depuis très longtemps. Une nouvelle page de ma vie commençait, et je l'abordais avec une pureté qui, sans être celle du sâdhu, s'en approchait beaucoup.

— Madame, où sont vos bagages, a dit le chauffeur en m'accueillant.

— Perdus.

J'ai levé mes mains vides, les doigts tendus. Et j'ai ri.

Deux semaines plus tard, alors que je m'étais faite à l'idée d'avoir perdu mes bagages et que j'avais commencé à chercher vêtements et autres objets dont j'aurais besoin au quotidien, j'ai reçu un appel téléphonique d'un employé de l'aéroport de Paro qui m'annonçait, tout excité : « Madame ! Vos bagages sont arrivés ! Nous les avons envoyés à Thimphou où vous pourrez les récupérer. »

Mon cher, merveilleux et infatigable père les avait retracés à partir des États-Unis. L'erreur s'était produite lors du vol de correspondance à Atlanta et, depuis, ils attendaient quelque part dans un coin poussiéreux de l'aéroport. *Atlanta !* J'avais l'impression de bénéficier d'un sursis. Après avoir passé à travers le processus du « lâcher-prise » face à mes bagages, à la fois sur les plans émotionnel et physique, je récupérais mes sacs en guise de récompense. J'ai interprété le tout comme un signe que j'étais de plus en plus sur la bonne voie.

Je crois qu'à un moment ou un autre dans notre vie, tous et chacun d'entre nous devons faire ce que les membres des Alcooliques Anonymes font, soit un inventaire mental et émotionnel afin de déterminer la nature exacte du bagage que nous transportons. Je sais également que, pour ressentir une réelle passion dans sa vie, pour s'enthousiasmer à propos de quelque chose, pour vivre le moment présent et pour accomplir l'extraordinaire, il faut voyager avec peu de bagages. Libérez-vous des pièges émotionnels auxquels vous êtes enchaînés. Brisez vos chaînes, peu importe le moyen que vous utilisez. Ceci étant dit, je ne vous recommande pas ma propre méthode.

Détail intéressant : bien entendu, j'étais enchantée de récupérer mes bagages et je suis rentrée aussitôt à la maison pour accueillir l'employé de l'aéroport qui avait fait le trajet de Paro à Thimphou. J'ai détaché les cordes et ouvert le premier sac dont le contenu était pêle-mêle. Pourquoi diable avais-je apporté autant de parfum ? Pourquoi ne pas avoir apporté un couteau de cuisine digne de ce nom (impossible d'en trouver un à Thimphou) ? J'étais contente d'avoir apporté autant de chaussures, mais pourquoi y en avait-il tant avec des talons hauts? Marcher à Thimphou avec de telles chaussures équivalait à une tentative de suicide.

Privée d'un accès à une source inépuisable de chocolat, j'avais déjà perdu du poids en me promenant dans les rues de Thimphou, et mes pantalons étaient devenus trop grands. Sans importance puisque, pour enseigner à l'école, je portais un kira, ce magnifique vêtement tissé à la main que portent les Bhoutanaises. J'avais troqué mon obsession pour le groupe The Smiths en écoutant des cassettes de Smokey Robinson, Ronnie Milsap et Johnny Cash sur le petit lecteur de cassettes que j'avais déniché à Thimphou. J'ai fini par donner la plupart des affaires que j'avais apportées dans mes bagages.

Voilà où j'en étais rendue. Ce n'était pas tant un rejet du confort moderne qu'un constat que je n'en avais plus besoin.

Rassemblez les idées et les émotions qui vous freinent et vous entraînent dans un cul-de-sac. Paquetez-les dans une valise imaginaire et jetez-les en bas d'un pont tout aussi imaginaire. Laissez la rivière les emporter.

Chapitre 3

Apprendre à respirer

Ma vie de tous les jours à Thimphou est faite de routines. Je marche pour aller travailler ou pour faire mes courses. Je cuisine, je fais le ménage, j'écris, je joue et je dors dans un décor de montagnes majestueuses situées dans un coin reculé où parvient peu d'écho du monde extérieur. J'ai appris à bien faire beaucoup de choses simples, ce qui est, je crois, un secret du bonheur. Ce secret est fait en partie d'habitudes, en partie de chance, et en partie d'une vie réduite à sa plus simple expression et axée sur le quotidien, l'apaisement et la prise de conscience. C'est aussi facile que respirer.

J'ai appris à respirer en gravissant et en descendant des montagnes. Bien entendu, je respire depuis que je suis née, mais au Bhoutan j'ai découvert le lien qui existe entre la respiration et le bien-être et l'apport de la respiration dans son propre bonheur. Marcher au Bhoutan demande de l'endurance, de l'équilibre, de la concentration et de l'engagement. C'est un exercice tonifiant pour le corps et l'esprit. Monter et descendre des montagnes vous enseigne à respirer et à poursuivre votre route peu importe les circonstances.

Au début, j'étais souvent à bout de souffle. Rien d'étonnant lorsqu'on vit en altitude et qu'on se déplace constamment à pied. Le trajet pour se rendre à l'école était si ardu que, chaque matin, dès que j'ouvrais les yeux, je devais me convaincre de faire au moins l'effort de m'y rendre. J'étais même en paix avec l'idée que cela finirait par me faire mourir un jour. J'imaginais me prendre la poitrine et tomber à genoux, victime d'une crise cardiaque. Une fin rapide et dramatique qui attirerait une foule de badauds. C'est pourquoi je sortais maquillée et coiffée afin que tous s'attristent de mon départ. Si je rendais mon dernier souffle en raison de l'épuisement ou du manque d'oxygène, je mourrais à tout le moins à un âge relativement jeune et dans un lieu exotique. Le trajet prenait environ 45 minutes, et je me mettais en route à 6 h 45 pour arriver à 7 h 30 environ, épuisée, en sueur, le visage cramoisi, mais néanmoins vivante. La dernière portion du trajet était particulièrement éprouvante : une montée à bout de souffle de 20 minutes à flanc d'une montagne boisée. J'empruntais un joli sentier de ciment et de roches parsemé de marches faites en grosses pierres pour les sections plus abruptes. Je devais faire des pauses et reprendre mon souffle à tous les huit pas environ, et, même après m'être reposée, je respirais bruyamment en haletant d'effort au bout de deux pas. Je m'arrêtais sur le bord du sentier, pliée en deux et en manque d'air, pendant que les élèves qui vivaient en contrebas de la montagne et qui montaient et descendaient le sentier quatre fois avant le petit déjeuner – ce qui leur valait des poumons de la taille d'une montgolfière – me croisaient sur le sentier en me demandant :

– Madame, pourquoi vous êtes arrêtée ?

– Superbe (souffle haletant)… vue (souffle haletant), répondais-je.

Je savais qu'ils n'en croyaient pas un mot. Pendant ces premières semaines, il m'arrivait de me réveiller au beau milieu de la nuit à bout de souffle. Je n'arrivais plus à respirer. *Ça n'augure rien de bon,* pensais-je. Ou je me disais plutôt, à la manière d'une personne asthmatique : *Mon Dieu. Peux plus ! Respirer ! À l'aide !* Ce qui était peut-être le cas. Quoi qu'il en soit, je suis devenue consciente de ma respiration comme jamais je ne l'avais été auparavant et, sans verser dans l'exagération, c'était devenu pour moi une obsession. Avec le recul, j'aurais dû consulter un médecin, ou bien redescendre au niveau de la mer, mais je me suis accrochée. Heureusement, les choses se sont améliorées pour moi. C'était un peu comme cette théorie sur l'entretien automobile : si la voiture fait un drôle de bruit au démarrage, haussez le volume de la radio. Le déni donne parfois des résultats en autant qu'on n'en succombe pas. Je ne me rappelle plus le moment exact où j'ai été en mesure de gravir le sentier sans avoir à m'arrêter en état d'hypoxie, mais j'y suis parvenue.

Je fais ici une pause pour vous donner le conseil suivant : ne suivez jamais mon exemple. J'ai été stupide. Si vous éprouvez la moindre difficulté à respirer, consultez un médecin, dites-le à quelqu'un, mais faites quelque chose. Vous devez respirer.

Le véritable déclic, c'est-à-dire le moment où j'ai vraiment appris à utiliser la respiration, est survenu quelques années plus tard par l'entremise de quelque chose que je surnomme « l'illumination instantanée ». Au Bhoutan, on a toujours l'impression que tout peut survenir à tout moment et lorsqu'on s'y attend le moins. On croise par hasard une personne qui dit quelque chose ou pose un geste de profond. Un jour, alors que je me trouve dans le district de Trongsa, je crois entendre un vieux villageois, qui ne pouvait de toute évidence connaître ma langue, dire : « Ce que tu cherches te cherche aussi. » Je lui demande alors dans sa langue de répéter ce qu'il vient de dire, et il s'avère qu'il parlait de quelque chose en lien avec un toit qui coule. Il n'en demeure pas moins qu'au Bhoutan, j'ai reçu beaucoup de conseils judicieux, de manière intentionnelle ou non.

Un jour, lors d'une promenade dans une colline qui surplombe Thimphou, j'ai pu observer la pluie qui tombait des nuages de l'autre côté de la vallée pendant qu'une bruine courait à flanc de montagne. J'ai tenté de calculer la vitesse avec laquelle l'averse se déplaçait et le temps qu'il lui faudrait avant de m'atteindre.

J'ai estimé que je disposais de deux heures, ce qui me laissait amplement le temps de terminer ma promenade et de rentrer à la maison au sec.

J'entends alors une voix derrière moi qui semble lire dans mes pensées :

— Ça s'en vient ! Ça s'en vient !

Je me retourne et je souris en voyant un Bhoutanais qui, d'un pas vif, monte la colline. Je ne peux deviner son âge. Il porte un pantalon de survêtement et une veste à capuche, mais il aurait très bien pu porter un costume impeccable tellement ses manières et son attitude dénotaient une grâce et un raffinement.

— Ah ! dit-il. Sentez cet air ! Respirez cet air ! Vous savez, l'air est gratuit. Il n'appartient à personne. N'est-ce pas merveilleux ?

Il prend des respirations profondes et généreuses.

Voulant l'imiter, je fais de même.

Personne, me suis-je dit, *aucune grande multinationale, aucun gouvernement, aucun pouvoir n'a trouvé le moyen de faire de l'argent avec l'air.*

— Vous avez raison, dis-je.

D'accord, vous devez payer pour faire gonfler vos pneus, mais, comme ce n'est pas le cas au Bhoutan, je préfère passer sous silence ce détail. De plus, je saisis ce qu'il veut dire.

— Quelle sensation ! Vous inspirez, Vous expirez ! L'air donne de l'ÉNERGIE, la VIE ! Il nourrit !

Puis il prend une autre grosse bouffée d'air, ce qui m'incite à en prendre une également.

Respirer semble le combler totalement et le transporter de joie. C'est pour lui une méditation. Puis il se lance dans une explication de la respiration, sur la façon de l'aborder, sur le miracle qu'elle apporte dans notre vie, et sur notre capacité à respirer et à être alimenté par l'air.

— Sur cette planète, nous avons l'atmosphère qui est remplie d'oxygène. Elle nous donne la VIE ! Et je suis reconnaissant envers l'univers. Envers cette planète. Notre maison. Avec de l'air.

Notre planète en est bien garnie. D'AIR ! Je ne m'étais jamais attardée aux bienfaits associés à notre statut de créature aérobique.

Nous nous mettons à marcher ensemble, côte à côte, d'un pas vigoureux.

— C'est seulement que…

Il fait une pause pour appuyer son pouce et son index sur ses narines, une après l'autre, mais il commence à respirer de manière circulaire en insufflant avec une narine, puis avec l'autre.

— Quelle merveille, dit-il.

C'est la première fois que je rencontre un individu aussi passionné par l'air.

— Pensez-y, ajoute-t-il en se penchant vers moi et en baissant le ton, comme s'il me confiait un secret. Nous sommes privilégiés. Nous sommes ici, sur Terre, et nous avons de l'air pour remplir nos poumons et nous garder en vie. C'est ainsi que j'exprime ma gratitude.

C'est effectivement merveilleux. Et tout à fait logique. Exprimer sa gratitude pour l'air. Il suffit d'y penser. Et en y pensant bien, vous trouverez d'autres objets dignes de votre gratitude. Quelque chose d'aussi simple que la respiration prend alors une autre profondeur.

Il est facile de s'intéresser davantage à sa respiration. Rien ne vous en empêche. J'aime tant de choses à propos du Bhoutan, et respirer en fait partie. Il a fallu une promenade anodine pendant un après-midi comme les autres pour qu'un gentilhomme que je ne connaissais pas et que je n'ai jamais revu depuis m'aborde d'une façon tout à fait inédite et me donne cette leçon sur le vif qui a changé ma façon de voir les choses.

Réjouissez-vous d'être un être humain et de pouvoir respirer de l'air. C'est le message que m'a transmis cet ami, et je suppose qu'il fallait que je me retrouve sur cette lointaine montagne pour l'entendre, et le comprendre. La respiration est aussi, et en soi, une façon de méditer pour calmer votre esprit. Il ne vous reste plus qu'à prendre conscience de votre respiration. Inspirez. Expirez. Faites-le à 10 reprises, lentement, et sentez l'air circuler dans vos poumons qui se gonflent et se dégonflent. Soyez attentif à cet air qui transite par votre nez et se propage dans votre corps. Notez vos sensations. L'effet est apaisant.

Une année ou deux plus tard, j'ai fait une rencontre similaire et appris une autre technique de méditation à l'aide de la respiration. C'est à l'occasion d'une visite dans un monastère isolé qu'un lama m'a raconté l'histoire suivante.

Voici cette histoire. Tu comprendras éventuellement pourquoi je te la raconte.

Il était une fois un homme qui était un disciple d'un grand maître, un gourou aux connaissances infinies qui avait atteint l'illumination en méditant sur sa respiration. Cet homme ressentait une grande frustration. Depuis 20 ans, il essayait d'imiter son maître, mais il y avait tant de choses qui l'empêchaient de comprendre, tant d'obstacles. Il y avait la routine quotidienne : sa famille, ses amis, son travail. Il s'agissait peut-être de dettes ; peut-être souffrait-il d'une dépendance qui le préoccupait au point de nuire à sa concentration. Quoi qu'il en soit, il traversait une période de sa vie où tout semblait lui échapper. Il travaillait dur sans obtenir de résultat.

Un jour, l'homme va voir son gourou et lui dit :

– Je t'en prie, tu dois m'aider. Ta sagesse est si grande ; tu peux tout accomplir. Moi, je n'arrive plus à m'en sortir. Aide-moi. Je suis en train de sombrer.

Vous ne devez jamais perdre de vue que ce gourou n'agit qu'au nom de l'amour, comme le font tous les êtres illuminés.

À son disciple, il répond ceci :

– Oui, je peux t'aider. Je vais te donner un démon qui t'aidera. Il fera tout ce que tu lui demandes. Il peut t'aider à mieux

vivre. Cependant, il y a une chose que tu ne dois jamais oublier : tu dois garder ce démon occupé et actif. S'il dispose ne serait-ce que d'une seule minute d'oisiveté, il versera dans le mal, car c'est dans sa nature d'agir ainsi. Il peut même te détruire.

– J'accepte, dit l'homme. Je prendrai soin de ce démon. Ne t'inquiète pas, car j'ai tant de choses à faire chaque jour. Ce démon n'aura pas le temps de se tourner les pouces.

L'homme repart avec le démon pour le ramener chez lui. Aussitôt, il lui demande de faire le ménage, et le démon s'exécute en un temps record. Puis il peint la maison, répare les gouttières, reconstruit le garage, classe le courrier, répond aux courriels. Il n'arrête pas, à la grande surprise de l'homme qui croyait qu'il faudrait au démon beaucoup plus de temps pour accomplir toutes ces choses.

– Que dois-je faire maintenant, demande le démon.

L'homme dit au démon de l'aider à mettre de l'ordre dans les livres de son entreprise car il a pris du retard dans sa comptabilité. Le démon se met au travail.

– Répare ma voiture.

Le démon la répare.

– Prépare mon dîner.

Le dîner est préparé.

– Lave la vaisselle.

La vaisselle est lavée.

– Apporte-moi une tasse de thé.

Aussitôt, le démon apporte une tasse de thé.

– J'ai encore faim.

Un nouveau repas est aussitôt préparé.

Fatigué, l'homme dit au démon qu'il a besoin de faire une sieste.

– Que dois-je faire ? demande le démon.

– Tu peux peindre la maison, dit l'homme.

– Je l'ai déjà fait.

– As-tu réparé la voiture ?

– Oui. Tout est réparé.

– Bon, assieds-toi là pendant que je fais ma sieste.

– Mais je dois faire quelque chose. Si je ne fais rien, il faudra que je te mange.

Inquiet, l'homme saute en bas de son lit. Il se creuse la tête, mais ne trouve rien pour occuper le démon. Et lorsqu'il trouve quelque chose, le démon le fait avant même qu'il puisse trouver autre chose. Il panique. Il ne veut pas être mangé.

Il retourne voir son gourou pour lui redonner le démon.

– Maître, maître, s'écrie-t-il. Je t'en prie, reprends ce démon. Je n'ai plus rien pour l'occuper. J'ai à peine le temps de lui dire de faire quelque chose qu'il l'a déjà fait. J'essaie de trouver autre chose, et il le fait également. Je ne trouve plus rien pour l'occuper et, s'il n'est pas occupé, il va me manger.

Le maître éclate de rire. Mais c'est un rire bienveillant, un rire de grande compassion. Un rire cosmique. Il dit au démon :

– Tu vois l'arbre là-bas ?

– Oui.

– Tu vas monter sur cet arbre. Puis en redescendre. Puis remonter. Puis redescendre. Continue jusqu'à ce que je te dise d'arrêter.

Le démon s'exécute.

Voici la leçon que ce grand gourou a donnée à cet homme : l'arbre est ta respiration qui entre, sort, entre, sort. Le démon est ton esprit. Occupe ton esprit et concentre-toi sur ta respiration qui entre, sort, entre, sort. Éventuellement, ton esprit ira ailleurs. Et ta vraie nature prendra la place.

Chapitre 4

Vivre en harmonie avec la nature

Il faut vivre au Bhoutan pour comprendre à quel point les Américains vivent coupés de la nature. Au Bhoutan, si des taupes s'installent dans votre maison, vous ne pouvez appeler des exterminateurs tout simplement parce qu'il n'y en a pas. Puisqu'il s'agit d'un pays de tradition bouddhiste, les Bhoutanais ne tuent pas, à moins que vous ne les provoquiez vraiment. S'ils ont des problèmes avec des rongeurs, ils utilisent des chats et fabriquent de jolies petites litières remplies d'écorces de riz récupérées des moulins à riz. L'écorce de riz est un produit entièrement naturel et très efficace comme litière qui coûte moins cher que les litières commerciales vendues dans les magasins. C'est gratuit, biodégradable, et la litière se transforme en excellent engrais une fois que le chat a fait ses besoins. Voilà ce que signifie vivre en harmonie avec la nature.

Il y a 20 ans, j'étais la dernière personne à qui on aurait collé l'étiquette du « retour à la nature ». J'aurais plutôt reçu celle d'adepte de l'ordinateur portable et du fer plat. Je suis une fleur de serre, et non une fleur sauvage. Toutefois, puisque j'ai aimé le Bhoutan, que je m'y suis installée, que j'y ai été heureuse et que j'y ai vécu une belle vie, apprendre à vivre plus simplement et plus naturellement au beau milieu de la nature a été en quelque sorte un bonus. C'est un peu comme lorsque vous commandez un sandwich au fromage et qu'on vous apporte des frites en accompagnement sans qu'il vous en coûte un sou de plus, parce que le cuisinier les a fait cuire par erreur. Cette valeur ajoutée a rendu ma vie infiniment meilleure et intéressante. Et plus satisfaisante.

Vivre plus simplement, et avec moins de choses et d'objets compliqués, n'est pas un résultat qui arrive du jour au lendemain. Bien au contraire. En rétrospective, pour y arriver, il m'a fallu une bonne dose de travail, d'angoisse et de frustration, accompagnée d'un soupçon de misère. Sans m'attarder outre mesure sur le sujet, vous n'avez qu'à penser à l'infestation de rongeurs dont je faisais mention précédemment. Imaginez rentrer un soir à la maison et allumer la lumière pour s'apercevoir que votre domicile a été envahi par toutes sortes de créatures à fourrure aux grands yeux : des lièvres gros comme des bébés qui sont assis sur votre réfrigérateur comme s'ils en étaient les propriétaires, et des souris qui cavalent sur le plancher comme si elles étaient en retard pour une fête. Ou encore, imaginez que vous rentrez à la maison au beau milieu de l'hiver, qu'il n'y a plus d'électricité et que vous n'avez pas de lampe de poche. Plongée dans une obscurité à l'opacité presque tridimensionnelle, vous sortez en tâtonnant de la maison pour aller chercher des bûches qui sont empilées derrière la porte de la cuisine, puis vous revenez dans la maison toujours en tâtonnant, quelques bûches dans une main et l'autre main tendue dans le vide, essayant de trouver le poêle à bois bukhãri afin d'allumer un feu.

Même si ce n'était pas toujours une partie de plaisir de faire des promenades en sandales Birkenstocks pour aller au magasin d'aliments naturels, c'est en participant à une puja que j'ai compris intuitivement l'importance de vivre en harmonie avec la nature.

Les pujas sont des cérémonies religieuses importantes au Bhoutan. Chaque famille en organise une. *Puja* est un mot hindou utilisé pour décrire les cérémonies que les Bhoutanais appellent *choku*. Il existe toutes sortes de pujas : des pujas de bénédiction universelle, des pujas-pendaison de crémaillère, des pujas de longévité, des pujas pour la santé, des pujas pour le bien-être général et, bien entendu, des pujas longues et coûteuses organisées lors d'un décès. Les pujas peuvent durer quelques heures, jours, mois ou même années. Pendant une puja, les moines et les lamas viennent à la maison ou au temple pour psalmodier des prières, jouer du tambour et souffler dans des cornes afin d'apaiser les dieux qui habitent les lieux. Le gros de l'action se concentre surtout dans la cuisine, car une puja est généralement l'occasion de manger et de boire. Si vous venez un jour au Bhoutan, vous serez presque à coup sûr invité dans une célébration du genre.

Souvent, les familles se réunissent dans leurs maisons ancestrales situées dans des villages reculés. En 1999, j'ai accompagné quelques amis à leur puja annuelle qui avait lieu à Wangdue dans une vieille ferme située à une heure de marche en montagne. La nourriture y était abondante et délicieuse – riz, porc, poulet, piments, *momo* (délicieuses boulettes de pâte cuites à la vapeur et remplies de fromage ou de viande), nouilles de sarrasin et autres mets fins qui sortaient en un flot interrompu de la cuisine ; il y avait toujours quelqu'un aux fourneaux, même tard dans la nuit, pendant nous étions tous en train de manger, de boire, de discuter et de rire. Et si nous n'étions pas en train de manger ou de boire, nous étions en train de parler de ce que nous venions tout juste de manger ou de boire. C'était la seule raison d'être d'une puja.

Dans la cuisine, il y avait sur une table un grand panier rempli de petites oranges sucrées et, chaque fois que je passais à côté, ce qui arrivait plutôt souvent, j'en prenais une pour la manger. Ces oranges déclenchaient un flot de larmes dans mes yeux en manque de sucre. Elles étaient si savoureuses que j'aurais aimé dire qu'elles me rappelaient celles que je mangeais étant petite, sauf que je n'ai pas mangé d'orange pendant mon enfance.

Cette puja a duré trois jours et, vers la fin, constatant que le panier était vide, j'ai demandé à une vieille *angay* (grand-mère) s'il restait des oranges. Elle a éclaté de ce rire typique que déclenche une question que les Bhoutanais jugent idiote.

— Ha, ha, ha ! a-t-elle pouffé de rire. Beaucoup.

— Où ? ai-je demandé.

— Là, a-t-elle répondu en faisant un geste vague en direction de l'extérieur.

Les Bhoutanais disent toujours « là », mais où diable ce « là » se trouve-t-il ?

Je suis sortie dehors et j'ai fait le tour de la maison à la recherche d'une boîte, d'un panier, d'une remise ou de quelque chose où on aurait pu ranger ces fruits. En fait, il n'y avait rien. J'ai fait plusieurs fois le tour et je suis même allée voir du côté des arbres qui se trouvaient tout près en pensant que les oranges avaient peut-être été entreposées dans une boîte ou une quelconque structure.

La vieille femme est venue à la porte. Avec un large sourire, elle a fait un geste. – En haut ! en haut ! a-t-elle dit.

J'ai levé les yeux. La maison était habilement située au beau milieu d'une orangeraie qui comptait peut-être 30 ou 40 arbres regorgeant de fruits. *Je pouvais les sentir.* En tendant l'oreille, je pouvais entendre de temps à autre le son que produit une grosse orange trop mûre qui se détache pour tomber au sol. C'est dire à quel point j'étais intuitivement et instinctivement connectée à mon environnement immédiat.

Comme je ne suis pas du genre à rester les bras croisés en présence de nourriture, je suis aussitôt passée à l'action. Il y avait un arbre chargé de fruits situé à côté de la maison sur une butte ; je me suis dit que si je montais sur la butte, il me serait facile de profiter d'une protubérance formée par deux branches pour grimper dans l'arbre. Pieds nus et vêtue d'un kira qui me descendait aux chevilles, j'ai mis mon plan à exécution. J'ai cueilli des oranges, environ deux douzaines, que j'ai déposées dans mon *hem chu,* cette petite poche ventrale formée par un pli dans mon kira. Je suis redescendue et je les ai placées dans un panier près de la maison. Puis j'ai recommencé ma cueillette.

Il y a des années, pendant un voyage en Europe, j'ai été victime du syndrome de la cathédrale. J'en ai été affectée au point où la moindre vue d'une arche voûtée, d'un hall en miroir ou d'une fontaine surplombée de sculptures en marbre virevoltantes, me donnait envie de me jeter devant le prochain camion qui passait. Lors d'une visite à Versailles, j'ai pris mes distances des hordes de touristes pour m'aventurer dans un sentier qui mène au Petit Trianon, le palais de Marie-Antoinette construit dans un secteur plus isolé de ce vaste domaine. Je suis alors tombée sur le Hameau de la Reine, un village rustique que Marie avait fait construire près du Trianon.

Même si elle a dû apprécier le luxe de la cour, elle devait néanmoins ressentir un soulagement lorsqu'elle venait dans ce village, loin des corsets et des gaines, des robes paniers surdimensionnées qui pouvaient à peine franchir un cadre de porte, des perruques géantes et des faux ongles, pour simplement se détendre, cheveux au vent et vêtue d'une simple mousseline, toujours élégante, mais sans verser dans les excès des parures de la cour. Le village comptait une ferme, une fromagerie, une imprimerie, un théâtre et tout ce que l'on peut retrouver dans un petit village. Si le flair politique n'était pas la grande force de Marie-Antoinette, son penchant pour un mode de vie plus naturel visait dans le mille, et ce, même si elle ne faisait que suivre la culture populaire et ce que Jean-Jacques Rousseau, ce philosophe français adepte de la simplicité, appelait le « retour à la nature ». Même si je me trouvais dans un village du Bhoutan, à mille lieues, et pas seulement du point de vue géographique, de ce monde, cette métaphore restait pertinente.

De retour dans la maison, j'ai regarni le panier avec les oranges que j'avais cueillies et j'en ai pris une pour la manger. Pendant que je savourais ce fruit glorieusement et délicieusement acide et sucré, j'ai senti un surcroît d'énergie envahir mon cortex cérébral. C'était peut-être l'effet de toute la vitamine C que j'avais ingérée. Boom ! Cela m'a frappée comme un éclair, ou comme la sensation de déjà vu d'une collision dans un train de banlieue japonais. Une prise de conscience. Ce fruit que j'avais cueilli de mes propres mains en grimpant à un arbre, ce fruit qui avait poussé dans ce pittoresque et immaculé village bhoutanais, était le meilleur fruit que j'avais dégusté à ce jour, point à la ligne.

J'ai éclaté de rire. Ce devait être ça que Marie-A. recherchait : se retrouver parmi des arbres ou dans un champ, marcher sur une route de campagne, manger ce que l'on récolte, ou simplement s'asseoir et profiter d'une vue magnifique qui nourrit l'âme d'une manière si vitale et si essentielle au mieux-être. Le sentiment de satisfaction qui en ressort nous revigore et nous connecte à notre environnement immédiat. Il nous aide à manifester notre gratitude. Il y a quelque chose d'intrinsèque dans le fait de s'asseoir sur l'herbe et de lever les yeux vers le ciel, ou de se promener dans un boisé en écoutant les oiseaux et le vent. L'âme en sort restaurée.

Je ne prétends pas qu'il existe une seule façon d'être en contact avec la nature. Il suffit d'être dans un lieu où vous vous sentez bien, qui a une signification pour vous et qui vous procure une impression de liberté et de confort. C'est le point de départ. Si vous vivez dans une ville, allez dans un parc. Trouvez un endroit où il y a de la terre, de l'herbe et des arbres. Si vous possédez une cour arrière, créez un jardin. Salissez-vous les mains. Je vous jure qu'il y a des moments où mon seul contact avec la nature se résume à la bande de gazon d'un vert intense et impeccablement soignée qui borde un centre commercial, ou encore à ces poiriers que l'on retrouve partout le long des routes et des stationnements du sud des États-Unis — des arbres fragiles, stériles et malodorants au moment de la floraison, mais qui ont une forme parfaite et qui sont agréables à regarder.

Bien entendu, qui dit nature dit créatures pas-toujours-désirables. Les insectes sont omniprésents et nous surpassent, et de loin, en nombre. Ils sont là pour rester et, au fil des ans, mon attitude envers eux a changé. Quand je vivais à Nashville et qu'il m'arrivait de voir une araignée dans la maison, j'appelais un ami, un gaillard costaud, et, que ce soit le jour ou la nuit, je le harcelais jusqu'à ce qu'il vienne l'écraser. Pourtant, même une vile araignée mérite considération. Il faut d'abord faire preuve d'un minimum de compassion. Il s'agit d'une créature terrestre, tout comme vous. Vous pouvez la trouver répugnante, mais l'araignée pense peut-être la même chose de vous. Il est même possible de traiter avec les araignées venimeuses comme la veuve noire ou la recluse brune sans se faire de mal. Emprisonnez l'araignée dans un bocal placé à l'envers, puis glissez une feuille sous le bocal pour la transporter vers l'extérieur. Aussi simple que cela. Je me rappelle certains périples de nuit dans l'est du Bhoutan où les murs des latrines grouillaient de créatures à huit pattes d'espèces et de formes diverses. Il m'est aussi arrivé de me retrouver face à face avec une chauve-souris alors que j'étais accroupie dans une toilette à Trashigang. La créature s'est mise à voler dans tous les sens, et je me suis mise à faire de même — manière de parler —, en agitant mes bras au-dessus de ma tête. Puis j'ai essayé de couvrir ma tête, puis mon derrière, et encore ma tête. Je ne pouvais déterminer quelle partie de mon corps en avait le plus besoin.

J'avais une peur mortelle des mille-pattes. Pourquoi ? Parce que ces bestioles sont munies d'un grand nombre de grosses et affreuses pattes poilues et qu'elles se déplacent avec une telle rapidité. Il y a même des espèces qui sont venimeuses. Là où je réside quand je séjourne aux États-Unis, j'en vois au moins un qui grimpe sur un mur ou qui se sauve à toute vitesse sur le plancher de la salle de bain après une grosse averse. Avant toutes ces années passées au Bhoutan, une telle rencontre m'aurait plongée dans un état de panique. Aujourd'hui, je me dis : *Tu es là, toi. Tu serais mieux dehors, n'est-ce pas ?* Je lance une serviette sur l'intrus, je la ramasse et je secoue la serviette dehors.

Notre maison est devenue un lieu où il est interdit de tuer quoi que ce soit. Après avoir vécu au Bhoutan parmi des bouddhistes pour qui chaque vie, peu importe qu'elle soit petite ou insignifiante, est sacrée, tuer ne serait-ce qu'un minuscule insecte n'a aucun sens. J'étais en train de discuter avec une amie à côté de sa voiture garée dans un stationnement de Nashville lorsqu'elle s'est exclamée :

– Regarde ! Une chenille.

Puis elle a posé le pied dessus pour la piétiner. *Elle a marché sur la chenille.* Que d'énergie gaspillée !

– Qu'est-ce qui te prend ? me suis-je écriée. Pourquoi faire exprès pour tuer quelque chose ? Vivre et laisser vivre.

En vous rapprochant de la nature, vous entrerez en contact avec la beauté et la laideur, la paix et le danger. Mais tout cela sera réel et naturel. Je suis une personne optimiste, mais derrière tout cet optimisme se cache au plus profond de moi un pessimisme refoulé qui ne demande qu'à remonter à la surface. Je crois qu'en refusant de reprogrammer nos vies afin qu'elles soient plus naturelles, davantage axées sur le développement durable et plus en harmonie avec la Terre, et qu'en refusant d'essayer de vivre avec toutes les créatures de Dieu, même celles qui n'ont pas de grands yeux attendrissants et qu'on ne voit pas dans les zoos ou dans nos économiseurs d'écran, nous nous y verrons contraints plus tôt que l'on croit, que ce soit en raison d'une loi, de la réalité économique, ou d'un gaspillage de nos ressources. Si Marie-Antoinette n'avait pas été la fille de Marie-Thérèse et si elle avait été en mesure de mener une vie honnête et sans extravagances dans un village quelque part en Autriche, et si elle n'avait pas été exécutée au beau milieu d'une foule en colère en raison de ses extravagances, elle vous dirait la même chose.

Chapitre 5

Boire du thé

Lorsque j'ai commencé à enseigner l'anglais au Bhoutan, les élèves qu'on m'a confiés étaient doués et désireux de s'exprimer. Un jour, je leur ai demandé ce qu'ils faisaient pendant leur congé hivernal de trois mois, et beaucoup m'ont écrit qu'ils voulaient servir du « bad tea », littéralement du mauvais thé, à leurs parents lorsqu'ils rentreraient à la maison. D'abord surprise par cette intention malicieuse, j'ai fini par comprendre qu'il s'agissait d'une erreur d'orthographe et qu'ils voulaient plutôt offrir un « bed tea » (thé servi au lit). Dans les villages bhoutanais, en hiver, la buée sort de la bouche même lorsqu'on se trouve à l'intérieur, et rien n'est plus agréable que de voir un de ses proches se lever avant tout le monde, sortir dehors pour aller chercher du bois, allumer un feu, préparer un peu de thé et le servir au lit : le « thé servi au lit » est un rituel plein de tendresse et de compassion.

La quantité phénoménale de façons de préparer du thé et de le boire a été pour moi une source inépuisable d'étonnement. En fait, j'ai vécu dans le pays où le thé est cultivé et consommé à longueur de journée. Le Bhoutan est en soi un pays de rituels, ce qui est loin de me déplaire. Tout au long de son histoire, le thé, les mythes et la religion y ont été étroitement associés. Le thé est une source de vitamines et d'antioxydants en plus de posséder des vertus médicinales; il stimule le système immunitaire et est utilisé à cette fin en Chine depuis plus de 2 000 ans. Puis, il a gagné en popularité et est devenu le breuvage par excellence; comme le thé était à l'origine un produit rare et coûteux, sa consommation est tout naturellement devenue un rituel.

Le thé a un effet apaisant tout en nous gardant alerte et concentré. C'est l'état mental idéal pour la méditation, la clairvoyance et les prophéties. Ou encore pour consacrer un après-midi à faire de la tenue de livres.

Le thé a joué un rôle très important dans mes fréquentations avec Phurba Namgay. Celles-ci ont commencé lorsqu'un de mes amis a joué le rôle d'intermédiaire et a invité Phurba à venir chez moi pour prendre le thé. Au cours de la semaine qui a suivi, il est revenu à plusieurs reprises, et nous avons bu beaucoup de thé. Le tout a finalement abouti à un mariage. Dès le début de notre vie commune, la tasse de thé de fin d'après-midi après le travail est devenue un rituel que nous perpétuons encore aujourd'hui. Le thé est demeuré une partie si importante de notre vie que nous sommes tout excités lorsque nous trouvons dans une épicerie indienne aux États-Unis les mêmes thés que ceux que nous achetions au Bhoutan. Le thé nous procure réconfort et sentiment de continuité.

Un jour, à l'occasion d'un repas pris avec des amis dans un restaurant thaï de Thimphou, ceux-ci avaient amené avec eux Ron, un Chinois qui vit en Malaisie. Ce n'était pas la première fois que nous le rencontrions, et nous étions enchantés de le revoir parce que c'était un homme amusant. Ron travaillait dans le commerce de produits importés et exportés et il se trouvait au Bhoutan pour acheter du

Cordyceps, un produit très en demande de nos jours. Le Cordyceps est un champignon qui croît sur le dos des chenilles, et le résultat de cette cohabitation est réputé posséder une gamme étendue de vertus médicinales. Les Chinois en sont d'avides consommateurs. En fait, ce champignon attaque une espèce particulière de chenille en se substituant à ses tissus, ce qui provoque à terme la mort de la larve ; toutefois, avant que cela ne se produise, une grosse spore qui ressemble à un brin d'herbe apparaît sur la tête de la chenille. Interdite au début, la chasse aux brins d'herbe ambulants dans les pâturages montagneux du Bhoutan a été légalisée par le roi il y a quelques années. Depuis, j'imagine des gardiens de troupeaux de yaks couchés à plat ventre sur le sol à la recherche d'un brin d'herbe qui se déplace à pas de tortue, donnant ainsi un nouveau sens à l'expression « regarder l'herbe pousser ».

Au Tibet et au Bhoutan, le Cordyceps est appelé *Yarsa gumba*, ce qui signifie « chenille d'hiver et herbe d'été », car les anciens croyaient qu'il s'agissait d'une chenille qui se transformait en herbe, l'été venu. Des gens à l'imagination fertile, ces anciens. Ce champignon qui est connu partout en Asie est surnommé le « Viagra de l'Himalaya ». En plus de cet effet, hum, sur les fonctions érectiles, le Cordyceps contribue à contrer le phénomène de rejet lors des greffes d'organes. En fait, la liste de ses bienfaits mesure plus d'un kilomètre de long. Certaines personnes en prennent chaque jour de manière préventive en le mélangeant avec du thé, car le Cordyceps donne de la force et de l'énergie tout en éloignant la maladie. C'est véritablement un médicament miracle ; il suffit de le récolter dans les pâturages montagneux du Bhoutan.

Le Cordyceps est une mine d'or pour les gardiens de yaks de l'Himalaya, car un kilogramme de chenilles séchées peut rapporter environ 2 000 dollars américains. Un riche gardien de yaks est différent de vous et moi ; certes, il a gagné l'équivalent bhoutanais du gros lot à la loterie, mais au lieu de s'acheter une grosse maison dans un quartier huppé ou une voiture de luxe, il continue de garder des troupeaux de yaks. Il se contente d'acheter d'autres yaks. Et de l'équipement sophistiqué comme des détecteurs de mouvement pour surveiller les léopards des neiges.

Si Ron appréciait la cuisine du restaurant Thaï, il n'était guère impressionné par le thé qu'on y servait. Ron venait chaque année au Bhoutan pour assister à la vente aux enchères du Cordyceps, et il profitait aussi de l'occasion pour acheter et vendre du thé. Il était également propriétaire d'un salon de thé en Malaisie, et on pouvait même aller jusqu'à dire qu'il était un fanatique du thé. Svelte et presque chauve, Ron était ce genre d'individu très énergique dont on peut difficilement deviner l'âge. Il parlait tout le temps, surtout du thé. Et quand il ne parlait pas de thé, il parlait de sujets en lien avec le thé.

Ron buvait un type de thé fermenté produit en Chine et, à chaque voyage, il apportait des échantillons enveloppés dans du papier parchemin pour en distribuer à ses amis. Le papier d'un blanc soyeux était accompagné de seaux rouges avec des inscriptions en chinois. C'est un thé très agréable à boire. Il suffit d'en plonger une pincée dans de l'eau bouillante. Pendant le repas, Ron nous a parlé de thé ainsi que d'un club qu'il avait fondé pour retirer les jeunes laissés pour compte des griffes des gangs criminalisés de Malaisie. Au lieu de traîner dans les rues à faire je ne sais quelque mauvais coups pour le compte de ces gangs, ils viennent à son salon pour boire du thé.

— Parler ainsi de thé me donne soif, ai-je lancé à Ron qui était assis de l'autre côté de la table.

— Venez, dit Ron. Je vous préparerai du vrai bon thé.

Ce lunch dans un restaurant Thaï s'est alors transformé en pause thé d'après-midi. Après avoir fait quelques courses et acheté des gâteaux, nous nous retrouvons chez nos amis dont la maison se trouve dans les collines qui surplombent Thimphou. Sur une table basse placée dans le solarium, Ron dépose un plateau sur lequel se trouvent cinq petites tasses de thé. Les tasses en porcelaine sont blanches avec une fine ligne bleue tracée tout juste sous le rebord. Ron s'installe dans un fauteuil rembourré qui se trouve devant la table, et nous nous assoyons dans trois sofas qui bordent la pièce. À travers les grandes fenêtres du solarium, on pouvait contempler la pelouse en pente avec ses pins et ses fleurs roses et bleues tandis qu'au loin se dressaient ces gardiens silencieux que sont les montagnes, ce qui ajoutait une touche d'une beauté spectaculaire et plus grande que nature aux environs.

— L'eau pour le thé doit être très chaude, bouillante, explique Ron pendant qu'un assistant apporte de l'eau dans un thermos.

Même si Ron juge que l'eau n'est pas assez chaude, il dit :

— Faisons-le quand même.

Contrairement à notre grosse théière anglaise, celle de Ron est petite et brune. La quantité produite n'aurait pu remplir les grosses tasses que j'aime utiliser. Dans ce pot, il mélange l'eau et quelques feuilles de thé.

— Je vais maintenant laisser le thé infuser pendant moins d'une minute, ajoute-t-il.

Il verse ensuite le thé dans les tasses de porcelaine qui ne sont guère plus grosses qu'un verre de whisky. Je le bois en une seule gorgée. Un goût agréable, sans plus, et faible. Il ajoute de l'eau dans la théière, puis il laisse le tout infuser pendant environ trois minutes tout en discourant sur le thé. Cette nouvelle infusion a une saveur différente. Un goût plus profond sans être amer. J'en veux davantage que la petite gorgée que contient ma tasse. Pas de soucis, dit Ron. Il y en aura davantage. Il ajoute de l'eau à huit autres reprises et en allongeant chaque fois le temps d'infusion.

— Il y a six montagnes en Chine, et chaque montagne produit une saveur et une qualité de thé différentes, dit Ron qui se lance ensuite dans un véritable exposé.

Il décrit les différents attributs de chaque thé et le prix qu'il est vendu sur le marché. Comme l'après-midi tire à sa fin, la lumière dans le solarium change. Le soleil a poursuivi sa course, et des nuages dissimulent maintenant le sommet des montagnes.

Ce n'était pas la première fois que je me retrouvais dans ce solarium. Mon amie Louise avait habité cette maison et, pendant huit ans, j'y étais allée une ou deux fois par semaine. Louise avait déménagé depuis, et c'était maintenant nos amis qui y habitaient. C'était dans ce même solarium que Louise et moi avions bu du Darjeeling avec son service de thé en porcelaine Wedgwood. J'aime prendre mon thé à l'anglaise, c'est-à-dire en versant un soupçon de lait dans ma tasse avec d'y ajouter du thé. Louise le buvait nature, sans lait ni sucre, comme le font les véritables connaisseurs. Dont George Orwell. Dans son joli essai intitulé *Une excellente tasse de thé*, il indiquait sa préférence pour l'ajout de lait après que le thé eut été versé afin d'en mettre la bonne quantité. Quant au sucre, en ajouter était pour lui une abomination. De plus, il n'aimait pas le thé chinois, lui préférant le thé indien. Par-dessus tout, il fallait selon lui apprécier autant le goût amer du thé que ses propriétés apaisantes.

Le solarium était fait de bois taillé à la main, et trois des quatre murs étaient munis de fenêtres pleine grandeur du plancher au plafond, elles aussi faites à la main dans le plus pur style bhoutanais. De chaque côté de la porte qui donnait accès au reste de la maison, il y avait une bibliothèque que Louise avait garnie de livres. Elle avait également placé dans la pièce d'énormes plantes de Jade, qui étaient si grosses en fait qu'il me semblait que ces végétaux avaient franchi le seuil qui sépare la plante d'intérieur de l'arbre. Le domestique qui nous apportait le plateau de thé fraîchement infusé et des biscuits — des Milk Bikis en provenance de l'Inde qu'on faisait tremper dans le thé et qui me rappelaient les biscuits en forme d'animaux de mon enfance — devait faire un effort pour faire glisser sur un vieux rail métallique les lourdes portes en bois menant de la salle à manger à la cuisine. Louise et moi passions des après-midis entiers de détente à boire du thé, à bavarder et à rire. Même si nous abordions des sujets sérieux — la naissance, la mort, les problèmes familiaux, les espoirs, les peurs, les désirs et tout ce que la vie comporte —, seule la plénitude de ces moments me revient en mémoire ainsi que le sentiment de bien-être que j'en retirais et qui pouvait durer pendant des jours. Je ne me souviens plus de la teneur exacte de nos discussions, comme si le thé avait effacé les détails entourant ces souvenirs.

Il y a cependant un jour que je me rappelle très bien et où nous buvions notre thé en compagnie d'un troisième convive, un petit garçon qui vivait avec un fonctionnaire et sa famille, et à qui Louise donnait à l'occasion quelques cours d'anglais.

Le garçon, qui était âgé d'environ cinq ans, était originaire d'un village éloigné. Sa famille l'avait confié avec joie à cet homme, sachant que celui-ci lui assurerait un avenir exceptionnel. On voyait rapidement que ce garçon était brillant. Avec ses manières simples et sa curiosité naturelle, il se comportait d'une façon qui lui permettait de s'intégrer facilement à son environnement et de se placer sur un pied d'égalité avec ses interlocuteurs. Il portait des lunettes aux verres épais et se promenait la tête penchée sur le côté, car cet enfant doué était presque aveugle. Il devait d'ailleurs se rendre à Bangkok pour recevoir des traitements aux yeux.

Louise possède la voix la plus mélodieuse que j'aie jamais entendue. En fait, elle avait fondé plusieurs années auparavant la première station de radio du Bhoutan. Il était donc tout indiqué de lui confier à l'occasion ce garçon. Ce jour-là, elle demande à un de ses domestiques d'aller en ville pour acheter une boîte, contenant des animaux de ferme en plastique, qu'elle a aperçue dans une boutique. Elle veut lui enseigner les noms anglais d'animaux avec lesquels il a grandi. Nous sommes donc en train d'attendre que le domestique revienne avec les animaux tout en buvant du thé.

Quand la boîte arrive, nous l'ouvrons pour en ressortir nombre d'animaux aux couleurs brillantes. En plus des animaux de ferme traditionnels comme des cochons roses, des poulets jaunes, des vaches blanc et noir, et des coqs rouges, il y a des lions jaunes. Des ours polaires blancs. Des tigres rayés orange et noir. On était loin de la ferme de nos grands-parents.

Nous rions en plaçant un ours polaire au beau milieu des chevaux et des cochons. Où diable trouverait-on une ferme pareille ? Et de quoi aurait l'air le fermier ?

– Ours poooolaire, dit Louise en tendant l'ours vers le garçon afin qu'il puisse le voir.

– Ours poooolaire, répète le petit garçon, tête penchée, en approchant l'ours en plastique à quelques centimètres de ses yeux.

Cet après-midi-là, j'ai perdu le compte des tasses de thé que j'ai bues.

– Le thé est cueilli et fermenté de manière naturelle… il suffit ensuite de le ranger dans le placard.

Ron poursuit son cours accéléré sur le thé, l'histoire du thé et le rituel entourant la dégustation du thé. Puis il ajoute que le thé que nous étions en train de boire était vieux de plus de 200 ans. Un paquet gros comme une brique pouvait valoir jusqu'à 15 000 $. La façon avec laquelle Ron ramenait tout à l'argent me réjouissait d'une manière perverse, du genre « je te l'avais dit ». Les Chinois sont présentement, et de loin, les voyageurs qui dépensent le plus au monde. Ils sont réticents à l'admettre, mais ils sont plus capitalistes que les capitalistes.

Je dois cependant admettre que la dégustation du thé est plus qu'un rituel. C'est presque un sacrement. Ses origines sont suffisamment anciennes pour que son histoire soit parsemée de singes, de mythes et de dragons. Il semble qu'autrefois, il y a très longtemps, les gens ne traçaient pas une frontière aussi claire entre la réalité et le mythe, ou la réalité et l'idéalisme. C'est peut-être le thé lui-même qui possède un charme et une certaine mystique. Si on me demande à brûle-pourpoint de décrire ma réalité, j'aurais de la difficulté à décrire ce qu'il y a au-delà de ma propre situation immédiate, mais ce jour-là, confortablement installée dans un sofa du solarium, les idées se bousculaient dans ma tête.

— Cette théière est très vieille et vaut beaucoup d'argent, dit Ron.

Avec un ami hollandais qui vivait lui-aussi en Malaisie, il opérait une entreprise qui récupérait des accessoires de thé dans les grosses jonques chinoises qui, à compter du XVIIe siècle, transportaient le thé de Chine vers le nouveau monde. Des milliers de jonques ont fait naufrage, victimes de tempêtes ou des pirates, et le gouvernement chinois a cédé les droits pour se livrer à la chasse aux épaves.

La théière de Ron était vieille de quelques siècles et avait été récupérée, comme beaucoup d'autres, du fond de l'océan, et ces objets de valeur avaient été vendus à des nouveaux riches de Shanghai ou de Beijing. Les tasses dans lesquelles nous buvions provenaient elles aussi du fond de la mer et étaient tout aussi précieuses. À l'époque où ces théières et ces tasses avaient été fabriquées, le thé était une denrée rare et hors de prix, ce qui explique pourquoi elles étaient si petites.

– Cette théière a une grande valeur, répète-t-il.

Il veut attirer de nouveau l'attention sur le prix, tout en souriant à pleines dents dans l'attente que quelqu'un lui demande de préciser cette valeur.

Sauf que personne ne souffle mot. Saturés de thé, nous ne sommes pas intéressés à connaître la valeur de ces choses. En outre, nous sommes au Bhoutan. Un jour, alors que je demandais à un ami bhoutanais ce qu'il ferait s'il avait un million de dollars, celui-ci avait répondu en riant : « J'achèterais des patins à roulettes à mon chien. »

Ron change de sujet pour parler d'un ami commun, un Malaisien qui se promène avec un sac servant au transport d'une caméra et qui contient six tasses de thé, une bouilloire électrique, une théière et, bien entendu, du thé. Il ne se sépare jamais de son sac. Je me demande alors si quelque chose m'obséderait au point de l'apporter partout, moi qui n'ai même pas de téléphone cellulaire.

Cet après-midi s'est agréablement poursuivi à ne faire rien d'autre que boire du thé dans des tasses qui avaient passé trois siècles au fond de l'océan dans une caisse remplie d'eau et incrustée de crustacés, et qui avait été trouvée dans une épave de jonque qui se dirigeait vers Boston ou New York.

Je me rappelle avoir bu au moins 10 tasses de thé et avoir perdu le compte par la suite. Il s'est passé assurément quelque chose dans ma tête. Le thé est une drogue, après tout. J'étais dans un état second, et mes pensées allaient au ralenti même si mon esprit me semblait clair et vif. Je pouvais goûter les saveurs sucrées, piquantes et riches. Je pensais à des couleurs : le bleu de l'océan, l'azur riche du ciel asiatique, les nuages blancs, le riz blanc, les tasses de thé blanches et les nuages d'orage d'un brun semblable à celui de la théière déposée sur la table basse devant Ron qui y versait doucement de l'eau, presque de manière imperceptible. Je l'observais et, peu à peu, ce filet est devenu régulier et de plus en plus intense jusqu'à se transformer en véritable trombe. L'eau a commencé à se répandre sur le plancher comme s'il s'agissait de la cabine d'un navire en train de couler ; la pièce a commencé rapidement à se remplir d'eau qui tourbillonnait et soulevait les meubles. Ceux-ci se sont mis à flotter, puis à sortir par les fenêtres, comme s'ils étaient aspirés par un océan qui avait remplacé montagnes et pins. Nous étions maintenant tous assis au fond de l'océan, des bulles sortant de nos bouches ouvertes d'où ne sortait aucun son. Les animaux de la ferme flottaient autour de nous. Un ours polaire est passé devant moi en nageant à l'aide de ses grosses griffes noires.

Le rituel ancestral entourant la dégustation du thé — vous pouvez également considérer ce moment comme un événement à caractère purement social — n'était pas dénué de magie. Peut-être parce qu'il vous force à ralentir et à être plus attentif. Peut-être aussi parce qu'il s'agit d'une activité agréable à faire avec des amis, un moyen de créer des liens. Peut-être que le thé est une drogue, et plus que nous le pensons. Quoi qu'il en soit, boire du thé me rend heureuse.

Voici mes suggestions sur la façon de tirer le maximum du thé.

1. Fermez le téléviseur, l'ordinateur et le téléphone.
2. Prenez votre tasse préférée.
3. Faites bouillir de l'eau.
4. Déposez un sachet de thé dans la tasse.

5. Versez l'eau bouillante. Il est important de bien imbiber le sachet afin de réveiller le thé. Laissez le sachet tremper une minute ou deux en plaçant un petit couvercle au-dessus de la tasse.
6. Assoyez-vous. Buvez.
7. Voici maintenant la partie plus difficile : ne faites rien d'autre. Finissez votre tasse de thé. Et n'ajoutez pas de sucre. Buvez-le comme le thé doit être bu. Son goût amer vous rappelle de faire preuve de compassion pour toutes les créatures pourchassées par le karma.

Chapitre 6

Être sauvé par la bonté

Namgay cataloguait les gens en fonction de la condition de leur cœur, par exemple : « son cœur est bon », « son cœur est noir », ou encore « son cœur est comme celui d'un petit bébé ». Si une personne qui a bon cœur se comporte « d'une drôle de façon », c'est parce qu'elle a agi de manière déplacée ou mesquine, comme accrocher une autre voiture et s'enfuir, ou exiger un prix trop élevé.

Pour ma part, je pense que fondamentalement nous sommes tous les mêmes. Nous ne sommes ni bons ni mauvais, mais posons à divers degrés des gestes bons de manière consciente et compatissante, et des gestes plus malveillants par manque de considération ou par malveillance.

« Aide, mais sans nuire » disent les bouddhistes, et, après avoir vécu pendant autant d'années au Bhoutan, je pense la même chose. Ici, il n'est guère difficile de cultiver la conscience face aux gens qui nous entourent et d'aider chaque jour quelqu'un. Dans une petite société, chaque geste ou presque est remarqué. La bonté est le matériau qui cimente la société bhoutanaise. J'ai vu des gens offrir un repas à une personne âgée ou la ramener chez elle, ou encore des adultes qui circulaient en voiture s'arrêter, sortir de leur véhicule et expliquer les règles de sécurité routières à un groupe d'enfants.

Peu importe l'endroit où nous vivons, nous faisons partie d'une conscience collective par laquelle nous devons cultiver la bonté autant envers nous-même qu'envers la collectivité dans son ensemble. Jamais cela n'a été aussi important que maintenant. Cultiver la bienveillance exige de renoncer à la colère et de penser aux autres.

Il y a quelques années, je prenais le petit déjeuner avec John, le directeur d'un magnifique hôtel de Paro, l'Uma, qui est niché à flanc de colline. Il avait commandé un œuf à la coque. Lorsque le serveur avait apporté l'œuf, John s'était aperçu qu'il était cru en coupant le dessus de la coque.

— Ça arrive tout le temps en Asie, a-t-il dit en replaçant le dessus de la coque tout en cherchant le serveur du coin de l'œil. Les gens ici mangent très peu d'œufs à la coque. Le cuisinier place l'œuf dans une casserole remplie d'eau froide, puis il la dépose sur la cuisinière pendant trois minutes, au lieu de placer une casserole d'eau froide sur la cuisinière, de faire bouillir l'eau et de placer ensuite l'œuf pendant trois minutes.

— C'est pour cette raison que je ne mange pas d'œuf, ai-je répondu, vaguement intéressée, en prenant une dernière gorgée de café.

Lorsque le serveur a aperçu John qui le regardait en souriant et qu'il est venu à notre table, John, au lieu de manifester son insatisfaction comme on était en droit de s'y attendre, s'est montré chaleureux et enjoué. Il a parlé à voix basse comme s'il confiait un secret, sans chercher à attirer l'attention sur lui ou sur le serveur (le restaurant était plein de touristes).

— Je suis désolé, a-t-il dit. Je me suis trompé dans ma commande. Auriez-vous *l'obligeance* de dire au cuisinier de mettre de l'eau dans une casserole, de la faire bouillir, puis de faire cuire l'œuf dans l'eau bouillante pendant trois minutes ? C'est ainsi que je veux mon œuf. Dites-lui aussi que je suis désolé pour le dérangement.

Puis il a souri de nouveau.

Le serveur a acquiescé, puis il s'est tourné vers moi.

— Je vais vous apporter du café.

— Merci, ai-je dit.

Puis il est retourné à la cuisine avec l'assiette de John.

— Peux-tu m'expliquer ce qui vient de se passer ? ai-je demandé.

— C'est typique de l'Asie, a répondu John en faisant un geste vague de la main. Le cuisinier a fait une erreur, mais à quoi bon la relever ? C'est une question de lui permettre de sauver la face. Et je ne voulais pas non plus m'en prendre au messager qui ne fait qu'apporter la nourriture.

— Au lieu de dénoncer l'erreur, tu laisses entendre qu'il s'agit de ton erreur, puis tu lui demandes de faire preuve d'indulgence et de réparer ton erreur idiote. Le tour est joué.

— Le serveur va dire au cuisinier que j'ai fait une erreur, puis il va lui expliquer comment faire cuire l'œuf. Le serveur sait que le cuisinier va comprendre.

— Brillant, ai-je dit. Sans compter qu'ils ne cracheront pas dans ton assiette.

Il a grimacé.

Permettre à l'autre de sauver la face est un acte de bonté. Pas de cri, ni d'excès de colère. Parfois même, vous reprenez l'erreur à votre compte. Je sais cependant que pour les personnes de type A au tempérament nerveux et contrôlant, une telle attitude est exclue. Si c'est votre cas, je vous conseille de limiter au maximum votre séjour au Bhoutan. Il y a fort à parier que vous n'obtiendrez pas ce que vous voulez lorsque vous commanderez quelque chose au restaurant. Et si vous manifestez de l'hostilité, celle-ci peut vous être rendue au centuple, si vous voyez ce que je veux dire.

Comme partout ailleurs, on retrouve au Bhoutan toutes sortes de comportements. Il existe certes une hiérarchie, mais le plus petit dénominateur commun est le suivant : tous font un effort pour faire preuve de civisme et pour permettre à l'autre de sauver la face. Et si vous êtes un étranger, vous serez traité avec respect et dignité, et tout le monde sera gentil avec vous. Élever la voix, manifester sa colère ou attirer l'attention sur soi d'une manière négative, se plaindre ou se donner en spectacle, sont considérés comme le summum des comportements à proscrire. Il n'est pas recommandé non plus d'extérioriser ses émotions de manière ostentatoire en public. Surtout la colère, qui fait perdre la face autant à la personne qui y succombe qu'à celle qui la subit.

Sauver la face est une question de civisme, et le civisme et la bonté concourent à assurer une bonne qualité de vie. Si vous êtes incapable, ou que vous refusez, de vous mettre dans la peau de l'autre, ou qu'un manque d'empathie vous empêche d'accorder aux autres un minimum de respect et de dignité, rien ne va plus. Nous devons nous comporter, autant dans notre vie que dans nos relations avec les autres, de manière respectueuse. Même si, au fin fond de vous-même, vous jugez que l'autre n'en est pas digne, agissez néanmoins comme si c'était le cas. Ainsi, qu'il s'agisse de relations internationales ou d'interactions à l'épicerie du coin, tout ira pour le mieux.

Au Bhoutan, le fait de donner compte pour beaucoup en matière de bonté, car c'est un geste courant et tout aussi important que permettre à l'autre de sauver la face. De manière plus générale, offrir un présent est un moyen important d'interagir avec les autres et de montrer qu'ils sont importants pour vous. Au Bhoutan, on offre toujours un cadeau lorsqu'on va chez quelqu'un. Cela fait partie des conventions sociales. C'est une expression de bonne volonté. Ce cadeau prend souvent la forme de nourriture comme des œufs, du beurre, des biscuits, des légumes ou de l'alcool. La plupart du temps, il s'agit d'un cadeau symbolique, car ce n'est pas le prix que vous avez payé qui compte. Ce qui compte, c'est le symbole du geste qui confirme que vous appartenez à une communauté et que vous agissez comme tout le monde le fait. Donner un cadeau peut également se transformer en interaction complexe en fonction de facteurs comme la fréquence et la valeur, ou encore selon qui donne et qui reçoit. Offrir un cadeau est souvent plus bénéfique qu'en recevoir un, car faire preuve de générosité et de magnanimité confère un pouvoir. En plus d'être un signe de richesse, ce geste place le destinataire du cadeau dans une situation où il devient redevable envers la personne qui l'a donné.

J'ai recommandé un jour à une amie américaine qui faisait un séjour de quelques mois au Bhoutan pour le travail que, si elle recevait une invitation à dîner, elle devrait offrir un petit paquet de biscuits en guise de cadeau. Même si ce présent coûtait l'équivalent d'un dollar américain, cette amie, qui n'avait pas grandi dans une culture où on offre des cadeaux, avait jugé ce geste inutile. Elle n'a donc rien offert et, par la suite, elle a constaté avec dépit que ses amis bhoutanais avaient cessé de l'inviter. Les Bhoutanais ne souhaitent pas être ensevelis de cadeaux. Cependant, refuser de se conformer à cette coutume empêche d'avoir des contacts plus approfondis avec cette culture. Dans cette perspective, offrir un cadeau témoigne du désir de s'intégrer à la culture du pays.

Offrir automatiquement du thé à ses invités est une autre « adorable » coutume au Bhoutan. Après notre retour aux États-Unis, je repense avec un sourire à toutes ces fois où Namgay a offert au préposé qui venait lire le compteur électrique, au plombier ou à l'exterminateur, s'il désirait une tasse de thé. J'observais alors leur réaction. On aurait dit qu'on venait de leur offrir de verser du sable dans leurs bottes ; parfois même, ils prenaient un air choqué, comme si on leur avait proposé de poser un geste pervers envers le chat. Ils recevaient cette proposition avec un mélange de confusion et d'embarras, comme le feraient des prisonniers bien traités par un gardien. « Non, merci », répondaient-ils aussitôt. Pour ma part, j'adore cette coutume et j'aimerais que, lorsque j'appelle un plombier pour réparer l'évier, nous puissions nous asseoir par la suite pour prendre une tasse de thé et manger un peu de gâteau, comme nous le faisons au Bhoutan. Je pourrais mieux connaître cette personne et sa famille, prendre le temps de bavarder et de rire, et ainsi passer un bon moment. C'est une pratique d'une telle civilité.

Après avoir vécu pendant si longtemps au Bhoutan, j'ai assimilé à un point tel les règles d'étiquette bhoutanaises, comme permettre à l'autre de sauver la face et offrir un cadeau que, sans même m'en rendre compte, j'agis de la même façon aux États-Unis. Toutefois, le contexte est différent, car personne ne «comprend» les bonnes manières à la bhoutanaise. Nous sommes habitués à des comportements plutôt désagréables aux États-Unis où nos interactions sont souvent superficielles. De plus, nous sommes trop pressés pour attendre patiemment de recevoir nos œufs exactement comme nous les avons commandés. Nous sommes si stressés.

Aux États-Unis, nous sommes plus enclins à exprimer notre mécontentement. Mais qu'arriverait-il si nous faisions le contraire? Dans la presque totalité des cas, ce n'est pas le commis à qui vous vous plaignez qui a édicté les règles du magasin. Quant au serveur, il a très peu de contrôle sur la façon dont la nourriture est préparée. En général, les gens qui travaillent dans le secteur des services sont des exécutants — mal payés, surmenés et possiblement malheureux. Se plaindre à eux ne fait qu'alourdir leur fardeau alors que, pour la plupart, ils essaient simplement de faire leur travail.

Aux États-Unis, nous nous débattons sans cesse afin de gérer tout ce que nous avons à gérer, et ce qui est le plus désolant, c'est que, jour après jour, cette tension génère en nous mécontentement, frustration, et même rage. La colère est une espèce de poison engendré par la peur, un moyen de protéger l'égo qui se sent menacé. Si nous ne parvenons pas à chasser la colère et l'amertume, nous succombons à la haine. La haine est le principal problème de ce monde.

Les adeptes du bouddhisme ont mis au point une technique de méditation ingénieuse pour désamorcer la colère. Elle permet à l'individu de changer d'attitude, de se calmer et de se libérer de la colère afin de permettre à la bonté de s'installer. Voici comment procéder : quand vous cédez à la colère, n'essayez pas tout de suite de l'étouffer. Faites le contraire. Défoulez-vous — à tout le moins dans votre esprit. Cependant, rappelez-vous que ce processus est intérieur. Vous ne faites que méditer. Vous êtes en colère parce que votre patronne a critiqué le projet sur lequel vous avez travaillé pendant des mois. Vous avez l'impression qu'elle a simplement essayé de saboter votre travail ; sentez l'émotion qui monte en vous, puis amplifiez-la en l'exagérant. *Comment a-t-elle osé ? C'est la pire chose qui pouvait m'arriver ! Je la déteste ! Elle mérite d'être punie !* Faites ensuite preuve de créativité. Imaginez qu'elle se fait arrêter au beau milieu de la nuit dans son vieux pyjama miteux. Visualisez son procès, puis son incarcération. Expédiez-la au Texas pour y être exécutée. Visualisez de nouveau la scène en la faisant passer au niveau suivant, et ainsi de suite. Votre fantasme atteindra un niveau d'absurdité, de violence, ou les deux, jusqu'à ce que votre colère se dégonfle comme une baudruche. Il faut de l'entraînement pour y arriver, mais vous finirez éventuellement par contrôler votre colère. Vous pourrez ensuite vous consacrer à d'autres tâches plus enrichissantes.

Lors d'un bref séjour aux États-Unis, j'avais besoin d'un accès à Internet sans fil. Je ne voulais pas signer de contrat, mais plutôt être facturée à l'utilisation. D'ailleurs, je préfère la simplicité du système de téléphonie cellulaire et d'Internet offert au Bhoutan. Tout ce que vous avez à faire, c'est d'apporter un téléphone à un des fournisseurs qui y insère une carte SIM, et le tour est joué. Vous pouvez acheter des minutes pour aussi peu que deux dollars. Vous payez maintenant, ou plus tard. De plus, ils ne sont pas pointilleux quant au type de téléphone. Ils peuvent s'arranger avec toutes sortes de modèles. J'ai même l'impression que, si vous apportez à Bhoutan Téléphone deux boites de conserve vides reliées par un bout de ficelle, ils vont tenter d'y insérer une carte SIM. Cela ne donnera rien, mais ils vont néanmoins essayer.

Je me suis donc rendue dans une boutique du Tennessee que j'appellerai « Horizon » (nom fictif). La première chose que le vendeur m'a demandé est mon permis de conduire afin qu'il puisse saisir les informations dans son ordinateur. C'était un homme corpulent qui portait une chemise rouge tellement ample que ses bras semblaient aussi petits que ceux d'une marionnette. J'avais apporté mon ordinateur portable afin de le brancher à Internet mais, pour une raison que j'ignore, il ne pouvait trouver l'accessoire qui correspondait à mon appareil. Au bout de deux heures, après avoir ouvert trois boîtes qui correspondaient à trois modèles différents, effectué toutes sortes de manipulations sur mon ordinateur, fait de nombreux appels dans un centre situé quelque part au sommet d'une montagne de Bulgarie ou de Mongolie, soupiré à répétition, il a suggéré que je revienne dans deux jours.

De toute évidence, ce n'était pas sa journée. Pourquoi n'étais-je pas allée ailleurs plus tôt ? Parce que je suis une native du pays du « tout et tout de suite » et que j'invoquais ce droit acquis dès la naissance. Je suis allée dans une autre boutique située de l'autre côté de la rue — que nous appellerons TI&T. Ils avaient le bon accessoire, et j'ai obtenu mon accès à Internet.

Quelques semaines plus tard, j'ai commencé à recevoir des factures de la part d'Horizon pour un service que je n'avais jamais reçu. *Wow, je savais que les compagnies de téléphone américaines étaient strictes, mais me facturer simplement du fait d'être allée dans une boutique pour* essayer *de me connecter à Internet ?* Si leur service Internet n'était pas exceptionnel, leur département de la comptabilité était super efficace.

Je me suis précipitée à la boutique Horizon. Le vendeur qui m'avait accueillie la première fois était absent. C'est alors que les choses ont pris une tournure surréaliste. La boutique a commencé à se remplir de clients, et trois vendeurs différents m'ont donné autant d'explications différentes sur ce que je devais faire. Il y avait un soupçon de désespoir profond et de résignation dans leur voix.

— Il vous faudra passer au moins 45 minutes au téléphone pour régler le problème [gros et dramatique roulement des yeux].

— Pour que JE règle le problème ? Je dois appeler ? Pourquoi ne pas effacer simplement mon nom de l'ordinateur ? Je ne reçois pas le service. Mon dossier va le prouver.

— Non, c'est au siège social de la compagnie de le faire, a dit l'un d'entre eux sur un ton qui ne laissait présager rien de bon. Et nous n'avons pas accès au siège social. C'est vous qui devez appeler.

Même si cette réponse soulevait un tas de questions, j'ai dit :

— Puis-je utiliser votre téléphone ?

— Le mien ne fonctionne pas. Prenez celui-là.

Il a fait un geste vers un pupitre vide à l'autre extrémité de la boutique. J'étais chez un fournisseur d'une grande entreprise de téléphonie, et le téléphone qui était sur le bureau de ce vendeur ne fonctionnait pas ? Hautement ironique, n'est-ce pas ? *Essaie-t-il simplement de se débarrasser de moi ?*

D'ailleurs, le décor de cette boutique n'était guère invitant. On ne voyait partout que des commis, debout devant un ordinateur posé sur un comptoir rouge à la forme indéfinissable qui semblait sortir tout droit du dessin animé *Les Jetsons*. Ils ne pouvaient pas s'asseoir.

J'étais frustrée et irritée, mais sans le laisser paraître. Personne ne me venait en aide. J'ai songé pendant un instant à déchirer la facture mais, si la compagnie continuait à m'en envoyer une et que je ne payais pas, cela pourrait entacher mon sacro-saint dossier de crédit. J'étais dorénavant entrée dans leur système. L'affaire avait atteint un niveau d'absurdité à la Kafka. Je n'ai rien contre l'absurdité, mais je n'aimais pas la façon dont on me traitait et j'avais envie d'envoyer promener quelqu'un. J'ai regardé autour, mais tous évitaient de croiser mon regard, comme si j'étais une intouchable. Même les quelques clients qui parlaient à des commis ou qui attendaient d'en voir un se lançaient des regards inquiets du coin de l'œil. *Pourquoi n'y a-t-il aucune chaise ?*

« Et, en outre, je ne suis même pas une cliente d'Horizon », me suis-je plainte dans le vide.

Bien entendu, personne ne voulait s'occuper de mon dossier. Ils étaient tous affairés à vendre des services aux gens. Faire signer un bout de papier était la seule chose que ces vendeurs semblaient capables de faire. De plus, il n'y avait personne derrière le comptoir du service à la clientèle qui se trouvait au centre de la boutique, et aucun moyen de corriger facilement une erreur du genre. Il n'y avait que des commis qui étaient de toute évidence payés selon la quantité de nouveaux abonnés qu'ils recrutaient.

Voilà ce qui ne va pas dans le monde ! Vive l'anarchie ! La colère faisait en sorte que je ne me reconnaissais plus.

J'avais besoin de me calmer sans bousculer personne. Je voyais qu'ils étaient déjà sur la défensive, attendant que j'entre en irruption. La colère ne m'aiderait pas à rompre ce lien inexistant qui me liait à cette compagnie de téléphone. J'ai pris quelques respirations profondes, trouvé un téléphone, et composé le numéro qu'on m'avait donné. Le combiné du téléphone appuyé sur mon oreille, j'ai passé au travers du menu d'options, puis j'ai été mise en attente pendant une période qui m'a semblé durer des heures, forcée d'écouter des réclames publicitaires vantant les services d'Horizon.

Sainte Mère de tout ce qui est divin et sacré ! Combien de temps encore ce supplice va-t-il continuer ? Je pouvais sentir mon pouls accélérer. Plus j'écoutais les publicités insipides et la musique faussement entraînante, et plus je sentais la colère bouillir en moi. *Plus de services ? Je ne pense pas. Je vais vous montrer ce que ça veut dire plus de services !*

Debout dans un coin du magasin, le téléphone collé sur l'oreille, je me suis visualisée en femme potelée du Moyen-âge, vêtue de noir des pieds à la tête comme un ninja, le visage voilé de telle manière qu'on ne pouvait voir que mes yeux. Je brandissais une épée d'une main et un nunchaku de l'autre. Puis je bondissais sur le comptoir du commis qui roulait des yeux pour le frapper en plein visage.

« Ouch ! » s'écriait-il en tombant sur le dos tout en se tenant le nez. Son appendice nasal était brisé, pour sûr, mais ses cheveux restaient bien coiffés. Des femmes qui attendaient en ligne pour acheter le dernier iPhone serraient leurs enfants contre elles en hurlant de terreur. Je vociférais : « Allez ! Fuyez, pauvres malheureuses ! Ahhhahahaha ! Pas de iPhones aujourd'hui ! » Ces paroles apparaissaient en sous-titres dans mon imagination, comme dans les films de kick-boxing chinois. Défiant la gravité, je faisais un saut périlleux dans les airs pour atterrir sur un comptoir tout en lançant mon épée vers l'arrière de la boutique. On entendait un bruit de fracas, puis des boîtes de téléphones tombaient en cascade de la porte de la réserve du magasin. Je récupérais ensuite mon épée pour la ranger dans son fourreau. Un sous-titre apparaissait : « Des Samsung gratuits pour tout le monde ! »

La voix d'un homme a alors retenti à l'autre bout du film pour me sortir de ma rêverie. J'ai expliqué qu'on m'avait facturé par erreur un service que je n'avais pas acheté.

Il a répondu que j'étais *peut-être* admissible à un remboursement.

— *Peut-être* un remboursement ! ai-je répété. Et pourquoi pas un remboursement tout court ?

Je savais qu'il lisait une réponse préparée d'avance, ou qu'il avait été formé pour donner certaines réponses. Mais la situation était si frustrante et si humiliante. Je n'avais pas l'impression de parler à une personne, ni d'être traitée comme une personne.

— Je vais voir ce que je peux faire.

Au bout d'un moment, il est revenu à l'autre bout du fil.

— Vous devez parler à quelqu'un du service Loyalty.

— Loyalty, ai-je grogné. D'accord, même si ce nom sonne un peu Orwellien.

Sans réagir à ma remarque, l'homme m'a aussitôt mise en attente. *Connard !*

Cela faisait maintenant 40 minutes que j'étais dans cette boutique. *Quarante minutes de ma vie que je ne récupérerai jamais,* pensais-je. Et cela pourrait continuer ainsi pendant des heures, des semaines, des mois. Je me suis alors rappelé une chanson du Kingston Trio que mon père aimait faire jouer. La chanson, intitulée « M.T.A. », parlait de Charlie, un homme qui, parce qu'il n'avait pas assez d'argent pour payer l'augmentation du ticket de métro, devait y rester à jamais. Je me rappelle que, dans la chanson, la femme de Charlie venait chaque jour à la station de métro pour lui apporter un sandwich, ce qui ne cessait de m'étonner. Peut-être que Namgay pourrait m'en apporter un à la boutique Horizon.

Rien que des stupidités !

— Maintenant, je vous transfère, a dit une voix à l'autre bout du fil.

L'homme du service Loyalty à qui j'ai parlé ne pouvait résoudre le problème. J'ai raccroché. Puis j'ai pris une profonde inspiration et j'ai supplié un commis de m'aider. Il a accepté de tenter sa chance et d'appeler quelqu'un à un autre département d'Horizon. On l'a mis en attente. Puis la ligne a coupé.

J'ai alors commencé à penser tout haut.

— Je suis désolée, ai-je dit avec sincérité. Vous n'avez pas un travail facile.

Le commis a poussé un long soupir.

— Et si vous saviez tout le reste.

Puis il m'a offert une chaise. *Où diable l'avait-il prise ?* Il a ensuite dit qu'il parlerait à un de ses collègues pour voir ce qu'ils pourraient faire. Il est parti quelques minutes, puis il est revenu, s'est assis, et a commencé à rédiger une lettre dans son ordinateur qu'il a envoyée par messagerie électronique à une autre personne, quelque part dans les entrailles d'Horizon. Depuis, je n'ai plus reçu d'autres factures.

Fin de l'histoire. Quelques mots gentils ont suffi pour renverser la situation. C'est tout ce qu'il fallait. En rétrospective, je constate que, dès le moment où j'ai posé le pied dans cette boutique, j'avais probablement projeté l'attitude inverse. Il a seulement fallu un peu de gentillesse – et une meilleure gestion de ma colère – pour régler le tout.

À la base, la colère protège notre ego. Nous cédons à la colère lorsque nous avons peur, que nous avons l'impression de perdre le contrôle, ou que ce que nous ressentons réellement nous dépasse. Le premier geste à poser pour être plus aimable envers le monde est d'abord de faire preuve de bonté et de compassion envers soi. Là est la clé. Au fur et à mesure que vous faites preuve de compassion envers vous-même, vous en venez graduellement à faire la même chose envers les autres. C'est un moyen de court-circuiter la colère et la peur et, par-dessous tout, de se pardonner. La gentillesse amène la gentillesse.

Chapitre 7

Être ce que l'on est

Si le rythme de vie au Bhoutan est plus lent qu'ailleurs, certaines choses se produisent à un rythme accéléré. Les prises de conscience, la compréhension, l'éveil et la reconnaissance – peu importe le mot utilisé pour décrire l'acquisition de nouvelles aptitudes – surviennent plus rapidement lorsque vous respectez les rythmes naturels de la vie et que le temps utile dont vous disposez ralentit pour exécuter un travail plus ciblé. C'est un excellent moyen d'être bien dans sa peau et de mieux se situer par rapport au monde qui nous entoure. C'est pourquoi il n'y a rien de mal à être ce que l'on est. C'est un moyen d'apprendre à s'aimer soi-même.

Intégrer la nature dans sa réflexion est un outil puissant pour y arriver. Il ne s'agit pas ici de demander conseil aux arbres et aux roches, de se terrer dans une quelconque caverne, ou de folâtrer dans une prairie en compagnie d'une licorne, mais plutôt d'être attentif à ce que vous pouvez apprendre de profond sur vous-même lorsque vous êtes attentif à la nature. Et devinez quoi. Vous faites partie de la nature. La nature fait partie de vous. C'est indéniable. Que vous adhériez à la thèse de la supériorité de l'être humain par rapport aux autres créatures qui vivent en ce monde, ou que vous soyez moins entiché par cette vision dominatrice et hiérarchique pour favoriser davantage le « vivre et laisser vivre » et l'harmonie entre les êtres, nous faisons tous partie en tant qu'êtres humains de la nature. Par contre, les humains peuvent se comporter de manière très hostile envers la nature – par la pollution, la surexploitation des ressources, la surpopulation (nous sommes maintenant sept milliards), par la guerre, par la culture Walmart et par tout ce que notre côté malsain peut faire pour botter le derrière de la Terre… qui est en fait notre *propre* derrière. Je pense que c'est notre étrange soif de domination qui nous pousse à agir ainsi. Et notre cupidité. Cela étant dit, je ne veux pas m'attarder outre mesure sur notre agressivité. Je m'intéresse davantage à l'autre versant de ce que nous sommes, à cette partie de nous capable de vivre en harmonie avec la nature, de l'apprécier et de nous y épanouir, notre corps et notre esprit travaillant de concert afin de s'enrichir mutuellement.

Apprendre fait partie de ma vie. J'avais beaucoup à apprendre lors de mon premier séjour au Bhoutan et j'étais prête – et même plus que prête –, bien disposée en ce sens et capable de le faire. Je me considérais comme une élève et je savais que la matière à assimiler était considérable. Chaque jour était l'équivalent d'une promenade dans un champ de mines parsemé de malentendus, de gaffes et de confrontations avec cette nature dont il était question plus haut. J'étais la banlieusarde ignorante qui se retrouvait subitement dans la nature sauvage. Je correspondais davantage à la populaire série des années 60, *Les arpents verts*, qu'à *La Vie dans les bois* de Thoreau ou à *Avatar*. J'étais dépassée, déroutée, perplexe, mystifiée et médusée environ 90 % du temps ; un peu plus et je traversais la rue sans regarder ou je tombais en bas d'une falaise. Mes amis bhoutanais m'ont beaucoup aidée en ce sens. Les habitudes, l'hygiène, la circulation automobile, la nourriture, tout était nouveau et déstabilisant. Comme je l'ai mentionné auparavant, c'était cependant le contexte idéal pour apprendre et effectuer un grand changement dans ma vie. En bout de ligne, c'est ce que je recherchais.

Pendant nos premières années de vie commune, Namgay et moi habitions une petite ferme située à l'extérieur de Thimphou. Un jour, un de nos voisins, Pema, a reçu en cadeau un cheval de course. C'était une bête splendide, élevée pour courir et dotée d'une musculature bien ciselée et de pattes si incroyablement longues qu'on avait l'impression qu'une bourrasque de vent trop violente pourrait les casser en deux. Cependant, l'animal, qui arrivait de Calcutta en Inde, s'acclimatait mal aux montagnes du Bhoutan.

Pema venait à la maison afin que je puisse faire courir son cheval dans les champs. Né et élevé pour courir avec d'autres chevaux autour d'une piste ovale, il était l'antithèse parfaite des poneys bhoutanais qui sont trapus, robustes et agiles, capables de transporter de lourdes charges sur leur dos tout en marchant sur des sentiers rocheux bordés de précipices et en suivant de manière ordonnée le leader du troupeau à travers les montagnes. Pema avait bricolé un petit enclos afin que son cheval de course puisse faire de l'exercice. Tout allait bien jusqu'à ce que Pema demande à son cheval de gravir une colline. L'animal n'avait jamais vu de colline, lui qui n'avait rien connu d'autre que le monde plat des champs de course et des prairies verdoyantes autour de Calcutta. Le cheval a regimbé en hennissant et en ruant comme s'il s'agissait d'un rodéo. Jamais je n'ai vu d'expression aussi perplexe sur un visage que celle qu'a eue Pema à cet instant précis. Il a éloigné le cheval en se frottant le dos, sur lequel il avait atterri, et en marmonnant en sharchop, le dialecte parlé dans la partie est du Bhoutan. Par la suite, j'ai demandé à Namgay ce qu'il avait dit. « Un cheval n'est pas un cheval s'il ne peut gravir une montagne, et un homme n'est pas un homme s'il ne peut en descendre une », a-t-il traduit. Très juste.

Autant Pema admirait le magnifique animal, autant il ne savait pas quoi faire avec lui. Il le traitait avec gentillesse et en prenait soin, il le nourrissait, le brossait et le soignait, sauf que le cheval ne lui était d'aucune utilité. Aux yeux de Pema, ce n'était pas un vrai cheval. Il était aussi perdu que le cheval l'était lui-même. Il n'était jamais allé à Calcutta ni n'avait jamais vu une course de chevaux ; cela était totalement étranger à son univers. Malheureusement un jour, après avoir mangé de l'herbe, le cheval de course s'est effondré, le ventre enflé, puis la pauvre bête est morte.

Quelle est la leçon à tirer de cette histoire ? Que si vous êtes un cheval de course, mieux vaut éviter le Bhoutan.

Je plaisante. La mort du cheval m'attriste, mais un Bouddhiste dira que c'était son karma. Cette façon de voir les choses offre un certain réconfort. Il n'y a pas grand-chose que l'on puisse faire à propos du cycle de la vie et de la mort. L'attachement est une telle source de souffrance. Je suis frappée par le fait que, pour l'essentiel, nous soyons tous liés, autant sur le plan naturel que culturel. On ne peut rien y changer. Bien entendu, je ne compare pas ma situation à celle de ce cheval, mais je peux comprendre ce qu'on ressent lorsqu'on se retrouve dans un environnement qui ne ressemble en rien à ce que l'on a connu auparavant et qu'on ne sait plus à quel saint se vouer. Par exemple : moi, à chaque minute passée au Bhoutan.

Peu de temps après le décès du cheval, et même s'il n'y a aucun lien entre les deux histoires, nous avons appris que ma mère souffrait d'un cancer. J'ai agi comme l'aurait fait toute personne qui apprend la nouvelle, alors qu'elle se trouve à l'autre bout du monde, et qui n'a pas assez d'argent pour se payer un billet d'avion. J'ai allumé des lampes à beurre dans tous les temples de Thimphou, Changangkha, Dechenphu et tous les autres endroits auxquels j'ai pensé. J'ai prié. J'ai pleuré. J'ai marchandé avec l'univers.

Pema m'a gentiment offert de suspendre des drapeaux de prière sur la montagne qui surplombe notre maison en l'honneur de ma mère. Sur ces drapeaux sont inscrites des prières que le vent transporte jusqu'au paradis, selon la croyance bouddhiste. Récemment, alors que j'aidais mon père à faire du rangement, j'ai retrouvé une photo encadrée de Pema que j'avais prise le jour où nous avions suspendu ces drapeaux de prière au sommet de la montagne. Je m'étais placée au-dessus de lui pour le photographier ; sur le sol, on apercevait de longues perches. Pema venait d'en installer trois en creusant des trous qu'il avait ensuite remplis de ciment de manière à ce que les drapeaux multicolores aient des montages comme arrière-plan. J'avais saisi le moment où Pema avait l'air de danser avec une des grosses perches qu'il était en train de hisser. Les drapeaux colorés, les montagnes dont le sommet disparaissait dans les nuages et ce beau spécimen élancé de mâle bhoutanais créaient une composition magnifique et gracieuse. Même si tout séparait cette photo de la gentille femme presbytérienne qui vivait à des milliers de kilomètres de là, celle-ci l'a conservée sur sa table de chevet jusqu'à sa mort.

Par la suite, on aurait dit que Pema m'avait prise sous son aile un peu de la même façon qu'il s'y était pris pour entraîner son cheval de course à gravir la colline. Un jour, Namgay et moi sommes réveillés par un bruit de pelle dans notre cour arrière. L'aube de ce matin du mois d'avril vient à peine de poindre à l'horizon, et Namgay se lève pour aller voir à la fenêtre. « Oh, oh ! » dit-il.

Cela n'augurait rien de bon. Je saute en bas du lit et j'aperçois Pema dans le jardin en train de planter furieusement sa pelle dans la terre pour déplanter mes magnifiques corydalis jaunes. Il a déjà sorti du sol quelques-unes de mes nouvelles pousses du printemps qui gisent dans un coin de la cour et, avec sa pelle rouillée, il continue son travail de labour dans le reste du jardin.

J'avais choisi cette maison précisément en raison de ce jardin rectangulaire de 9 mètres par 15 mètres bordé par un muret de pierre qui montait jusqu'à la taille. Avec son petit patio en pierre installé à l'ombre de pêchers, ses dimensions correspondaient parfaitement à mes modestes ambitions horticoles. Les fleurs y abondaient, et j'aimais son allure un peu sauvage ainsi que le désordre qui y régnait. Puisque je n'étais pas la première à l'avoir cultivé, j'avais laissé les fantômes laissés par mes prédécesseurs sortir eux aussi de terre. À plusieurs reprises, Namgay avait tenté d'y faire un peu de débroussaillage mais, confronté à mes plaintes répétées, il avait renoncé à son projet.

— Que diable est-il en train de faire ? dis-je. Il a perdu la raison ou quoi ?

— Je ne sais pas. Toi, ça va ?

Il sait à quel point j'aime ce jardin. Il descend dans la cuisine pour préparer de toute urgence du thé pendant que je reste à l'étage en faisant les cent pas au rythme de la pelle de Pema. Je n'ose plus regarder. À 7 h, il a complètement labouré le sol et l'a fertilisé avec du bon fumier, puis il a replanté les fleurs en rangs impeccablement droits sans oublier d'arroser le tout.

Je passe par toute la gamme des émotions. Je suis triste, totalement dévastée. Je n'aime pas les fleurs plantées en rangées. Je sens qu'on m'a violée. Je suis en état de choc. Perplexe. Comment vous sentiriez-vous si, un beau matin, quelqu'un entrait dans votre jardin pour le mettre sens dessus dessous ? Je savais que Pema était animé par de bonnes intentions, comme pour tout ce qu'il entreprend d'ailleurs. C'est d'ailleurs pour cette raison que je ne m'étais pas précipitée dehors pour l'arrêter. Il y avait aussi une petite partie de moi qui n'avait pas été horrifiée par ce geste et qui était plutôt amusée, charmée même. Pema devait croire qu'un handicap terrible, une espèce de dyslexie horticole, m'avait empêchée de planter mes fleurs en rangs droits. À mes yeux, mon jardin était magnifique — un peu chaotique, mais vibrant de couleurs. Grâce à l'intense soleil de l'Himalaya et beaucoup d'eau, tout poussait ou presque. Pema devait avoir grincé des dents chaque fois qu'il voyait cette masse de fleurs s'épanouir dans tous les sens : des œillets, des zinnias, des marguerites dorées, des alyssums, des gloires du matin, des iris et bien d'autres fleurs dont je ne m'étais pas donné la peine de chercher le nom. L'été, un coucou gris s'y installait et finissait par nous rendre fous avec son chant monotone. Lui non plus ne devait pas aimer les rangées impeccables, car il a cessé de venir par la suite. Comme j'avais fini par le trouver charmant, lui aussi me manquait.

Pema était un ancien militaire, un sergent de l'armée, qui aimait la rigueur. On raconte la plaisanterie suivante à propos de la philosophie de l'armée bhoutanaise : si ça ne bouge pas, on le peint ; si ça bouge, on le salue. C'est peut-être quelque chose du genre qui avait motivé Pema. Si ce sont des fleurs, on les plante en rang droit.

Il serait absurde d'imaginer une telle situation se produire ailleurs dans le monde. Dans les autres parties du globe, j'imagine mal quelqu'un se mettre à fouiner dans le jardin du voisin. Aux États-Unis, un tel geste ferait probablement les manchettes : « Un homme prend d'assaut le jardin de son voisin lors d'un raid matinal. » On traîne les gens devant les tribunaux pour moins que ça.

Quelques jours plus tard, Pema est repassé devant la maison, et je l'ai invité à prendre une tasse de thé. Je suis allée chercher dans ma bibliothèque un volumineux livre de jardinage intitulé *European Gardens* que j'avais apporté dans mes bagages, et je lui ai offert. Il a été fasciné par les photographies et les gravures montrant de majestueux jardins, des sculptures végétales et de magnifiques agencements de couleurs — le tout avec beaucoup de symétrie et une petite touche d'aléatoire. Il n'avait jamais rien vu de tel. J'aurais aimé lui offrir un abonnement à la Revue des jardins militaires. En fait, cette publication n'existe pas mais, dans le cas contraire, elle aurait sûrement eu beaucoup de succès !

Le réaménagement de mon jardin effectué par Pema s'est avéré fructueux une fois mes pêches mures. Mon jardin comptait cinq pêchers fertiles et, à la fin de l'été, je pouvais cueillir et distribuer pas loin de 90 kilogrammes de pêches. Cependant, si elles restaient au sol trop longtemps, elles se gâtaient rapidement ou étaient dévorées par les insectes. Il ne faut que quelques heures au soleil pour déclencher le processus de fermentation ; sinon, c'est la pluie et la moisissure qui s'en chargent. Si je tardais à les ramasser, ne serait-ce qu'une journée, nous nous levions un beau matin avec une odeur de pêches pourries. Grâce à mon nouveau jardin bien ordonné, il était facile de repérer les mauvaises pêches au sol et de les lancer de l'autre côté du muret de pierre afin que le taureau de Pema s'en régale. À un point tel que, si le cowboy laissait sortir ses vaches très tôt alors que nous étions toujours au lit, le taureau se pointait tel un enfant gâté. Je pouvais l'entendre grogner et piaffer à travers la fenêtre ouverte. Si son appel restait sans réponse, il se mettait à beugler.

— Ton ami t'appelle, disait Namgay.

J'essayais d'ignorer le taureau — il était trop tôt pour se lever —, mais je savais qu'il n'arrêterait pas à moins que je lance quelques pêches de l'autre côté du muret.

Lorsque je travaillais dans le jardin, le taureau s'installait à côté du muret. Il me laissait même lui gratter le dos avec un râteau. Je me sentais en sécurité tant et aussi longtemps qu'il était d'un côté du muret et moi, de l'autre. Je cherchais à l'engraisser et à lui redonner santé et virilité. C'était un vieil animal, et son dos était couvert d'une gale qui donnait à sa peau l'apparence d'un imperméable ciré. Parfois, lorsque j'étais en train de désherber et qu'il était de l'autre côté du muret, j'entendais un bruit de cascade. Il était en train d'uriner.

En Inde, les vaches sont nourries avec des mangues et des feuilles de manguier qui donnent à leur urine une teinte jaune vif. Cette urine est recueillie (je ne veux pas vraiment savoir comment) et séchée pour être réutilisée comme peinture. Namgay avait d'ailleurs des pigments jaunes en provenance de l'Inde qui étaient faits à partir d'urine de vache.

Toutefois, chaque fois que je devais sarcler le potager que nous avions fait derrière le moulin à riz installé du côté de la ferme de Pema ou y cueillir des légumes, je devais jeter un coup d'œil sur le taureau. J'avais même échafaudé un plan d'évacuation d'urgence. Si je me trouvais dans le potager et que le taureau s'approchait, le dos rond et la tête baissée, je m'éloignais lentement et à reculons pour me mettre en lieu sûr, car cette posture indiquait que l'animal était prêt à charger. Nous avions placé une boîte en bois près du muret afin que je puisse l'enjamber plus facilement pour aller de l'autre côté. En aucun cas, je ne devais courir en lui tournant le dos afin de ne pas l'exciter.

C'était un taureau de race laitière, une race plus agressive que les taureaux de boucherie, et comme il lui arrivait de m'ignorer complètement, son comportement était imprévisible.

Enfant, je me laissais bercer par les histoires de Ferdinand, l'adorable taureau qui préférait les fleurs au combat dans une corrida. Je voulais que le taureau de Pema soit comme celui du livre pour enfants. Mais ce taureau n'avait rien d'un Ferdinand.

Je me disais pourtant que, si je lui donnais un nom, il serait moins agressif. Même si cette idée semblait puérile, j'ai envisagé des noms semblables à ceux dont on affuble les champions de rodéo aux États-Unis : Troublemaker, Babycakes, Tombstone, Dr. Hollywood, Nightlife, Gentleman Jack, Showboat, Extreme, Super Dude, Maximum Overdrive, Boy Howdy, Rotten Cotton, Iceman, Happy Ending, Mission Control, Black Magic, Milky Way.

Lorsqu'il a lu ma liste, Namgay m'a suppliée de ne pas donner de nom au taureau.

– Pourquoi voudrait-il me charger ? ai-je demandé à Namgay. Je lui donne des pêches. Je lui gratte le dos.

– Je ne pense pas qu'il veuille s'en prendre particulièrement à toi, a-t-il répondu. C'est un taureau. C'est ce que les taureaux font.

J'ignore pourquoi je cherchais tant à l'apprivoiser. Je croyais être capable de le dompter, de lui faire accepter un échange de bons procédés, comme les chiens semblent le faire, ou que les chats font tout en gardant leur indépendance. Si je le nourrissais de pêches et que je lui grattais le dos, j'avais l'impression qu'il pourrait en contrepartie renoncer à foncer vers moi. Maintenant, je comprends qu'il était simplement fidèle à sa nature. Les taureaux n'ont que faire de la morale ou de la courtoisie. Comme me le rappelait Namgay, ce ne sont que des taureaux qui agissent de manière agressive et obtuse, comme le font les taureaux. Plus ils sont vieux, et plus ils sont méchants, description qui correspond d'ailleurs à quelques-unes de mes connaissances.

Je croyais être en mesure de changer le cours des choses par mon action aimante ; que l'esprit du taureau était une « page blanche » que je pouvais noircir à ma guise. Je lui prêtais une aptitude qu'il ne possédait pas ; pour ma part, je pêchais par excès de naïveté.

Au début de l'été, le taureau était amaigri et frêle. Pendant la saison des pêches, il se gavait, et la gale disparaissait en grande partie de son visage.

— Le taureau a bonne mine maintenant, disait Namgay.

— Ce sont les pêches.

— Je pense que le cowboy est allé chercher des médicaments chez le vétérinaire.

— Il lui a peut-être donné des médicaments, mais je pense que les pêches l'ont aidé davantage.

— Peu importe, disait Namgay. Il va mieux.

Namgay avait le don de faire taire les pensées erratiques dans mon esprit.

J'ai parfois une pensée triste pour le cheval de course incapable de s'adapter à la montagne. Je regardais mon jardin tous les jours et j'étais nostalgique des couleurs chaotiques d'antan, sauf que je préférais encore plus Pema. Il m'a fait comprendre que notre force véritable réside dans notre cœur. Je ne cesserai peut-être jamais de vouloir dompter le taureau. Je suis comme je suis. Je ne suis pas parfaite. Et c'est très bien ainsi.

L'acceptation concourt énormément à notre bonheur. D'abord et avant tout, acceptez-vous tel que vous êtes avec toutes vos glorieuses imperfections ; accepter les autres devient ensuite un jeu d'enfant.

Chapitre 8

Ne pas se prendre au sérieux

Les Bhoutanais utilisent l'humour à toutes les sauces. Ils l'utilisent pour enseigner et apporter des correctifs sur soi ; même la discipline n'est pas incompatible avec un peu d'humour. On a le rire facile au Bhoutan, car l'atmosphère y est plus détendue, ce qui incite tout le monde à faire de même. Il en résulte une conscience de soi plus aiguë. L'humour est associé à l'humilité et à la maîtrise de l'ego, lesquelles sont autant de qualités associées au bouddhisme que de traits de caractère propres aux Bhoutanais. Leur saint patron, Drukpa Kuenley, en est un bon exemple, lui qui a vécu au XVIIe siècle et dont l'humour était un élément important de son enseignement. Ses métaphores crues et salaces parlent notamment de pénis transformés en armes à feu capables de dompter les démons (ceux qui s'opposent à la foi), ainsi que de comportements inappropriés de la part des fermières. D'accord, ce saint pas tout à fait comme les autres correspondait davantage aux « cinquante nuances de gris » avant même que l'on sache qu'il en existait plus de deux. Par ailleurs, la plupart des villages avaient leur « fou du roi », un *atsaras* ou clown malicieux, qui est un élément important des enseignements prodigués lors des *tsechus* (festivals).

Ne pas se prendre au sérieux, cultiver une saine humilité, stimuler son estime de soi ainsi que son système immunitaire : voilà la quintessence de la confiance en soi. En ce moment même, je rigole en silence, parce que j'essaie d'expliquer sérieusement comment il ne faut pas se prendre au sérieux. Il faut apprendre à rire, et pas uniquement en se racontant des plaisanteries, ou en regardant des comédies ou des vidéos qui montrent des chats qui tombent d'un comptoir de cuisine ou qui s'effraient eux-mêmes en se voyant dans un miroir. Nous devons rire de nous-mêmes dans tout ce que nous avons d'humain et de fragile, en toute humilité et sans égoïsme. L'humour exprime la nature dans toute sa force. C'est l'acte suprême du libre arbitre, un bien des plus précieux. Chaque jour, notre monde est en manque d'humour, et, lorsque nous avons le choix entre se prendre au sérieux ou faire preuve d'humour, je préconise la seconde option. Si êtes sur le point de tomber sur votre postérieur, faites-le avec style. Soyez assuré qu'il y a quelqu'un qui vous regarde.

Le monde est un endroit absurde. Il y a beaucoup de choses qui n'ont rien de drôle et qui sont loin de nous faire rire, comme les abus de toutes sortes, les changements climatiques, les bouchons de circulation, la famine, la guerre, l'impérialisme, la manucure à la française, et toutes sortes d'autres choses plus horribles les unes que les autres. Cependant, ces sujets sont hors de mon propos. Sur une base quotidienne, la vie est plutôt comique. Prenons l'habillement par exemple, et en particulier les vêtements portés au Bhoutan qui sont faits sur mesure pour les petites et sveltes Bhoutanaises (c'est-à-dire tout le contraire de moi). Je n'ai eu cependant d'autre choix que d'accepter mon lot sur le plan vestimentaire. J'ai assisté à des cérémonies où mon kira, cette robe longue que portent les Bhoutanaises, semblait animé de sa propre volonté et faisait sauter simultanément toutes les épingles qui le maintenaient en place. Je ne compte plus le nombre de fois où j'ai trébuché sur la traîne de ma robe ; le problème, c'est qu'un kira correctement porté n'a pas de traîne.

Incarner « l'autre » au sein d'une collectivité concourt certainement à aiguiser son sens de l'humour et, par-dessus tout, à faire preuve d'humilité, si on entend par ce mot faire toutes sortes de simagrées face à l'adversité. Vous pouvez verser toutes les larmes de votre corps, ou prendre le tout avec un grain de sel, et c'est cette dernière avenue que je préfère. Je sais que suggérer de se rendre idiot ou ridicule, autant face à soi-même que face aux autres, semble incongru, mais, en vérité, c'est un geste profond. L'humour aide à composer avec les incertitudes, les caprices et les difficultés auxquelles nous sommes tous confrontés, peu importe l'endroit où l'on se trouve. On n'a qu'à penser au voyage. Je sais qu'il s'agit là d'un cliché usé à la corde, mais rien n'est plus universel qu'un sourire — faites-en l'essai la prochaine fois qu'un agent de sécurité dans un aéroport indien vous harcèlera. C'est la dernière réaction à laquelle il s'attend, et cela sèmera le doute dans son esprit. Cet agent vous a repéré comme un Occidental, probablement un Nord-Américain. Il voudrait désespérément émigrer dans votre pays. Et faire beaucoup d'argent, ce qu'il présume être votre cas. Quoi qu'il en soit, il ne mettra jamais les pieds dans votre pays — en tout cas pas dans cette vie — alors que vous, si. Et cela le frustre au plus haut point. Et l'ennuie. Cet agent possède un peu de pouvoir sur vous et votre bagage à main. Et, évidemment, vous êtes une personne si facile à perturber. Si prompte à réagir. Vous êtes comme un petit chat que l'on excite avec un bâton, facile à énerver et qui se calme difficilement. Et pour couronner le tout, vous êtes arrogant. Vous devez être remis à votre place.

Lorsque ce fonctionnaire indien vous demande de le suivre, puis qu'il ouvre votre bagage à main, au lieu de prendre un air offusqué, de grimacer, de pousser un profond soupir et d'avoir un langage corporel de fou furieux, souriez comme un Bouddha médusé. Vous êtes peut-être une personne arrogante, nerveuse, qui craint de manquer son vol. Ne le laissez pas paraître. Continuez à sourire. Non pas un sourire maniaque. Seulement un sourire perplexe ou amical. Faites tout ce qu'on vous demande de faire — toujours en gardant votre sourire à la Bouddha, et, après que cet agent aura fouillé pour la forme votre valise, il vous laissera partir, je vous en donne ma parole. Sauf évidemment si vous transportez quelque chose d'illégal dans votre bagage à main. Ou des piles. Ça, il le gardera pour lui.

En fait, utilisez suffisamment cette technique, c'est-à-dire sourire et prendre les choses comme elles viennent, surtout lorsque vous n'êtes pas dans votre élément, par exemple en voyage, et vous commencerez à en ressentir les bienfaits. Les choses ne pourront aller qu'en s'améliorant. Votre sourire vous protégera lorsqu'un préposé vous confisquera vos piles dans un aéroport indien. Vous pourrez même en rire lorsque vous raconterez l'histoire une fois de retour à la maison.

Se moquer de l'adversité et bonté vont de pair. C'est l'ultime gentillesse, le moyen de faire preuve d'indulgence envers soi-même. C'est aussi un moyen de se calmer et de désamorcer une situation. Quand vous choisissez d'en rire, vous ne vous en prenez pas aux autres. C'est un moyen de vous immiscer entre vous et votre ego et, en bout de ligne, de reconnaître l'absurdité présente en toute chose.

Si vous acceptez cette absurdité qui nous entoure, vous serez plus heureux, vous paraîtrez mieux, vous ferez preuve de plus de gentillesse, et vos dents seront plus droites. Comme lors de ce jour à Thimphou où Namgay m'a demandé d'aller acheter du matériel d'artiste. Comme il voulait du papier calque, je suis allée à sa papeterie préférée et j'ai demandé au commis si elle en avait.

– Non, M'dam.

– Ah bon. Je croyais que vous en aviez… j'aurais juré que c'était le cas… une minute ! Qu'est-ce que je vois là, dans le coin ? Dans le tube. Adossé au mur.

– Ce gros tube ?

– Oui.

– C'est du papier calque, M'dam.

– Attendez… Je pensais vous avoir demandé… Laissez tomber. Puis-je en avoir ?

– Non, M'dam.

– Et pourquoi ?

– C'est 1 200 ngultrum, M'dam. »

– Effectivement, c'est beaucoup d'argent. J'aimerais néanmoins en acheter. Puis-je ?

– Oui, M'dam.

Ce que vous venez de lire est une transcription fidèle de ce qui s'est réellement passé. J'avais même emprunté un crayon et une feuille de papier au commis pour consigner le tout par écrit afin de ne rien oublier. Je ne sais pas pourquoi cette femme m'a dit qu'il n'y avait pas de papier calque. Peut-être avait-elle supposé que je ne voudrais pas acheter un gros rouleau d'un kilomètre de long. En bon apôtre de la responsabilité fiscale, peut-être avait-elle supposé que, puisque le papier calque coûtait cher, je n'en voudrais pas. Peut-être avait-elle oublié qu'elle en avait. Peut-être était-elle trop paresseuse pour songer en vendre. Je n'en ai aucune idée. Toutefois, des situations absurdes de ce genre sont monnaie courante au Bhoutan. Vous pouvez en être contrarié ou en rire. À vous de choisir.

Si vous apprenez à rire des petites choses, vous serez plus à même d'affronter les situations plus difficiles. En août 2005, j'ai reçu un appel de Nashville. C'était ma mère qui me demandait de rentrer à la maison. Cela faisait huit ans que je vivais au Bhoutan, et jamais elle ne m'avait fait une telle demande. Elle était mourante. J'ai aussitôt accepté, puis je lui ai expliqué qu'il me faudrait une semaine pour prendre les arrangements nécessaires et faire le trajet entre Paro, au Bhoutan, et Nashville en passant par Bangkok, en Thaïlande, Tokyo et Détroit. Il n'est jamais facile, ni rapide, de voyager au Bhoutan. Et à l'époque, il était impossible de prendre les arrangements par Internet comme c'est le cas aujourd'hui. Chaque vol demande d'avoir billet en main et de payer comptant. La logistique est particulièrement compliquée, surtout avec peu de préavis et en pleine saison touristique, Bangkok étant une destination de prédilection pour les vacances.

Bien entendu, je n'ai pas soufflé mot de tout ça à ma mère. Je lui ai seulement dit que je viendrais aussitôt que possible.

— Je vais t'attendre, a-t-elle répondu sur un ton qui ne laissait présager rien de bon.

La vérité, c'est que je n'étais pas vraiment proche de ma mère. Nous étions trop différentes l'une de l'autre. J'étais partie à l'aventure à l'autre bout du monde, alors qu'elle était une personne casanière. J'adorais les livres, mais jamais je ne l'avais vu en toucher un seul. C'était cependant une belle femme d'une exquise gentillesse qui aimait mon sens de l'humour Et j'aimais la faire rire. Le cancer qu'elle avait combattu pendant presque sept ans avait finalement pris le dessus, et elle me voulait à ses côtés.

Elle ne voulait pas qu'on en fasse tout un plat, pas plus qu'elle ne voulait de larmes ou de mélodrame, disait-elle. Elle ne voulait pas inspirer la pitié. Elle resterait chez elle avec l'aide de l'hôpital. S'il avait fallu que j'enfile un costume de clown pour faire des pirouettes, me promener sur une petite bicyclette, ou sauter à travers un cerceau en flamme, je l'aurais fait. J'étais prête à l'aider à traverser cette épreuve.

Namgay m'a reconduite à l'aéroport de Paro, et nous avons fait le trajet dans un silence empreint de tristesse. Je songeais au voyage éprouvant qui m'attendait ainsi qu'à maman. Il me faudrait quatre jours pour relever ce défi logistique qui comprenait des trajets en taxi et en autobus, des chambres d'hôtel, cinq vols et six villes avant d'arriver à destination. Namgay a transporté ma valise jusqu'à l'aéroport, puis il l'a déposée, et nous nous sommes étreints pendant environ une minute, serrés l'un contre l'autre. C'était la première fois que nous nous séparions depuis notre mariage. Il m'a embrassée et m'a dit au revoir. Je m'apprêtais à entrer dans l'aéroport lorsque j'ai alors entendu :

— Attends !

Je me suis retournée pour le regarder, prête à dire quelque chose qui correspondait à la solennité et au romantisme du moment

— Apporte du Néosporin ! a-t-il dit, un air d'urgence dans le regard.

J'ai éclaté de rire.

— Sans faute, ai-je dit en l'embrassant de nouveau.

Une fois à Nashville, j'ai me suis comportée comme l'aurait fait toute femme du Sud des États-Unis qui se respecte face à une mort imminente. J'ai commencé à cuisiner. Maman pouvait boire de l'eau, du café ou du jus, mais elle ne pouvait pas manger.

— On peut survivre plus d'un mois avec des liquides, ai-je dit. J'ai lu ça quelque part.

Elle a souri. Elle savait que j'essayais de gagner du temps pour elle.

Chaque jour, elle perdait peu à peu sa vitalité, sa force vitale, et, après une dizaine de jours, je pouvais voir qu'elle en arrachait de plus en plus. Son corps était en train de mourir et, pourtant, jamais elle ne s'est plainte de la douleur ou de l'inconfort. La meilleure option pour elle était de s'asseoir dans son lit et de regarder des vieilles photos. Elle ne pouvait pas le faire très longtemps, car elle devenait confuse et se fatiguait vite.

Elle m'avait demandé de faire sortir de sa chambre les gens qui venaient la voir et se mettaient à pleurer. Elle était très ferme à propos de ce qu'elle voulait ou non. Elle allait mourir, mais à sa façon. Elle avait parlé à un ministre du culte et à mon père afin qu'ils planifient les détails du service funéraire, de la musique aux passages de la Bible. Elle m'a même demandé de lui montrer ce que je porterais pour l'occasion. Malgré mon embarras, j'ai exaucé son désir.

— C'est très bien, a-t-elle dit.

Je vivais pour l'aider à mourir. J'espérais surtout que cela ne traînerait pas en longueur. Je faisais de mon mieux pour être enjouée et optimiste, sans oublier de pimenter le tout avec le genre de plaisanteries de mauvais goût que ma mère adorait. Je l'aidais à se brosser les dents; comme elle ne pouvait plus aller à la salle de bain seule, j'utilisais une écuelle à vomissure en acier inoxydable qui avait la forme d'un croissant et que m'avait fournie l'hôpital. Je tenais l'écuelle près de sa bouche et je lui brossais les dents. Elle aimait ça parce que j'avais surnommé l'écuelle le « seau à bave ».

Le personnel de l'hôpital m'avait donné beaucoup de conseils et de matière à lire. Un matin, lors de la visite de l'infirmière, nous étions allées dehors pour parler après qu'elle m'eut dit que le pouls de ma mère était quasi inexistant.

— La fin approche. Encouragez-la à prendre de la morphine si elle en demande, m'a-t-elle expliqué. Cela facilitera les choses. Inutile qu'elle souffre. Avec la morphine, elle s'endormira, et il est probable qu'elle ne se réveille plus.

J'étais à la fois soulagée, horrifiée, effrayée, triste et en colère. Je perdais maman. L'après-midi suivant, je lui ai demandé si elle ressentait de la douleur.

— Non, a-t-elle dit.

Puis, au bout de quelques secondes, elle a ajouté :

— Seulement inconfortable.

Je n'ai rien dit, puis elle a demandé :

— Crois-tu que je devrais prendre de la morphine ?

— Je pense que ce serait une bonne idée.

J'avais prononcé ces mots sur le ton le plus désinvolte possible. Intérieurement, j'étais en état de panique. Je voulais hurler : *Non ! Surtout pas, je ne pense pas que tu devrais prendre de la morphine. Cela signifie que c'est la fin.* Mais j'ai dit oui. Jamais elle ne m'aurait demandé mon avis si elle n'avait pas voulu en prendre. Elle avait besoin d'être rassurée dans son choix.

Elle a pris de la morphine. Je me suis assise avec elle en lui prenant la main et en la regardant. Sa main était toujours aussi magnifique. Je me suis demandé à quel moment elle s'assoupirait. L'infirmière m'avait expliqué qu'elle sombrerait ensuite dans un sommeil profond. Nous n'avons pas échangé le moindre mot.

Au bout d'un moment, ma mère a chuchoté :

— Linda ?

— Oui ?

J'ai sursauté et je me suis approchée de son visage afin qu'elle puisse me voir. — Oui, ai-je dit de nouveau.

— J'ai quelque chose à te demander.

— Tout ce que tu veux.

— Irais-tu chercher mon miroir et ma pince à épiler dans la salle de bain ?

Elle a placé sa main sur son menton.

— Pour enlever ce poil.

— Quoi ?

— Il m'agace.

— Maman ?

C'était plus fort que moi. J'ai commencé à rire.

— Maman…, ai-je répété.

Puis j'ai commencé à rire de manière incontrôlable. Trop faible pour rire, elle a néanmoins esquissé un sourire en soupirant.

— Tu veux que j'enlève ce poil maintenant ?

— Ça fait un petit moment que je voulais te le demander.

J'ai éclaté d'un rire franc.

— Tant pis pour les grands gestes solennels !

Puis je me suis exécuté, évidemment. J'ai tenu le miroir pendant qu'elle se tâtait le menton.

— Là, a-t-elle dit.

C'était un gros poil gris, presque invisible. Je l'ai épilé doucement.

Je riais toujours.

— Tu es vraiment quelque chose, toi, ai-je dit.

Je l'ai regardée, et elle avait fermé les yeux. Je chéris ce souvenir de sa dernière demande qui nous a permis de rire une dernière fois ensemble. C'était une femme splendide, très soucieuse de son apparence et qui en a pris soin jusqu'à la dernière seconde. J'y repense encore et je souris, puis je ris et je pleure, simultanément.

Chapitre 9

Propager la générosité

Dans le Bouddhisme, il existe des êtres humains, appelés bodhisattvas, qui ont atteint l'illumination et qui évoluent parmi nous. Au lieu de transcender vers les royaumes célestes, ils ont choisi de rester sur Terre et d'aider les autres êtres vivants à atteindre eux aussi l'illumination. Ils sont les ultimes intermédiaires.

Les Bhoutanais partagent tout avec leurs amis, les membres de leur famille, et même avec de parfaits étrangers : nourriture, vêtements, maison, voiture, temps, idées, rires, argent, plaisanteries, etc. Je suis chaque fois renversée de constater à quel point ils n'hésitent jamais à se départir du peu qu'ils possèdent. Pourtant, tout comme nous, ils tiennent à leurs biens. Ils ont cependant une propension naturelle à donner qui n'est aucunement liée à l'étendue de leurs possessions. Cela n'a rien à voir avec une dîme qui correspond à un pourcentage de son revenu, ni avec un don versé à un organisme de charité en retour d'un reçu fiscal. Jamais je n'avais vu quelque chose de semblable.

Au Bhoutan, j'ai appris que donner mène à l'abondance. Des biens comme la nourriture et les vêtements, et même les voitures, sont magiquement et mystérieusement distribués de manière égale. Cette générosité fait en sorte qu'il y en a suffisamment pour tout le monde. Les touristes qui visitent le Bhoutan constatent d'ailleurs qu'en dépit de la pauvreté qui règne dans le pays, personne ne vit dans la misère.

Pourtant, ces personnes qui font preuve de générosité peuvent difficilement être qualifiées de riches. Même le plus modeste des fermiers vous accueillera dans sa demeure comme si vous étiez une reine ou un roi. Jamais je n'oublierai cette magnifique paire de *koma* or et argent, ces grandes broches qui retiennent les côtés d'un kira, que m'a offerte une fillette dont le père a été mon chauffeur pendant quelques années.

— Elle voulait vous offrir quelque chose afin que vous vous souveniez d'elle, m'a dit son père en me remettant ce cadeau.

J'ai essayé de refuser, mais peine perdue.

Comme c'est le cas dans beaucoup de sociétés traditionnelles, donner accorde de l'importance à la personne qui pose ce geste. Il est toujours préférable de donner plutôt que de recevoir.

Certes, j'admire cette générosité, même si les vieilles habitudes reviennent parfois au galop. Quelques mois après que j'eus épousé Namgay, nous avons emménagé dans une ferme située à Lungtenphou, non loin de Thimphou. Un jour, on frappe à notre porte. Avant d'ouvrir, j'entends des voix qui chantent des psaumes. Ce sont deux jeunes Bhoutanais dégingandés, vêtus de *ghos* (le vêtement traditionnel porté par les hommes) anciens et sales. Ils portent des tongs aux pieds et tiennent à la main de gros sacs en tissu. J'esquisse un sourire. Ils continuent à psalmodier. Je souris davantage. Ils redoublent d'ardeur. — Vous vous êtes trompés de maison, dis-je, la bouche toujours fendue d'un sourire.

Ils étaient sans doute attendus ailleurs pour officier cette cérémonie religieuse que les Bhoutanais tiennent annuellement. Un des jeunes hommes secoue son sac et porte la main à la bouche.

Namgay vient me rejoindre pour les accueillir.

Je lui demande :

— Qu'est-ce qu'ils veulent ?

— Ils veulent du riz.

— Tu plaisantes ! Pourquoi en voudraient-ils ?

— Pour la même raison que nous, répond-il en riant.

— Je sais, pour manger. Ces gens nous demandent l'aumône !

J'essaie d'adopter le ton le plus indigné et moralisateur possible tout en roulant des yeux pour exprimer ma désapprobation. Même si les deux jeunes hommes ne parlent pas ma langue, ils captent certainement le ton de ma voix et mon regard.

— Je croyais que mendier était interdit au Bhoutan.

Namgay reste silencieux. Il va dans la cuisine, puis revient à la porte avec un bol rempli de riz. Il en verse une petite quantité dans chacun des sacs.

Pour ma part, je continue à proférer ma désapprobation guindée.

— Regarde-les ! Pourquoi quêtent-ils ainsi de porte en porte ? Ils sont jeunes et en santé. Pourquoi ne travaillent-ils pas ? Pourquoi ne se trouvent-ils pas un emploi ?

— C'est précisément ça, leur travail, dit Namgay sur un ton à la fois agréable et exaspérant.

Il fait un signe de la tête aux deux hommes et leur sourit. Ils sourient en retour, font une révérence, puis ils recommencent à psalmodier et reprennent leur route.

Certes, il s'agissait peut-être de fermiers qui avaient épuisé leur réserve de riz pour l'année. Le stock de maïs de leur famille avait peut-être été dévoré par des sangliers sauvages. Ils avaient peut-être été victimes d'une sécheresse. Ce n'était probablement pas des fainéants. On ne pouvait pas les comparer non plus aux personnes qui demandent une subvention, font une vente de débarras ou sollicitent des fonds sur Kickstarter. J'avais malgré tout des réserves.

— Je n'ai rien contre le fait de donner, mais je n'aime pas qu'on me le demande, dis-je à Namgay. J'aime donner de mon propre chef.

De mon propre chef? Pourquoi étais-je si ferme et pointilleuse sur les principes? Même moi, j'avais du mal à y croire.

— Les gens qui demandent, qui peuvent même demander sans en avoir vraiment besoin, sont les gens à qui tu dois donner. Si tu donnes aux personnes qui font preuve d'ingratitude ou qui oublient de te remercier, tu es un bodhisattva, explique Namgay.

Je rétorque :

— C'est ça, fais-moi le coup du bodhisattva.

Quelques jours plus tard, je me rends au marché public qui se tient toutes les fins de semaine pour y acheter des œufs. Je n'en trouve nulle part à vendre et, tout en marchant, j'aperçois un vieil homme à la tignasse blanche tout ébouriffée. Il lui manque quelques dents, et ses mains tannées sont jointes comme s'il priait. Il se tient debout et secoue les mains pour saluer les passants. Lorsque je passe devant lui, il pointe le doigt vers mon manteau. Il faut dire que je suis une espèce d'aimant pour les ivrognes et les lunatiques, sauf qu'il ne semble appartenir à aucune de ces catégories. C'est l'hiver. Le soleil brille dans un ciel sans nuages, et il fait suffisamment froid pour voir la buée produite par sa respiration. L'homme est petit de taille et porte une courte barbe blanche. On dirait un gnome vêtu d'un gho gris usé et de vieilles bottes de l'armée chinoise — sans chaussettes. Ses jambes semblent frigorifiées.

J'examine mon manteau, mais il n'y a rien de particulier. Il gesticule de nouveau et dit quelque chose dans un dialecte que je ne comprends pas. Je demande à un garçon qui passe par là de me traduire ce que le vieil homme dit. Il discute longuement avec lui. Par longuement, je veux dire une vingtaine de minutes. Quand je demande au garçon ce que le vieil homme a dit, il répond :

— Il veut un manteau comme le vôtre.

Vingt minutes résumées en une seule phrase. Typiquement bhoutanais.

— Je l'ai pris à la boutique Palden's, dis-je.

Je suis heureuse de rendre service, et plutôt flattée que mon tout nouveau manteau matelassé bleu marine qui descend jusqu'aux cuisses attire ainsi l'attention, même si c'est de la part d'un vieux villageois qui ressemble à un gnome de jardin excentrique.

Le garçon et le vieil homme discutent encore pendant ce qui me semble des heures. Cette fois, ils pointent du doigt et font de larges gestes de la main.

Finalement, le garçon dit :

— Le vieil homme ignore où se trouve cette boutique.

Comme j'allais dans cette direction, je dis au garçon d'expliquer au vieil homme que je peux l'accompagner jusqu'à la boutique. Je gesticule pour qu'il me suive. Il me lance un large sourire, et nous nous mettons en route. Dix minutes plus tard, notre couple atypique arrive chez Palden's qui est bondé de clients, des pères et des mères accompagnés de leurs enfants. Palden's était depuis plusieurs années ma boutique de vêtements préférée. On y vend des articles défectueux et des surplus de stocks provenant des manufactures du Bengladesh. Le propriétaire achète ces vêtements qu'il paie au poids. Il les apporte ensuite à sa boutique et les offre dans de grosses boîtes de carton alignées en rangées sur le plancher. Si vous êtes prêt à fouiner dans ces boîtes, il est possible d'y trouver des vêtements peu coûteux et encore en bon état. Même si certains articles sont accrochés à des présentoirs de fortune, je préfère encore fouiller dans les boîtes. Quand vous faites vos emplettes à Thimphou, il est conseillé de ne pas être trop pointilleux sur les tailles ou les couleurs des vêtements — ou encore sur leur style, leur âge ou leur niveau de propreté. Faire preuve de souplesse quant au genre féminin ou masculin est également de mise.

Je commence à fouiller dans les boîtes à la recherche d'un manteau semblable à celui que j'avais acheté deux semaines auparavant. C'était un manteau matelassé bleu marine muni de boutons-pression couleur argent, léger mais très chaud et ajusté. Le manteau parfait. Ce que je préférais surtout était les deux grandes poches placées au niveau de la taille dont le rabat se refermait à l'aide d'un velcro. Le vieil homme a l'air un peu dépassé et perdu, comme s'il arrivait d'une autre planète. Je sens l'embarras qu'il ressent, lui qui n'a probablement jamais mis les pieds dans une boutique de Thimphou et qui vient probablement d'un village isolé. Je me dis : *Il doit être venu ici pour s'acheter un vêtement.* Il était peut-être venu en autobus, ou un camion l'avait pris à son bord. Il avait peut-être de la parenté à Thimphou. Je me demande où ces gens peuvent se trouver. Pour la plupart, les autres clients ignorent le vieil homme, mais je peux voir certains d'entre eux lui jeter un bref coup d'œil pendant qu'ils font leurs achats.

Comme il ne semble parler aucune des langues que je connais – dzongkha, anglais, espagnol ou allemand – et comme je ne sais pas dans quel dialecte ou langue il s'exprime, je commence à parler en anglais en utilisant mon ton et mes gestes pour me faire comprendre. Après avoir trouvé plusieurs manteaux dans les boîtes, je lui en montre un. Il fait non de la tête. Il ne l'aime pas. Je lui en présente un autre. Celui-ci lui plaît. Je l'aide à l'enfiler. Les manches traînent presque par terre tellement elles sont longues. Nous nous esclaffons :

– Ho ! Hahaha !

Je commence à m'amuser. Quelle métamorphose pour ce villageois !

Je remarque que les autres clients, au lieu de nous regarder discrètement, nous observent ouvertement et s'intéressent à notre petite expédition d'emplettes. Au Bhoutan, je suis bien malgré moi un centre d'attraction. Où que j'aille, les gens me fixent du regard. Non pas que je sois d'une élégance rare, du genre à détourner les regards (même si je fais de mon mieux à ce chapitre), mais parce que, même après tant d'années, je reste une étrangère, une anomalie, un gentil spécimen qui vient du Sud des États-Unis et qui semble constamment sur le point de se mettre les pieds dans les plats.

Je suis aussi une styliste frustrée. Mes amies en savent quelque chose. Lorsqu'elles ont besoin d'une robe de mariée, d'une valise, d'une paire de lunettes, de bottes, d'une tenue pour rendre leur ex-petit ami jaloux, d'une paire de jeans, ou d'une paire d'espadrilles, je suis la première personne que plusieurs d'entre elles appellent, J'ai une amie qui jure que son mari l'a demandée en mariage parce qu'elle portait une robe rose vif que j'avais choisie pour elle. En retour, j'ai un plaisir fou à trouver toutes sortes de trucs amusants sans que j'aie à les payer moi-même. C'est donc la divine providence qui avait mis ce vieil homme du village sur ma route.

Nous trouvons finalement un joli et chaud manteau matelassé semblable à celui que je porte.

— Et pour votre information, dis-je en l'aidant à mettre le manteau tout en sachant qu'il ne comprend pas un traître mot de ce que je raconte, un manteau de femme standard extra large vous ira à merveille. Tout ce qui vient de la marque Jones New York vous va à merveille. Ce manteau est fait pour vous.

Je lui montre comment fermer les boutons-pression. Fermer, ouvrir, fermer, ouvrir. Quelle merveille qu'un bouton-pression. Tellement supérieur à un bouton ordinaire, surtout pour les doigts d'une personne âgée qui a passé sa vie à labourer la terre. Juste pour le plaisir de la chose, j'empoigne le manteau par le bas pour l'ouvrir d'un coup sec ; les boutons-pression s'ouvrent en faisant un joli POP, POP, POP. Il rit de bon cœur. Je l'installe devant un miroir pleine longueur afin qu'il puisse se voir. Il passe ses mains sales sur le devant du manteau, lentement et avec tendresse, comme s'il n'arrivait pas à croire qu'il était réel.

— Vous le voulez ? je lui demande en anglais. *Go ne*? je répète en dzongkha.

Il sourit timidement.

Puisque nous sommes déjà sur place, pourquoi ne pas lui trouver des chaussettes ? En regardant autour, je trouve dans une boîte deux paires de chaussettes longues et épaisses de couleur noire.

— Nous allons prendre ça aussi, dis-je. Elles vont faire l'affaire.

J'utilise une chaussette pour mimer comment il peut l'enfiler. Il s'assoit sur un tabouret en bois dans un coin de la boutique, puis il prend un temps fou à enlever ses chaussures, à essuyer la plante de ses pieds, puis à mettre les chaussettes. Ses pieds nus ressemblent à des sabots. Je trouve également dans une grosse boîte de vêtements pour enfants un joli pantalon en laine polaire ainsi qu'un chandail rouge qu'il pourrait porter sous son gho.

— Je pense avoir trouvé tout ce qu'il vous fallait, dis-je.

Je prends alors les vêtements dans mes bras pour me rendre vers la sortie où le propriétaire, M. Palden, se trouve assis comme d'habitude derrière un petit bureau.

— Combien pour le tout ? je lui demande en lui tendant les vêtements. Ajoutez également les chaussettes qu'il porte.

M. Palden annonce que c'est 1 200 ngultrum, l'équivalent d'environ 25 dollars américains. Je tends la main vers le vieil homme pour lui faire comprendre qu'il doit payer.

M. Palden me lance un regard incrédule.

— Il n'a pas d'argent, dit-il.

— Oh, dis-je d'une toute petite voix. Bien sûr que non.

Ce détail m'avait échappé. Pourtant, c'est l'évidence même. Pourtant, le garçon avait dit… Je me sens idiote. Je suis embarrassée. Bon, passons. Il est clair que je dois payer ces vêtements, sauf que je n'ai pas assez d'argent sur moi. De surcroît, la boutique Palden est un des rares endroits à Thimphou où il est impossible d'acheter maintenant et de payer plus tard. M. Palden n'accepte que de l'argent liquide. Et aucun marchandage.

— Vous me connaissez, je supplie doucement. Je viens ici depuis des années. Puis-je vous apporter l'argent demain ? S'il vous plaît ?

Tous les clients regardent maintenant le drame qui est en train de se jouer.

Heureusement, M. Palden accepte que j'apporte l'argent le lendemain, puis il emballe dans du papier journal l'autre paire de chaussettes, les pantalons et le chandail pour en faire un petit paquet bien ficelé. Bien entendu, le vieil homme veut garder le manteau sur ses épaules. M. Palden lui remet le paquet et, alors que je m'apprête à sortir de la boutique, quelque chose de charmant et de merveilleux se produit. Du coin de l'œil, je vois une main glisser discrètement une petite liasse de billets de banque sur le bureau de M. Palden. Puis une autre personne ajoute un billet, puis une autre.

Je me retourne, et tous les clients, hommes et femmes, sont en train de fouiller dans leur sac à main, leur poche ou leur *hem chus* — de grosses poches formées par des plis faits devant les ghos ou les kiras — pour trouver de l'argent.

— Ça suffit ! crie M. Palden tout en riant et en ramassant l'argent.

Je suis toujours dans l'embrasure de la porte, pétrifiée et la bouche ouverte.

— Partez ! dit-il en faisant un geste de la main en ma direction.

— *Cadenche*. Merci, dis-je en balbutiant à tous ces clients.

Mais aucun son ne sort de ma bouche. J'ai une énorme boule dans la gorge.

Pour souligner l'occasion, j'invite ce vieux villageois et sa nouvelle garde-robe, gracieuseté de ses concitoyens, dans une cantine népalaise. Nous commandons un plat de samosas chauds, garnis de beaucoup de ketchup et de sauce piquante, le tout accompagné de thé avec lait et sucre. Nous nous installons de chaque côté d'un petit comptoir pour manger tranquillement et gaiement notre repas. Je repense alors à ce qui vient de se produire.

Règle générale, les Bhoutanais sont le peuple le plus généreux que je connaisse. Cette scène s'est passée il y a quelques années, et le Bhoutan a changé depuis, mais encore aujourd'hui la générosité fait partie de l'ADN des Bhoutanais, et l'entraide, qu'il s'agisse de grandes ou de petites choses, est encore la norme.

Nombreux sont les habitants de Thimphou qui se rappellent le « moine fou » qui, pendant des années, a arpenté les rues vêtu d'une somptueuse robe rouge et en tenant une antique bouilloire en argent. Tout le monde le connaissait. Considéré comme la réincarnation d'un lama de haut rang, il était inoffensif malgré son regard un peu sauvage. Avec sa longue chevelure et sa barbe grise, il marchait d'un pas énergique même s'il n'avait probablement nul endroit où aller.

Comme beaucoup de gens aux prises avec des problèmes de santé mentale, il détestait être à l'intérieur, et sa famille avait renoncé à le retenir. Il n'existait aucun traitement pour le soigner et aucun hôpital pour l'accueillir. Il s'enfuyait sans cesse du domicile familial pour vagabonder dans les rues de Thimphou. Les gens veillaient à le nourrir et à le vêtir et, de temps à autre, quelqu'un lui coupait les cheveux et lui donnait un bain. Il dormait sur une dalle de béton en bordure de la route principale. On pouvait l'apercevoir, enfoui sous une grosse pile de couvertures offertes anonymement sous le couvert de la nuit par des citoyens. Un jour, à la fin de l'automne, alors que la température avait commencé à changer et que les nuits étaient devenues plus froides, de bons samaritains ont construit une structure de bois autour de la dalle, puis ils ont recouvert les murs et le toit avec des feuilles faites d'un plastique épais pour le protéger du vent. Il y avait même une porte munie de charnières ! Rapidement, la petite maison en plastique s'est remplie de couvertures. Le moine pouvait être un peu plus au chaud tout en restant à l'extérieur ; s'il se réveillait la nuit, il pouvait encore lever les yeux et voir les étoiles. Les personnes qui avaient construit la petite hutte sont restées anonymes. Pourquoi s'en seraient-elles vantées ? Nous sommes au Bhoutan après tout.

Vous ne pouvez surpasser un Bhoutanais en matière de largesses, car il sait qu'une société se bâtit sur la générosité et la bonté. Rien de plus. Et de plus simple.

Si vous posez un bon geste envers une autre personne, vous accumulerez plus de points karmiques si vous n'en soufflez mot à personne. Je peux vous dire que je saisis maintenant toutes les occasions de faire un bon geste ici et là, mais je n'en dirai pas plus. Et j'offrirai volontiers une tasse de riz à un fermier *fauché* s'il sonne à ma porte.

Chapitre 10

Fréquenter les lieux sacrés

Je vis pour me promener dans les montagnes du Bhoutan.

L'histoire de ce pays a été écrite par ceux et celles qui ont parcouru ces montagnes. Ces gens ont décrit des événements prodigieux ainsi qu'une migration plus intense qu'on aurait pu le croire au départ, compte tenu de la difficulté de se déplacer. Les êtres humains et les animaux qui ont voyagé à travers l'Himalaya — marchands, saints hommes et saintes femmes, yogis, yoginis, soldats, espions, escrocs et aventuriers — ont emprunté les sentiers ancestraux qui sillonnent les plus hauts sommets au monde. J'aime croire qu'ils étaient attirés autant par l'immense beauté de ces montagnes que par leur impact sur notre façon de voir les choses et sur le sentiment d'appartenir à quelque chose de plus grand et de plus profond.

Vous avez l'impression que votre âme se fond dans le paysage lorsque vous vous promenez au Bhoutan. C'est pour moi ce qui se rapproche le plus d'une expérience religieuse. Cela s'explique peut-être par le fait que marcher dans ces montagnes reculées, ou même marcher tout court, me ralentit sur le plan mental et diminue le volume de ma voix intérieure, me plongeant ainsi dans un état contemplatif. Vous devez aller du point A au point B ; le temps semble alors suspendu, et il n'y a rien d'autre à faire que de profiter du paysage et de se détendre. La nature pénètre votre corps. Si vous marchez suffisamment longtemps, vos pensées et le temps s'estompent. Vous ne faites rien d'autre que mettre un pied devant l'autre et suivre un sentier. Vous avez l'impression que, toute votre vie, vous n'avez fait que cela, marcher, et que vous ferez de même pour le reste de vos jours.

Rien n'est plus formidable en ce bas monde que de se déplacer par ses propres moyens. Il en résulte un sentiment d'accomplissement, d'humilité et de puissance. Il y a bien longtemps, bien avant que n'apparaissent les frontières politiques et les états-nations, et alors que le simple fait de croiser un étranger dans ces sentiers montagneux relevait presque du miracle, les histoires semblaient portées par le vent. Une de mes préférées est celle d'Ani Palmo.

Dans le Bhoutan des temps anciens, Ani Palmo était la fille d'un roi qui, contre la volonté de son père, était devenue une nonne bouddhiste, un disciple de Chenrezig, bodhisattva de la compassion. Elle vivait dans un couvent construit haut dans les montagnes jusqu'au jour où, victime de la lèpre, elle en est chassée. La vie n'était pas toujours rose dans les couvents. Isolée de tous, sauvée par un gardien pieux, elle tente de faire le pèlerinage jusqu'au temple de Chenrezig, situé quelque part dans l'Est du Bhoutan. En chemin, elle a une défaillance. Je l'imagine se décomposer, morceau par morceau. Elle s'effondre et se prépare à mourir. Selon la légende, c'est le temple qui est alors allé vers elle.

Les textes religieux sont remplis de pèlerinages, de raids, de visions et de phénomènes naturels. Il existe également quelques récits plus prosaïques, dont le carnet de voyage de George Bogle, un diplomate britannique qui a visité le Bhoutan en 1774. Si son voyage a été plutôt réussi, ce ne fut pas le cas pour tous. Certaines descriptions faites par des Britanniques qui ont traversé le Bhoutan pour se rendre au Tibet, ou qui ont tenté de mettre fin aux raids effectués par les Bhoutanais dans les vallées et les plaines de Dooars, en Inde, et de signer des traités, sont, sans le vouloir, hilarantes. Par exemple, Anthony Eden affiche ouvertement son mépris pour ses hôtes ; de leur côté, les Bhoutanais ne font aucun effort pour se rendre utiles et faire mentir leur réputation d'être des gens inefficaces et ennuyeux. Le journal d'Eden décrit comment le tout finit par dégénérer. Les Britanniques étaient des intrus après tout, qui portaient leur arrogance et leur caractère hautain comme des uniformes impeccables. On peut également voir comment les Bhoutanais, avec à leur tête Jigme Namgyel, le Prince Noir plus grand que nature, leur ont réglé leur compte en leur présentant certaines « coutumes » locales comme prendre une grande gorgée de lait de vache et la recracher au visage de ses invités. Les Britanniques racontent comment ils avançaient péniblement dans 100 centimètres de neige ou devaient endurer des marches de 20 heures dans les pires conditions : terrain accidenté infesté de vermine et de mauvaises herbes, sentiers escarpés et rivières en furie. Les Bhoutanais s'étaient-ils abstenus de suggérer des itinéraires plus directs, moins dangereux ? Il y a de bonnes raisons qui expliquent pourquoi le Bhoutan n'a jamais été colonisé.

Qu'elles soient réelles ou relèvent plutôt du mythe, ces histoires ont un aspect immatériel que j'aime et qui est typiquement bhoutanais. Qu'est-ce que la réalité, après tout ?

Certainement pas celle que dépeint la télévision américaine. Mais je m'éloigne de mon propos. À 5 000 mètres d'altitude dans les contreforts de l'Himalaya, la frontière est floue entre ce qui est réel et ce qui ne l'est pas. Je ne suis pas médecin, mais je sais que trois choses importantes se produisent dans votre corps sur les plans physiologique et mental lorsque vous séjournez en altitude dans les montagnes : votre seuil de douleur augmente, votre mémoire s'efface, et j'ai oublié la troisième chose. Une vieille plaisanterie d'alpinistes.

Même si les cellules de votre cerveau meurent à un rythme accéléré lorsqu'elles sont privées d'oxygène, j'espère qu'elles sont remplacées par autre chose. Je suis convaincue que l'oxygène, ou son manque, provoque des visions et accentue le flou entre le mythe et la réalité, ce qui n'a pas manqué d'affecter nos ancêtres lorsqu'ils rapportaient ce qu'ils voyaient ou faisaient. J'appartiens à l'école de pensée qui croit que, d'une manière organique, tout ce que nous ingérons, y compris l'air, modifie notre réalité. Voir et se rappeler sont des fonctions influencées par l'état de perpétuel devenir qui résulte de la marche et de la collaboration entre l'esprit et le corps. Marcher dans les montagnes me rappelle le titre d'un de mes livres préférés, *Seeing Is Forgetting the Name of the Thing One Sees*, de Lawrence Weschler (qui reprenait une citation de Paul Valéry, « Regarder, c'est oublier le nom des choses que l'on voit »).

Je ne parle pas ici de l'effort *mental* qu'exige une randonnée en montagne. C'est un exercice violent et exténuant. Bon nombre de randonneurs le font jusqu'à épuisement. Mais il y a des trucs. Un jour, une personne très brillante, mon amie et fidèle compagne de marche Marie Brown, m'a expliqué comment grimper une colline tout en économisant mon énergie. Au lieu de marcher délibérément en ligne droite, je place un pied devant l'autre en me concentrant sur la zone tout juste devant moi et comprise dans l'arc de cercle de 180° de mon champ de vision. J'essaie d'être aux aguets de tous mes sens — vue, odorat, toucher, goût et ouïe. *Quelle est cette odeur, cette vue ? Quel est ce bruit ?* Et ainsi de suite. Mes facultés fonctionnent à plein régime. Puis j'imagine que je me sépare en mille fragments, comme une nuée d'abeilles. J'essaie moins de marcher en ligne droite du point A au point B pour me concentrer davantage à placer un pied devant l'autre sur le point situé au-dessus du sol, quelque part dans l'arc de cercle qui se trouve devant moi. J'avance, mais de manière non délibérée, sans suivre de ligne droite. À la fin de la journée, lorsque mes jambes sont douloureuses et que ma vision est embrouillée, j'utilise cette technique pour monter une colline. Croyez-en ma parole. Il est beaucoup plus facile de laisser son esprit faire le gros du travail.

Votre notion du temps et de l'espace, votre vision et votre sens du toucher — tout change lorsque vous vous promenez dans les montagnes. La vie ne se mesure plus en fonction du temps, car le temps s'étire, mais du lieu. Chacun de vos pas dans ce paysage révèle le lien organique qui existe entre le bouddhisme au Bhoutan et la façon dont il est en accord avec la nature. Il est question ici de spiritualité, non de religion, où l'esprit et le corps s'entremêlent. Si votre esprit et votre corps ne travaillent pas de concert, vous n'arriverez à rien.

L'effet produit sur moi est difficile à décrire : cela peut être dû à l'altitude et au manque d'oxygène. Au-dessus de la limite des arbres, les sons disparaissent, ce qui altère la perception. Il n'existe pas d'endroit plus calme sur Terre. Vous pouvez « entendre » le silence qui réverbère. Pendant que vous observez au loin un troupeau de bharaux de l'Himalaya qui se déplace silencieusement à travers des précipices vertigineux, vous en voyez un déstabiliser le rocher sur lequel il s'était appuyé pour bondir. Vous voyez ensuite ce rocher qui dégringole la montagne bleue tel un grain blanc, puis vous entendez le crash au loin quelques secondes plus tard. Ce qui me rappelle cette vieille question philosophique au sujet de l'arbre qui tombe. (L'arbre qui tombe dans la forêt fait-il du bruit lorsqu'il n'y a rien ni personne pour l'écouter ?)

La mémoire s'embrouille quelque peu lorsqu'on marche parmi les nuages. C'est peut-être ce qui explique ces histoires si fantastiques. Vous comprenez alors d'où vient l'idée de pèlerinage, d'aller quelque part dans un but spirituel. Il y a eu beaucoup de pèlerinages sur ces vieilles routes himalayennes, de retraites face à des forces hostiles, ou de désirs pour une meilleure nourriture et un confort plus grand. Ces gens étaient motivés par quoi ? Qui sait. Je pense qu'ils erraient en quête de miracles.

Mis à part l'acuité intellectuelle, se promener en altitude peut également vous tuer. J'éprouve une profonde gratitude pour les hommes et les femmes avec qui j'ai effectué des randonnées. Je ressens une profonde affinité avec eux. Certains d'entre eux ont sauvé « mon gros derrière » une fois ou deux. Le hasard a fait en sorte qu'un homme du nom de Phuntsho soit présent à chaque randonnée que j'ai faite au Bhoutan. Ancien militaire, il pouvait faire la cuisine, installer un campement, allumer un feu, ramasser du bois, trouver de l'eau, s'occuper des chevaux, monter une tente, rester au sec sous la pluie, remonter le moral, récupérer les sacs à dos oubliés, raconter des plaisanteries lorsque vous aviez uniquement envie de vous rouler en boule et de mourir, et plus encore. Grâce à ses exhortations bienveillantes, il parvenait à me faire sauter par-dessus des cascades, ou me persuader d'escalader des parois rocheuses. Et si cela ne suffisait pas, il m'offrait des prunes ou des bananes grosses comme un pouce. Et si cela ne suffisait toujours pas, il sortait sa carte cachée : une tablette de chocolat. Oui, parfois, je me comportais comme un âne.

Lorsqu'il pleuvait et que je marchais d'un pas lent sur les sentiers bordés d'un côté par la paroi d'une falaise et de l'autre par un abysse, il surgissait de nulle part à la moindre de mes hésitations entre le roc solide et le gouffre. Ou encore, lorsque je fixais du regard les pierres placées stratégiquement à travers une cascade au bruit assourdissant, incapable de les utiliser pour me rendre de l'autre côté, de peur d'être emportée par les flots bouillonnants, il venait à ma rescousse pour me guider en me tenant la main. Sauf que, contrairement à moi, il sautait à cloche-pied, et de reculons, afin que son regard d'acier ne se détache jamais du mien. Il portait aussi des tongs au lieu de jolies bottes et, en cas de pluie, une nappe en plastique à carreaux rouges et blancs en guise de ciré, et ce, sans jamais perdre le sourire. Il devait approcher 70 ans, mais il émanait de lui cette impression de personne en forme et vive d'esprit qui mène une vie saine, équilibrée et heureuse. J'aspirais à être comme lui.

J'ai habituellement un solide appétit et j'ai la réputation de manger pour le plaisir, sauf que je ne peux rien avaler lorsque je suis en altitude. Je suis victime de vomissements, ce qui peut être dangereux. Phuntsho et les autres Bhoutanais pouvaient engouffrer d'énormes portions de piments, de fromage et de riz pour le petit déjeuner, le déjeuner et le dîner. Lorsqu'ils mangeaient, je devais détourner le regard pour éviter d'être malade. Il faisait cependant preuve de patience et de débrouillardise, conscient de la fragilité d'un estomac occidental en haute altitude. Pendant les grandes randonnées, je me réveillais le matin avec l'odeur du petit déjeuner. Au menu : spaghetti à la sauce marinara, roulés impériaux aux œufs, riz, œufs, thon, piments, rôties, confiture, beurre, biscuits, thé, pommes, noix, beurre d'arachide et craquelons, céréales. Phuntsho proposait le plus large éventail possible d'aliments dans l'espoir de trouver celui que mon estomac tolérerait. N'oublions pas que nous nous trouvions en pleine nature sauvage. Il préparait toute cette nourriture sur un feu de bois avec l'aide de deux assistants. Je me suis souvent demandé pourquoi Phuntsho ne m'a jamais poussé dans un précipice. Personne n'aurait su qu'il ne s'agissait pas d'un simple accident.

Les matins sont surréalistes en haute altitude, au-dessus de la ligne des arbres. Un brouillard gris perle épais obscurcit tout. Tout près de vous, vous pouvez apercevoir des silhouettes fantomatiques qui renâclent : un troupeau de yaks dans la brume. Jusqu'à ce que le brouillard se dissipe, vous devez constamment regarder vos pieds quand vous marchez, car vous voyez à peine quelques centimètres devant vous. Vous devez également prendre garde aux excréments de yak dont la taille et l'état de fraîcheur varient, passant de l'amas chaud et fumant qui arrive à hauteur du genou au disque plat et croustillant. L'expérience en montagne n'est pas complète à moins de trébucher et de tomber à genoux dans un gros tas de fumier de yak fraîchement produit. Par la suite, vous ferez le vide autour de vous pendant un très long moment. Vous aurez même de la difficulté à vous supporter.

Vivre et se déplacer dans la nature allient méditation et discipline. L'esprit et le corps travaillent à l'unisson. Dans le cas contraire, vous êtes dans le trouble, car la nature peut être imprévisible et violente. Une nuit, pendant une randonnée près de Gangtey, un léopard a attaqué un de nos chevaux et l'a égorgé. Nous l'avons tous entendu, et je me suis mise à trembler violemment, seule dans ma tente, à l'affût d'un bruit de pas (ou plutôt de pattes) et de respiration du félin. Tentative bien futile puisque, si le léopard s'était réellement approché de moi, je ne l'aurais pas entendu. Les léopards sont des animaux furtifs. J'étais terrifiée.

Dans les grandes randonnées, les aides qui donnent un coup de main pour la cuisine et les chevaux sont toujours jeunes, ce qui, à l'inverse, me faisait sentir vieille et usée, car en plus d'accomplir leurs tâches éreintantes et de se rendre utiles, ils dépensent une quantité phénoménale d'énergie à se jouer des tours les uns les autres. Un jour, lors d'une randonnée, un des assistants du palefrenier, qui était également le meilleur joueur de tours, m'a dit que le surnom de l'assistant du cuistot était Po Tashi, et que je devais l'appeler ainsi. Sauf que j'ignorais que, dans la langue familière dzongkha, ces mots signifient « tête de gland ».

— Une minute ! N'est-ce pas *ton* surnom ? J'entends les autres t'appeler ainsi, ai-je répondu en faisant éclater de rire l'assistant du palefrenier.

Bien entendu, il a conservé ce sobriquet pour le reste de la randonnée.

Étrangement, j'aimais bien marcher derrière les cavaliers et leurs chevaux, les écouter parler à leurs montures, et voir l'efficacité de leurs mouvements et l'harmonie qui les unit à leur environnement. Un des cavaliers, nommé Tan Dorji, était bâti comme un yeti. C'était un homme doué d'une grande force avec ses mollets énormes et musclés, sa barbe noire hirsute, et ses larges épaules. Il connaissait chaque caillou de chaque sentier ; il savait d'instinct le point géographique où le soleil se lèverait ou se coucherait derrière une montagne ou une ligne d'arbres. Il savait par l'odeur et l'apparence du ciel à quel moment la pluie tomberait, puis à quel moment l'éclaircie se produirait en faisant miroiter les gouttes d'eau déposées sur l'herbe. Il appelait son cheval par son nom et lui parlait dans un langage que seuls lui et l'animal pouvaient comprendre. Avec son gho élimé et ses vieilles chaussures provenant des surplus de l'armée chinoise, il avait l'air pauvre mais, par rapport aux standards bhoutanais, il était un homme riche. Un soir, après le repas, alors que nous avions installé notre campement à Shaba lors de la deuxième journée d'une randonnée vers Jumolhari, il était allé regrouper ses chevaux. Ceux-ci n'étaient plus que de petits points, plus haut sur la montagne, là où Dieu sait pourquoi ils étaient allés brouter. Il n'était pas revenu. Il avait plu toute la nuit et, le matin suivant au petit déjeuner dans la tente qui servait de cuisine, nous l'avons aperçu qui avançait vers nous à travers le crachin qui continuait de tomber. Il était trempé jusqu'aux os, mais cela ne semblait pas l'affecter outre mesure. De toute façon, en milieu de matinée, le chaud soleil himalayen aurait tôt fait de le sécher.

Namgay et moi avons l'habitude de poser la question suivante lorsqu'un de nous deux quitte la maison : « As-tu besoin de quelque chose ? » Si, au début, la réponse était toujours d'ordre pratique, comme ramener du lait ou des légumes, ou encore quelque chose d'utile pour la maison, ce rituel s'est peu à peu transformé en jeu. Chacun de nous essaie de trouver la chose la plus absurde à demander. Un jour, alors que je m'apprêtais à entreprendre une longue randonnée jusqu'à Simikot, une région située au sud de Thimphou, Namgay a répondu :

— Apporte-moi du poil d'été d'oreille de vache.

Il a recours à des poils d'animaux pour fabriquer les pinceaux qu'il utilise pour peindre ses toiles thangka, car ce type de poil est à fois mince et rigide — parfait pour tracer des lignes fines.

Nous avons éclaté de rire. Puis, à mi-chemin pendant la randonnée et un peu par miracle, je croise dans un pré montagneux un gardien de troupeau avec ses vaches. Dans mon dzongkha boiteux, je demande à l'homme s'il peut couper quelques poils à l'intérieur de l'oreille d'une de ses vaches. Je supposais qu'après avoir passé tant d'années à côtoyer des vaches, il pourrait exaucer ma demande. Il prend alors son gros *kichu*, ou couteau, attrape une bonne touffe de poils sur le flanc de la vache et la coupe avec précision avec la lame acérée.

– *Me, me, me* (Non, non, non!) dis-je. Le poil à l'intérieur de l'oreille.

Bien entendu, il me lance un regard comme s'il trouvait ma demande bizarre.

– Je vais devoir vous l'apporter, dit-il. Maintenant partez.

J'ai continué mon chemin, puis j'ai oublié toute l'affaire.

En début de soirée, nous étions tous rassemblés, attendant que le dîner soit prêt en buvant du thé.

– Madame a un visiteur, annonce Po Tashi.

Derrière lui, j'aperçois le gardien de troupeau qui a quelque chose à me présenter : une feuille d'un vert luisant pliée en deux et retenue par un petit cure-dent qu'il a taillé dans du bois. À l'intérieur, il y a une touffe de poils de vache frisés, vraisemblablement pris dans l'oreille. Je lui donne 200 ngultrum, environ 5 dollars. Le reste de la soirée a été ensuite consacré à un débat quant à savoir si j'avais payé trop cher ou non.

Jamais je n'oublierai l'expression sur le visage de Namgay lorsque je lui ai remis les poils. C'était pour moi un moment de triomphe. Il a utilisé ces poils pour se confectionner des pinceaux, beaucoup de pinceaux.

J'essaie de reproduire ailleurs l'expérience vécue pendant ces randonnées dans l'Himalaya. Je fais de la randonnée dans les bois, ou je marche dans un parc, sur une route de campagne ou sur les trottoirs des villes. J'éprouve encore la sensation du temps qui passe lorsque je me promène sur la 5e Avenue à New York, que je prends le Skytrain de Bangkok, ou que je me promène dans les boisés du

Tennessee. Je suis bien dans mon corps et dans mes jambes, ce qui, en soi, est déjà un lieu sacré. Je serai toujours à la recherche de lieux sacrés pour m'y promener et aller là où ils me mènent.

Chapitre 11

S'éduquer soi-même

En 2005, Kinlay, une fillette de six ans originaire du même village que Namgay, est venue vivre avec nous. Cependant, j'étais aussi apte à éduquer une enfant qu'à faire atterrir un jumbo jet à Istanbul. C'est dire à quel point cette perspective me donnait froid dans le dos. J'en avais les mains toutes moites, je me sentais inadéquate et, par-dessus tout, j'étais terrifiée à l'idée d'échouer.

Peu à peu, j'ai compris que je devais apprendre à composer avec la nouvelle dynamique qui s'installerait dans notre maison et avec cette nouvelle personne que je devrais nourrir, vêtir, éduquer, et dont j'allais devoir prendre soin. Et pour y arriver, je ne pourrais compter sur personne d'autre que moi-même. C'est un peu à l'image de cette consigne donnée avant le décollage d'un avion : enfilez d'abord votre masque à oxygène avant de le mettre à votre enfant.

Tout bon parent qui se respecte, et dans mon cas tout semblant de parent qui se respecte, sait qu'en matière d'éducation, s'occuper d'abord de soi aide à mieux s'occuper des autres. À tout le moins en théorie.

Être la maman d'une enfant dont la culture et les origines sont aux antipodes des vôtres signifiait que je devais faire preuve de pragmatisme, prendre les bonnes décisions, et les prendre rapidement. Les erreurs seraient inévitables, et il ne faisait aucun doute que je confirmerais cette règle. On dit que l'échec est la voie qui mène au succès, et c'est vrai. Heureusement, nous sommes encore tous là, et tout a fini par s'arranger.

Kinlay était une fillette qui avait besoin d'aide. Chaque jour, elle devait parcourir six kilomètres à pied pour aller à l'école, et c'était trop difficile pour elle. Au Bhoutan, il n'est pas rare que des membres de la famille ou des amis qui sont sans enfant prennent en charge, lorsque les circonstances s'y prêtent et que cela s'avère nécessaire, l'enfant d'un autre. C'est un bon système qui vise à servir le meilleur intérêt des enfants.

Dès son arrivée, nous avons plongé tête première dans l'aventure, et le rythme s'est accéléré pour ne jamais plus ralentir. J'étais habituée à faire comme bon me semble, par exemple me lever du lit à l'heure qui me plaisait. Cette époque était dorénavant révolue. J'avais peine à croire à quel point les journées passent vite lorsque la vie tourne autour de l'horaire de l'école. Mes amis me disaient : « Bienvenue dans notre monde. »

J'avais offert à Kinlay une poupée Barbie et plusieurs tenues Gap ou H&M. Je suppose que, par ce présent, je voulais l'occidentaliser, faire en sorte que je puisse davantage m'identifier à elle. J'avais eu plusieurs Barbies quand j'étais jeune, et il était facile de trouver à Thimphou des imitations de poupée Barbie faites en Chine. C'était, je l'avoue, un geste quelque peu désespéré de ma part. Kinlay avait poliment rangé la poupée sur une étagère dans sa chambre et n'y avait plus jamais touché. Elle préférait jouer avec un vieux cordon de téléphone qu'elle pouvait utiliser comme corde à danser. Son bien le plus précieux était une collection de cailloux lisses qu'elle utilisait pour jouer avec ses amis à un jeu semblable à la pétanque avant et après la classe. Elle aimait également frapper les petits garçons.

Puisque que ses aptitudes en lecture et en mathématique n'étaient pas très bonnes et qu'elle était en retard par rapport aux autres enfants de son âge, j'essayais chaque jour de faire du rattrapage avec elle. Cependant, Kinlay n'était pas très réceptive. Je la réprimandais, mais elle s'obstinait. Ni elle ni moi ne savions comment nous sortir de cette ornière. Il n'en demeurait pas moins que certaines choses étaient non négociables. Peu importe son envie de tirer la queue du chat, c'était interdit. Elle devait se contrôler davantage. Pendant que je lui enseignais à mieux se maîtriser, je me disais tout bas que la leçon pourrait également s'appliquer à moi. Il était contre-productif que je cède à la colère. Et que j'essaie de tout contrôler.

Tout le monde fait des erreurs ; ce qui importe, c'est la leçon qu'on en tire. L'idéal est d'apprendre de ses erreurs, bien entendu, et d'éviter de toujours répéter les mêmes. C'est en jouant le rôle de mère que j'ai pu mesurer toute l'importance de persévérer malgré les embûches. Heureusement, au Bhoutan comme ailleurs, les enfants sont étonnamment résilients.

Comme il n'y avait aucune ressource au Bhoutan sur laquelle je pouvais compter, j'utilisais tout mon temps libre à faire des recherches sur Internet en tapant le mot « adoption ». Selon un site Web, beaucoup d'enfants adoptés « tardivement », c'est-à-dire après l'âge de cinq ans, éprouvent des difficultés sur le plan de l'attachement, ou de son absence. Bon nombre d'entre eux ont souffert d'un manque de contacts physiques lorsqu'ils étaient bébés. Le site suggérait de prendre ces enfants dans ses bras. Rien de plus simple. Je n'avais pas eu le temps de réfléchir longuement à cette question à propos de Kinlay. Puis un beau jour, après qu'elle eut refusé de rentrer à la maison pour faire ses devoirs, je me suis assise dans la chaise en osier qui se trouve dans le jardin et je lui ai demandé de venir me rejoindre.

– *Ca che be* ? (Pourquoi ?) a-t-elle demandé sur un ton méfiant.

– Afin que je puisse te prendre dans mes bras comme si tu étais mon petit bébé, ai-je répondu.

Elle a laissé tomber sa corde à danser pour venir se blottir contre moi.

Nous avons refait la même chose plusieurs fois par la suite jusqu'à ce qu'elle parte pour le pensionnat. Avec le recul, je me rends compte que c'était un jeu pour elle – un geste étrange et plutôt agréable que sa stupide de maman américaine lui demandait de faire. L'impact a été beaucoup plus grand sur moi. J'ai appris à prendre une enfant dans mes bras, à prendre soin d'elle et à lui prodiguer de l'amour. Mon enfant.

Par ailleurs, ce que je redoutais le plus était le déséquilibre que la présence de Kinlay occasionnait : dans la maison, c'était deux Bhoutanais contre une seule étrangère. Et puisque que je n'avais aucune inclinaison pour la maternité, je pouvais m'avérer en bout de ligne être une mauvaise mère.

En raison de nos séjours fréquents aux États-Unis, nous avions inscrit Kinlay, qui était alors âgée de neuf ans, dans un pensionnat en Inde. Il n'est pas rare pour les familles bhoutanaises plus fortunées d'envoyer leurs enfants dans les excellents pensionnats de Kalimpong et de Darjeeling, deux villes situées tout près. De plus, Kinlay aimait l'idée. Comme beaucoup d'enfants, elle fonctionnait mieux à l'intérieur d'un horaire bien établi. Nous avons eu presque une année pour nous y préparer, en parler et dresser des plans. Elle a passé la relâche scolaire hivernale le nez dans ses livres. Elle adorait *Le petit monde de Charlotte*, mais éprouvait plus de difficultés avec *James et la pêche géante*. Nous voulions qu'elle soit prête autant sur le plan scolaire qu'affectif. Nous avons donc longuement discuté avec elle de ce qui l'attendait, même si Namgay et moi n'avions pas vécu ce type d'expérience.

La frontière indienne est à six heures de route de Thimphou. Il fallait ensuite rouler encore six heures pour arriver à Kalimpong, ville de l'État du Bengale occidental où est située l'école Dr. Graham's Homes. L'établissement, qui est une institution dans l'Himalaya, a formé beaucoup de dirigeants bhoutanais. Kinlay y avait quelques amis. Pendant le trajet en voiture jusqu'à la frontière, nous avons croisé seulement cinq autres véhicules à une heure d'intervalle les uns des autres. À Gedu, en raison de l'épais brouillard qui est typique de ce secteur, nous avons dû ralentir considérablement jusqu'à ce que la purée de pois se dissipe. Pendant ce temps, Kinlay dormait sur la banquette arrière.

La deuxième partie du périple a été une espèce de jeu de cache-cache visuel avec l'Inde. À chaque courbe de cette route sinueuse, le paysage changeait : c'était les montagnes, puis le ciel bleu, puis de nouveau les montagnes. Nous pouvions aussi apercevoir au loin le miroitement brunâtre des plaines du delta du Dooars. Nous négociions une autre courbe, et les montagnes revenaient en force. Chaque fois, l'Inde se rapprochait un peu plus et ressemblait de moins en moins à une toile abstraite. Après m'être demandée si je devais réveiller Kinlay, j'ai finalement décidé de la laisser dormir.

J'essayais de ne pas penser à la raison qui justifiait ce voyage en voiture.

Plus nous approchions de la frontière, et plus notre environnement devenait vert et luxuriant. L'air était lourd et humide. Nous nous sommes arrêtés pour la nuit dans un hôtel, puis nous sommes allés retrouver la voiture avec chauffeur dans laquelle nous ferions la seconde portion de notre périple, direction ouest, à travers les plantations de thé du nord de l'Inde, jusqu'à Kalimpong, dans le district de Darjeeling.

À Phuentsholing, la ville bhoutanaise située à la frontière avec l'Inde, il était déjà midi. On apercevait les omniprésentes voitures de marque Maruti, certaines garées en angle de chaque côté des rues tandis que d'autres klaxonnaient pour se frayer un chemin à travers la ville. Beaucoup d'Indiens et de Bhoutanais faisaient leurs emplettes. C'était une sorte de prélude à la frénésie de l'Inde.

Le matin suivant, notre chauffeur est venu nous prendre dans sa Range Rover pour nous conduire à Kalimpong. Après avoir traversé la ville, nous avons tourné à gauche à la Porte du Bhoutan pour nous engager sur la route Jaigaon et plonger dans son tintamarre infernal : des chèvres, des vaches, des chiens, des voitures, des excréments, de la poussière, du bruit ; des relents de nourriture épicée, de pétrole et d'encens ; encore plus de bruit et d'animaux ; des Indiens sveltes vêtus de vêtements aux couleurs vives ; de la saleté à ne plus savoir qu'en faire. Bref, l'Inde.

– Comment ça va, ai-je demandé à Kinlay.

– Ça va très bien, a-t-elle dit.

Mais ses yeux étaient tous grands ouverts. C'était la première fois qu'elle sortait du Bhoutan.

Notre chauffeur, un adonis renfrogné à la chevelure noire et bouclée, ressemblait à un jeune poète ténébreux. Il était cependant un conducteur habile qui naviguait avec adresse sur les routes encombrées qui traversaient les plantations de thé. Je pensais au trajet de retour sans Kinlay, et mon estomac se nouait.

Toutes les personnes que l'on croisait transportaient sur leur dos ou au-dessus de leur tête de gros paniers. C'était la saison des récoltes de jute, et beaucoup de fermiers apportaient leurs produits au marché. Nous roulions à une vitesse de 60 km/h sur une route droite et large, mais parsemée de profonds nids de poule. Çà et là, Adonis devait donner un coup de volant ou appliquer les freins pour éviter une chèvre, une charrette remplie de jute, un quidam sur une bicyclette ou une motocyclette, ou bien un chien sorti de nulle part.

On aurait dit que chaque habitant du Bengale occidental avait acheté une charrette qu'il avait ensuite remplie de jute, puis qu'il tirait comme un pousse-pousse ou attachée à une bicyclette jusqu'au village voisin pour vendre sa récolte. Les charrettes branlantes servaient à transporter de gigantesques rouleaux de jute de trois mètres de hauteur ; souvent, des jeunes filles vêtues de saris colorés étaient juchées sur ces rouleaux. Il y avait des gens partout, ce qui forçait Adonis à jouer du klaxon.

Finalement, nous avons rallié les collines calmes et verdoyantes de Kalimpong. Nous avons passé quelques jours merveilleux en compagnie d'un oncle et d'une tante appartenant à la famille de la mère de Kinlay, des anciens fonctionnaires bhoutanais à la retraite qui s'étaient installés à Kalimpong. C'était un tel soulagement de savoir qu'ils seraient là pour veiller sur Kinlay.

Puis le grand jour est arrivé, et nous nous sommes rendus en voiture jusqu'au pensionnat. Je pensais sans cesse au moment où, sur le terrain de l'école, nous allions confier Kinlay aux bons soins de la responsable du pensionnat et des neuf autres filles avec qui elle partagerait son dortoir. *Évite de trop dramatiser ce moment,* me disais-je. Je ferais même quelques plaisanteries, puis je lui rappellerais que l'adaptation ne serait pas facile, qu'il y aurait des moments où elle se sentirait triste et seule, mais que tout finirait par rentrer dans l'ordre et qu'elle en viendrait à aimer cet endroit. Je lui donnerais ensuite un gros câlin, je l'embrasserais, et je dirais « À bientôt », ou « Sois une bonne fille », et puis… Euh ?… Ah oui, je me réfugierais derrière un mur pour sangloter. Et c'est exactement ce que j'ai fait.

De loin, parmi la foule composée de parents et d'élèves, je pouvais voir la tante de Kinlay qui gémissait et levait les mains au ciel comme si elle avait complètement perdu la tête. Puis elle a empoigné Kinlay et s'est mise à se balancer d'avant en arrière en caressant ses cheveux et ses mains, en geignant et en parlant dans une langue que je ne connaissais pas. Le spectacle était saisissant. Au bout d'un moment, Kinlay a commencé à pleurer avec elle, puis les deux se sont mises à pleurer ensemble, toujours enlacées en se balançant d'avant en arrière.

J'étais hors de moi. *Quelle scène ridicule ! Quelle mièvrerie ! Comment osait-elle me voler ma place !* Cette femme allait vivre dans la même ville que Kinlay. Elle verrait Kinlay chaque dimanche ! J'avais une furieuse envie de retourner au dortoir pour tout reprendre depuis le début, mais je me suis abstenue.

Sur le chemin de retour vers Thimphou, maussade et en colère, je suis restée sourde à ma voix parentale intérieure qui me disait : *Laisse tomber. Tu ne peux pas tout contrôler. Pourquoi, après avoir vécu dans une culture qui est si différente de la tienne, essaies-tu encore de tout contrôler ?*

En fait, j'étais à la fois en colère contre moi-même, triste, et furieuse envers cette tante. Mais à quoi bon cette colère et cette furie ? Cette femme ressentait peut-être la douleur de la séparation. La présence de Kinlay lui rappelait peut-être la séparation d'avec ses propres enfants ou d'autres êtres chers. Qui sait ? Le parent en moi a rappelé à l'enfant en moi que, souvent, j'ai fait le choix de m'abstenir. Je choisissais de ne rien faire, parce que je ne voulais pas commettre d'erreur, ou parce que c'était trop difficile. Je sais maintenant qu'il vaut mieux agir, quitte à se tromper, que de ne rien faire. Et quoi que vous fassiez, ne soyez pas trop sévère envers vous-même.

Il est formidable d'être un parent, car vous apprenez ainsi à être plus attentif envers vous-même. Contrairement aux personnes qui n'ont pas d'enfants, vous êtes redevable d'une multitude de façons. Nous avons d'importantes responsabilités envers les enfants. Puisque la règle non écrite veut qu'ils aient la priorité, mieux vaut que vous ne soyez pas trop centré sur vous-même. Nous devons faire preuve de toutes les qualités que nous souhaitons pour nos enfants — l'honnêteté, la résilience, l'intelligence. Comment pouvons-nous inspirer ces qualités si nous ne les possédons pas nous-mêmes ?

Aujourd'hui, bien des années plus tard, lorsque je suis aux États-Unis, j'ai constaté que je devais prendre davantage soin de moi. Parfois, je suis si accaparée par toutes sortes de choses que je suis coupée de mes émotions ou je les empêche de remonter à la surface, comme je l'ai fait, ou que je me suis abstenue de le faire, ce jour-là à Kalimpong. Parfois, mes instincts parentaux se manifestent, et je me dis qu'il n'y a rien de mal à se sentir triste et seule, à rater certaines choses et à faire des erreurs. La vie est un immense et glorieux chaos. En passant, Kinlay va bien et elle est maintenant une adolescente typique, mais à la façon bhoutanaise, ce qui est un grand accomplissement pour nous tous.

Nous avons tous besoin que le parent en nous nous dise qu'il est normal de vivre des conflits, et que nous avons le droit de vivre nos émotions et de suivre notre cœur. Nous pouvons tous apprendre à tenir compte de nos faux pas, à pardonner, à essayer de rectifier le tir et à aller de l'avant. Parfois, nous avons besoin que ce parent nous prenne dans ses bras, partage notre tristesse et nos pleurs, et soit à nos côtés, tout simplement.

Chapitre 12

Être ce que l'on mange

Jamais je n'ai connu de fillette aussi saine que Kinlay. Elle a grandi au Bhoutan dans des conditions gagnantes : de l'air pur, beaucoup de marche à pied, et de la nourriture saine, entière et organique. J'en suis venue à considérer ces éléments comme des richesses naturelles. Au Bhoutan, vous pouvez manger beaucoup de bonne nourriture, et éviter ainsi les croustilles, les amuse-gueules et les mystérieux repas congelés qui finissent par se frayer un chemin jusqu'aux boutiques de Thimphou. Certes, beaucoup de gens consomment ces produits. Par exemple, les employés de bureaux de Thimphou sont parfaitement conscients qu'ils ne peuvent imiter les fermiers bhoutanais qui travaillent toute la journée au grand air et manger les mets traditionnels qui consistent en quantités gargantuesques de piments, de fromage et de riz, au risque de souffrir de diabète et de maladies coronariennes.

Namgay et moi consommons surtout la nourriture locale et de saison. Nous sommes actifs physiquement, et le rythme de vie bhoutanais – conditionné par le bouddhisme, la culture et l'attitude face au travail et aux loisirs – est moins propice au stress. Nous mangeons davantage d'aliments entiers, et cuisiner avec des amis ou en famille fait partie de notre quotidien. Si on se promène près des bureaux à l'heure du déjeuner, il n'est pas rare d'apercevoir un cuiseur à riz qui mijote au coin d'une table et quelqu'un en train de couper des légumes pour un repas communautaire. N'est-ce pas merveilleux ?

Je ne prétends pas ici que tous les Bhoutanais mangent mieux que tous les Nord-Américains, sauf qu'ici il est plus facile d'aborder la nourriture autrement. D'abord, celle-ci n'est pas abondante. Ensuite, beaucoup d'aliments sont organiques, non transformés. Certes, il y a aussi de la malbouffe importée de l'étranger, mais les Bhoutanais sont loin d'avoir atteint le niveau de consommation d'aliments pour le seul plaisir de manger que l'on retrouve aux États-Unis. Les repas sont préparés en très grande majorité à partir d'aliments entiers. Lorsque je suis au Bhoutan, mon attitude envers ce que je mets dans ma bouche est plus holistique, plus consciente et moins émotive. Je sais cependant que cela s'explique par le fait qu'il n'y a pas autant d'aliments et que la diversité est moins grande. L'offre alimentaire au Bhoutan représente une infime fraction de celle des États-Unis. Notre menu tourne autour d'une dizaine d'aliments : riz, salade, soupe, poulet, pois verts, piments, fromage fabriqué localement, carotte, avoine, café, thé, en plus des aliments saisonniers. Il faut consacrer plus de temps pour se procurer de la nourriture et la manger ; la préparation des repas se fait de manière moins mécanique et est mieux intégrée à la vie de tous les jours. Vous entretenez une relation plus étroite avec la nourriture que vous plantez, cultivez, récoltez, cuisinez et mangez, car vous avez investi temps, émotion et calories pour l'obtenir.

Je n'affirme pas non plus que la cuisine bhoutanaise est particulièrement bonne pour la santé. C'est une cuisine riche en hydrates de carbone, composée surtout de riz, de piments, de fromage et d'huile. C'est une diète formidable pour travailler au grand air dans une rizière ou une ferme, ce qui est l'occupation principale de la plupart des Bhoutanais. Quand ils mangent, ils le font pour se nourrir, et non pour passer le temps. Manger le plus possible et dès que vous le pouvez est moins une activité sociale qu'une nécessité pour survivre, surtout lorsque vous devez ensuite sortir dehors et travailler comme un déchaîné pour mater un yak.

Il y a bien quelques restaurants qui offrent hamburgers et pizzas, ainsi que des cafés où vous pouvez commander un gâteau ou des pâtisseries, mais jamais vous ne direz les mots « restauration » et « rapide » dans une même phrase au Bhoutan. Vous ne trouverez pas non plus de Starbucks, de McDonald, de Wendy's, de Subway ou de Burger King. Vous ne pouvez pas non plus rester dans votre voiture et commander de la nourriture.

Pour moi, toute discussion à propos de la nourriture tourne autour du marché public de Thimphou qui se tient toutes les fins de semaine près de la rivière. J'y vais habituellement le vendredi après-midi après le retour de Kinlay de l'école afin qu'elle puisse m'aider à transporter à travers ce vaste marché les gros paniers tressés remplis de tomates, oignons, piments, pommes de terre, choux, brocolis, carottes et aubergines. Nous choisissons les légumes disposés dans de gros paniers en bambou posés à même le plancher de chaque stand. Nous les tâtons et les sentons – et parfois même les goûtons – avant de les déposer dans de vieilles balances pour qu'ils soient pesés manuellement. Puis nous les mettons dans nos paniers. Nous répétons ce rituel chaque semaine. Nous nous procurons chaque fois entre 7 et 9 kilogrammes d'épices variées, de fruits et de légumes, accompagnés parfois d'œufs et de fromage. Nous faisons toujours un arrêt chez le « Spécialiste de l'ananas », parce qu'il se procure en Inde toutes sortes de fruits exotiques et qu'il nous permet d'y goûter. Ce qu'on peut trouver au marché dépend de la saison, et chaque saison a sa spécialité.

L'hiver, les oranges juteuses et sucrées du sud envahissent le marché. Les Bhoutanais déshydratent de grandes quantités de fruits et de légumes, et ils sont friands des graines de citrouille séchées et des *shakam*, ces petits morceaux de bœuf séché cuits à la cocote minute que l'on mélange au cari. Auparavant, l'hiver n'était pas une saison propice pour les légumes. Nous mangions surtout des pommes de terre, du chou et des piments séchés. Aujourd'hui, les fermiers de Punakha cultivent à l'année du brocoli, de la laitue, des carottes, des betteraves et beaucoup d'autres légumes.

Le printemps commence officiellement avec les asperges et les têtes de violon qui poussent librement dans la nature, tout comme les avocats sauvages dont la taille et la forme rappellent celles d'une balle de ping-pong et qui ont un goût de noix plus prononcé que les avocats que l'on retrouve ailleurs. L'été, le marché regorge de beaux légumes, notamment la première récole de ce mets national que sont les piments bhoutanais. Soyez sur vos gardes si vous apercevez un gros bol rempli de quelque chose qui ressemble à des haricots verts. Il s'agit probablement de piments verts très forts. Allez-y prudemment si vous n'êtes pas habitué à une chaleur aussi intense. L'été est aussi la saison du riz rouge. Si vous goûtez un jour à du riz fraîchement récolté, vous constaterez que le riz vendu dans les supermarchés nord-américains a traîné beaucoup trop longtemps sur les étagères, à un point tel qu'un fermier bhoutanais refuserait d'en manger. Le mois d'août est synonyme de maïs, de pêches et d'une centaine de variétés de champignons, tandis que l'automne apporte son lot de pommes, de poires, de noix, et de beaucoup d'autres choses. C'est le temps des récoltes, après tout.

Tous les légumes que nous achetons sont organiques et vendus par des personnes que nous connaissons depuis des années. Il nous est arrivé souvent de voir les champs où ces récoltes étaient produites ; nous connaissons même les poules qui pondent les œufs que nous mangeons. Un jour où nous avions rendu visite à des amis qui vivent à Kabesa, tout juste au nord de Thimphou, nous avons aperçu en chemin un immense champ de haricots verts. Namgay est un inconditionnel de ce légume et il admirait la riche couleur verte des haricots, notant au passage qu'ils étaient prêts à être mangés. Heureuse coïncidence, nos amis venaient tout juste d'en recevoir un gros sac en cadeau, et nous avions pu nous régaler de délicieux haricots.

Au Bhoutan, il n'y a pas de publicité d'aliments, pas de spéciaux de la semaine et pas de supermarché qui offre de tout sous un même toit. On ne trouve pas de fromage concocté par des moines et vieilli dans des grottes en France, ni de fromage produit par des coopératives avec du lait de chèvre. Aucun fromage n'a de nom sophistiqué. C'est simplement du « fromage », qui est en fait du fromage cottage fait à partir de lait de vache, façonné à la main en petites boules que des femmes vendent dans des seaux partout en ville. Il y a aussi du « fromage de yak » vendu en gros blocs ou en cubes durs appelés *chugo* que l'on suce. S'il n'y a pas de vrai fromage disponible, nous nous rabattons sur le fromage fabriqué en Inde qui ressemble aux tranches de simili fromage à l'américaine.

Tous les trois mois, nous achetons 50 kilogrammes de riz que nous conservons dans une grosse boîte en bois dans la cuisine. Nous nous procurons du pain ainsi que des bagels dans une pâtisserie japonaise située tout près de chez nous et qui emploie des Bhoutanais ayant un retard de développement. Quant à la viande et au poulet, nous nous en procurons à l'occasion au marché.

Au Bhoutan, il y a une transparence associée à la nourriture, puisque nous vivons près des sources d'approvisionnement et que nous voyons comment elle est produite, ce qui m'amène à penser que ce que nous mangeons en dit long sur notre personnalité. Il n'y a rien de tarabiscoté à propos de la nourriture. Elle est présentée simplement, ce qui inspire en retour l'humilité. Vous mangez, vous appréciez ce que vous mangez, puis vous passez à autre chose.

Pour l'Américain moyen, tout ceci semble probablement d'un ennui mortel. Vivre au Bhoutan m'a fait comprendre à quel point il est difficile en Amérique du Nord de manger sainement. Et d'accorder plus d'importance à la qualité qu'à la quantité. Nous n'avons pas vraiment conscience de la quantité infinie de biscuits, de croustilles, de fromages, de viandes, de pains, de condiments, de trempettes et d'autres amuse-gueules gastronomiques qui sont annoncés à la télévision ou par le biais de la poste, ou encore qui apparaissent sur les écrans d'ordinateur ou les panneaux d'affichage. Des centres commerciaux et des aéroports émanent toutes sortes d'odeurs. La nourriture est omniprésente. La publicité sur la nourriture se fraie insidieusement un chemin à travers nos cerveaux et fait appel (littéralement) à tous nos sens. Lorsque vous vivez dans un endroit où vous ne voyez jamais à la télévision de pointes de pizza dégoulinantes de fromage ou de gâteaux ensevelis sous des torrents de chocolat et de crème glacée, et où les restaurants ne servent pas dans de gigantesques assiettes d'épais morceaux de viande marinés et enrobés de sauce BBQ, et dont la saveur et la couleur ont été rehaussées afin de les rendre plus appétissants, votre attitude change. La nourriture est moins attirante et séduisante au Bhoutan. De plus, aux États-Unis, dès que vous voyez quelque chose de succulent à la télévision, il suffit de prendre le téléphone pour le commander et de le faire livrer à votre domicile. Cependant, s'il est impossible de placer une commande par téléphone, ou que vous ne pouvez aller dans un supermarché et trouver 20 nouveaux produits aux emballages attrayants et aux couleurs vives, offerts sur-le-champ à prix réduit ou deux pour le prix d'un, quelque chose de remarquable se produit : les envies irrésistibles diminuent. Vraiment.

Toute ma vie, j'ai été victime de ce qu'on appelle l'état de manque. Ici en Amérique du Nord, on nous inculque l'idée que nous sommes en droit de satisfaire nos envies. Nous sommes encouragés à le faire. J'ai cependant appris que si vos papilles gustatives et votre cerveau ne sont pas toujours poussés au maximum, constamment sollicités, embrouillés, et influencés par la publicité, il est possible de profiter d'aliments entiers et simples, au goût délicieusement subtil. Votre cerveau et vos papilles gustatives commencent alors à se soucier davantage de votre estomac. Vous cessez de manger vos émotions.

Mais, comme je le dis souvent, j'aime toujours la crème glacée, les croustilles et autres friandises. Lorsque nous séjournons aux États-Unis, nous essayons de reproduire les habitudes alimentaires du Bhoutan. Notre alimentation tourne autour de 8 à 10 aliments au maximum, et nous faisons une rotation toutes les deux semaines. Chaque semaine, nous effectuons les mêmes achats à l'épicerie, comme si nous étions au Bhoutan. Quand je regarde la télévision, j'utilise le mantra suivant : tout a toujours l'air plus délicieux au petit écran. Nous ne mangeons pas de pizza à moins que nous soyons chez des amis et qu'ils nous en servent, et nous ne commandons jamais de plats à emporter au restaurant. Je me conditionne à proscrire certains aliments : croustilles, biscuits, arachides, lait frappé, steak, beignets. Bien entendu, je commets de petits écarts de conduite de temps à autre.

Un jour, en route vers l'aéroport de Nashville pour y cueillir des amis, nous passons devant un comptoir Krispy Kreme. Comme leur vol est retardé et que nous disposons d'un peu de temps, je propose à Namgay d'en faire l'essai.

— Tu n'as jamais mangé de beignet Krispy Kreme.

Je voulais qu'il fasse cette expérience, et je savais que cette expérience serait meilleure si j'en mangeais un avec lui. Après en avoir commandé deux et les avoir engloutis, il dit :

— C'était bon. J'en veux un autre.

— Hmmm, moi aussi, dis-je à mon tour.

Huit beignets plus tard, nous nous sommes remis en route. Je ne sais pas comment Namgay parvient à agir de la sorte tout en conservant sa dignité et, surtout, en ne prenant pas le moindre gramme. Dans mon cas, c'est l'inverse. Le matin suivant, j'ai connu un moment de cafard lorsque je me suis regardée dans le miroir de la salle de bain. Il y avait de la garniture de beignet séchée, collée dans mes cheveux, ce qui n'était absolument pas à mon avantage. Plus jamais de beignets.

J'avoue que je reste au fond de moi une native du sud des États-Unis et parfois, après avoir passé une année ou deux au Bhoutan à manger sainement, simplement et de manière modérée, j'ai l'impression d'être comme un marin en permission dès que je suis de retour en sol américain. Je souffre alors de trous de mémoire et, lorsque je me réveille au beau milieu de la nuit, j'aperçois, éparpillés sur le plancher, des emballages de Kit Kat ou des ossements de poulet. Pire encore, je m'évanouis dans ma voiture et, lorsque je reprends conscience, je suis dans un stationnement avec un sac à moitié vide de Cheetos sur la banquette arrière.

Au lieu de sombrer définitivement, je finis toujours par reprendre le contrôle pour revenir à une diète plus simple, car rien ne surpasse en goût une nourriture saine. Je mange encore du poulet frit, et j'en prépare même au Bhoutan. Que voulez-vous, je reste une fille du Tennessee. Cela est pratiquement inscrit dans mon ADN.

Chaque matin, je me fais réveiller par le miaulement de mon chat qui réclame son petit déjeuner. Namgay est déjà debout, en train de préparer du thé dans la cuisine. Le temps que je me rafraîchisse le visage et que je descende au rez-de-chaussée, il est en train de mélanger le restant de riz de la veille avec des sardines en conserve pour Monsieur chat. Nous l'avions affublé de ce surnom parce que, lorsqu'il tournait autour de la maison, Namgay l'appelait « Monsieur le chat ». Quand il est devenu évident qu'il était là pour rester et que nous l'avons finalement adopté, nous avons laissé tomber ce « le ». Nous l'avons gâté et nous en avons pris soin, car vivre en pleine nature au Bhoutan est loin d'être une sinécure. Il n'avait plus de queue, ni d'oreille gauche. En fait, il portait tellement de cicatrices et était si amoché qu'il ne ressemblait plus à un chat. On n'avait pas vraiment envie de le câliner. Toutefois, il se comportait comme un chat, et c'était presque un miracle s'il était parvenu à survivre jusqu'à cet âge. Il nous a fallu du temps pour nous attacher à ce félin, mais après avoir finalement succombé et nous être mutuellement acclimatés les uns aux autres, nous lui avons offert la possibilité de perdre une autre partie de son anatomie et nous l'avons fait stériliser.

Parfois, Namgay mélangeait du riz avec le curry de la veille (au Bhoutan, un curry est un plat en sauce fait de viande ou de légumes que l'on verse sur du riz). Ce mélange que l'on fait revenir dans la poêle en y ajoutant un peu d'huile, de sel et de curry est appelé *toetse*. C'est mon petit déjeuner préféré.

Préparer un repas au Bhoutan commence par faire cuire du riz, de préférence du riz rouge bhoutanais. Ce riz sain et délicieux au goût de noisette qui prend une jolie couleur rose une fois cuit, pousse uniquement sur les pentes himalayennes.

Vous ne pouvez pas avoir un repas digne de ce nom sans piments. L'été, on en retrouve dans tous les potagers.

L'hiver, nous mangeons les piments que l'on fait sécher un peu partout sur les toits en fer blanc. Ce met festif prend alors une couleur rouge.

Le plat national du Bhoutan est l'*ema datshi* – un mélange de piments et de fromage. On peut également y ajouter des pommes de terre, des champignons, de la viande ou d'autres légumes mais, tant et aussi longtemps qu'on y met beaucoup de piments, le plat sera apprécié de tous. Pour préparer un ema datshi, mélangez dans une poêle une petite gousse d'ail, une demi-tasse de tomates en cubes et une demi-tasse d'oignons, puis ajoutez trois centimètres d'eau. Namgay aime ajouter du gingembre haché, mais cela dépend des goûts. Déposez la poêle sur la cuisinière et chauffez-la à une température moyenne ; incorporez une cuillère à table d'huile (l'huile d'olive convient parfaitement) et une pincée de sel. Ajoutez enfin des piments au mélange, environ quatre ou cinq, qui ont été lavés et dont les extrémités ont été enlevées, puis qui ont été coupés en quatre dans le sens de la longueur. Utilisez de préférence des piments provenant du Bhoutan, mais des piments jalapeno, ou encore des piments rouges séchés du Mexique, peuvent faire l'affaire. Pour déterminer si vous avez ajouté assez de piments, la règle est d'en mettre suffisamment, puis d'en ajouter deux. Pour que les piments soient moins brûlants au goût, enlevez les graines. Déposez les piments au-dessus de l'ail, des tomates et des oignons. Ne pas mélanger, et émiettez du fromage par-dessus le tout. Notre fromage cottage « maison » n'est pas homogénéisé et, s'il y a des traces de moisissure, il n'en est que meilleur. Si vous n'avez pas sous la main de fromage cottage bhoutanais à moitié moisi, le fromage de chèvre, ou le fromage de vache, est un bon substitut. Vous pouvez également utiliser tout fromage qui fond facilement. Laissez le tout mijoter cinq minutes sans mélanger quoi que ce soit. Diminuez la chaleur à minimum, recouvrez, et laissez mijoter de 10 à 15 minutes.

Étendez du riz dans une assiette ou un bol, enlevez la poêle du feu, mélangez l'ema datshi, et versez-en une portion sur le riz. C'est un plat plutôt masochiste, mais l'expérience culinaire est à nul autre pareil.

Chapitre 13

Prendre la voie du milieu

Au Bhoutan, il y a la saison des mouches. Elles arrivent lorsque les fruits apparaissent sur les arbres, puis partent à la fin de l'été, après les récoltes. C'est une présence qu'on ne peut ignorer.

Un jour, en marchant le long d'une rivière, j'ai entendu un bourdonnement sourd, semblable à celui d'une scie à chaîne. Puisque cet outil est une rareté au Bhoutan, je me suis approchée pour voir ce dont il s'agissait. Après m'être faufilée à travers les arbres et les buissons, j'ai débouché sur une clairière qui surplombait la rive. Un énorme nuage grouillant de taons, d'environ 2,5 mètres de diamètre, planait au-dessus d'un placenta fraîchement sorti d'une vache.

J'en suis venue à voir les mouches comme la réincarnation d'avocats américains essayant de prendre toutes sortes de raccourcis. Certains de mes meilleurs amis sont avocats mais, soyons franc, ils sont une cible facile. Il n'y a pas beaucoup d'avocats au Bhoutan ; en tout cas, il y en a moins qu'il n'y a de mouches. En 2006, un juge de Thimphou m'a dit qu'il y en avait 67, soit environ 1 avocat pour 10 000 personnes. Il y en a probablement plus aujourd'hui, mais c'est encore très peu.

La justice bhoutanaise est expéditive. Par exemple, si deux hommes en viennent aux coups dans une rue de

Thimphou et qu'une foule les entoure pour voir le combat, la police arrivera sur les lieux et jettera les deux belligérants en prison. Qui a initié la bagarre ou qui est en faute est sans importance.

Les lois bhoutanaises ont pour origine nul autre que Bouddha lui-même, ainsi qu'un homme appelé Shabdrung Ngawang Namgyal, qui a unifié le Bhoutan au XVIIe siècle et a codifié plusieurs lois.

Chaque citoyen bhoutanais peut recourir aux tribunaux pour une médiation en cas de litige, de divorce, d'accident ou de toute autre question juridique. Cependant, la plupart des gens qui, par malchance, ont un problème à régler, se fient davantage à la médiation hors tribunal, basée sur des règles ancestrales non écrites, pour régler les conflits.

La médiation a toujours été au cœur de la justice bhoutanaise et bénéficie maintenant d'un encadrement juridique. Au Bhoutan, les juges doivent informer les parties en cause à deux reprises pendant un procès qu'elles peuvent à tout moment mettre fin aux procédures et avoir recours à la médiation. Depuis toujours, la médiation est utilisée dans les villages où l'accès aux tribunaux est difficile ; leurs habitants sont peu fortunés et ont besoin de régler les conflits rapidement et retrouver une vie normale.

Un jour, Namgay et moi avons assisté à une médiation qui avait lieu près de son village. Tashi, une femme bhoutanaise, voulait divorcer de son mari, Dorji. Ils avaient des enfants et possédaient une maison. Cependant, le couple qui était d'âge mûr venait d'une région où les gens ne s'adressent habituellement pas aux tribunaux pour officialiser leur union. De plus, leurs enfants étaient maintenant adultes. Autrefois au Bhoutan, et encore aujourd'hui dans beaucoup de villages, il n'y a pas de contrat de mariage écrit. Les gens décident tout simplement de vivre ensemble en tant qu'époux et de partager un même toit. Il y a parfois un *puja*, ou cérémonie religieuse. Si le couple a suffisamment d'argent, une fête est organisée.

Même si ce n'était pas de manière légale, Dorji et Tashi étaient considérés par tous comme étant mariés, et ce, depuis suffisamment longtemps pour avoir des enfants adultes qui avaient leur propre famille. Ils avaient donc fait appel à un médiateur, un chef de tribu, pour les aider à dissoudre l'union. Les deux parties et leurs familles respectives acceptaient d'emblée la décision du médiateur. Cet aspect était particulièrement important puisque plusieurs personnes participeraient aux délibérations. Les rencontres auraient lieu chaque soir au domicile de Tashi et Dorji. Comme tout événement au Bhoutan où plus de deux personnes sont présentes, il y avait amplement à manger et à boire. Tous étaient invités à assister, y compris les bébés et les enfants, car il s'agissait d'un événement excitant pour ce village où habituellement il ne se passe pas grand-chose.

Puisque ce village n'avait toujours pas l'électricité, et donc pas de télévision, la médiation était un événement majeur, une espèce de version maison de *La cour en direct*. Dans la cuisine, les femmes faisaient cuire de la viande et des piments dans un four en argile. D'autres, assises en tailleur sur le plancher, coupaient des oignons, de l'ail et des pommes de terre et déposaient les morceaux dans de grands bols en métal. Les conversations ponctuées d'éclats de rire allaient bon train.

– Ah, les hommes. Ils sont une telle source de problèmes.

— Elle rêve en couleurs. Elle ne se débarrassera jamais de lui.

— Il n'y a peut-être plus de karma entre eux, tout simplement. Y avez-vous pensé ?

À l'extérieur, les hommes étaient rassemblés autour d'un feu avec au-dessus une grosse marmite où bouillait du riz. De temps à autre, un homme soulevait le couvercle pour jeter un coup d'œil. Tous spéculaient à l'infini, soulevant des points en faveur de l'une ou l'autre des parties ou se rappelant des incidents qui les mettaient en cause.

— Il aime beaucoup boire de l'alcool. Il aime son *chang*.

— On aime tous prendre un verre. Ça ne veut pas dire pour autant que nos femmes devraient demander le divorce.

— Tais-toi ! Ne leur donne pas des idées !

Dans la pièce de séjour, la médiation ressemblait davantage à une discussion amicale en famille ou entre amis qu'à une procédure de divorce. Tashi, Dorji, le médiateur, diverses parties intéressées, ainsi que beaucoup d'enfants et de bébés étaient rassemblés.

Le médiateur a écouté chaque partie plaider sa cause et a posé des questions détaillées. Quelqu'un lui a apporté une tasse de thé fraîchement infusée. Tashi était une personne travaillante qui avait un petit potager. Dans un lopin de terre de moins d'un demi-acre, elle avait fait pousser suffisamment de carottes, de pommes de terre, de piments, de choux, de tomates et de maïs pour nourrir sa famille. Même après en avoir donné à ses voisins, il lui en restait assez pour s'asseoir sur le bord de la route pendant quelques heures le dimanche matin afin d'en vendre aux passants. Elle vendait aussi des œufs provenant de ses poulets et du fromage fait avec le lait de sa vache. Une fois par semaine, un des grands hôtels de Thimphou lui achetait deux gros sacs remplis de fromage. C'est ainsi qu'elle avait pu faire des économies.

Dorji, qui n'était pas aussi vaillant, trouvait régulièrement l'endroit où elle cachait son argent, s'en emparait, et achetait de la bière pour lui et ses amis. Des années de ce manège, ainsi que de petites et de pas-si-petites disputes entre eux, avaient suscité beaucoup d'amertume, comme un gros nuage de mouches en colère.

Dans un effort visant à contrer les affirmations de Tashi quant aux fautes qu'il aurait commises, Dorji avait dressé son propre inventaire des manquements de sa partenaire : elle le harcelait, elle avait un amant et elle était une mauvaise cuisinière.

Le prétendu amant a été invité à livrer sa version des faits. Non, a-t-il affirmé, il avait seulement été appelé pour réparer le toit de la maison. Il était venu. Il avait réparé le toit. Elle l'avait nourri. Il était reparti.

— Quel repas avait-elle préparé ?

— Du porc et des radis servis avec du riz rouge.

— Pourquoi ne m'a-t-elle jamais servi de porc ?

— Je ne t'ai jamais servi de porc parce que tu en es un toi-même !

— Voyez comment elle me traite !

Dès le deuxième soir des négociations, il devenait évident que l'union était irrémédiablement rompue et, pour le reste de la semaine, les discussions ont tourné autour de la séparation des biens.

Puisque le couple avait vécu sur la terre et dans la maison qui avaient appartenu à la famille de Tashi, il a rapidement été convenu qu'elle conserverait la maison, la rizière ainsi que tous les biens qui lui appartenaient au moment du mariage. Le système bhoutanais est matrilinéaire, c'est-à-dire que ce sont les femmes qui héritent habituellement de la maison puisque les hommes, au moment du mariage, emménagent dans la maison de leur épouse.

Au bout de cinq soirées de discussions, Tashi, dans une tentative visant à amadouer Dorji et à le sortir définitivement de sa vie, a accepté de lui verser une somme forfaitaire qui équivalait à environ 160 $, c'est-à-dire le produit de la vente d'œufs sur une période de trois mois.

Après avoir accepté l'argent, il est allé vivre brièvement chez sa sœur qui habitait le village voisin. Cinq mois plus tard, il s'est installé chez sa fille et son gendre.

Dans ce village, les conflits se réglaient par la discussion avec la famille et les pairs. Ce qui ne veut pas dire qu'il n'y avait pas de moments houleux, ou que les discussions se déroulaient toujours comme prévu.

J'ai écrit une version de cette histoire pour le compte du journal *The Guardian* en 2003, et, comme c'est le cas pour la plupart des histoires du genre, le point final n'avait pas encore été apposé au moment de la publication. La partie la plus intéressante est survenue quelques années après la médiation.

Tashi est restée dans le même village. Elle a agrandi sa ferme, puis elle s'est lancée dans de nouveaux projets. Elle a loué une terre et a mis sur pied une entreprise prospère d'exploitation forestière. Elle a fait l'acquisition d'un camion et a diversifié ses activités en se lançant dans la distribution avec un de ses fils.

Au bout de quelques années, Dorji a rencontré et épousé une jeune femme originaire d'un village voisin, et le couple a emménagé dans la maison appartenant à sa famille. Ils ont eu une fille qui est maintenant âgée de cinq ans. Une fois la rancune dissipée de part et d'autre, Tashi, Dorji et l'épouse de Dorji sont devenus amis. Qui plus est, dès la naissance de la fille de Dorji, l'enfant et Tashi ont développé un lien spécial à un point tel que c'est maintenant Tashi qui élève l'enfant.

Des situations familiales du genre sont loin d'être exceptionnelles au Bhoutan, là où rien n'est vraiment définitif, surtout lorsqu'il est question de mariage et d'enfants. Les Bhoutanais sont des gens pragmatiques et ils ont de la sérénité à revendre. Bien sûr, ils peuvent piquer des colères — après tout, ce sont des êtres humains. Mais quelque chose en lien avec leur éducation, leurs coutumes, ou tout simplement leur ADN, les pousse à agir ainsi. Ce sont des personnes calmes et réfléchies capables de faire preuve de lucidité et qui d'instinct adoptent une position modérée. Même si cette règle n'est pas absolue, elle se vérifie dans la plupart des situations familiales. Je connais beaucoup de Bhoutanais heureux en couple qui ont convolé en deuxième noce avec le frère ou la sœur de leur première épouse ou de leur premier époux. Dès qu'il est devenu évident qu'il n'y a pas de chimie, le mari ou la femme a jeté son dévolu sur un membre de la même famille. Et tout va pour le mieux dans le meilleur des mondes. Évidemment, une telle situation serait incongrue en Amérique du Nord.

Évitez les extrêmes ; évitez d'en faire trop ou pas assez. Mangez, buvez, dormez, travaillez, jouez ou faites tout autre chose avec modération. Ne parlez que si nécessaire, sans en dire trop ou pas assez. Faites preuve de sang-froid, de tempérance et d'équité. Évitez la véhémence si une autre personne a des opinions contraires aux vôtres, n'essayez pas d'avoir toujours raison, et ne cherchez pas à tout contrôler. Soyez d'humeur égale dans tout ce que vous dites ou faites, y compris dans la recherche d'une voie du milieu. C'est le travail de toute une vie.

Un jour, il y a de cela environ 20 ans, le quatrième roi du Bhoutan a déclaré que son peuple préférait le bonheur intérieur brut au produit national brut. Cette déclaration en apparence anodine, donnée à l'occasion d'une entrevue, a néanmoins débouché sur un plan de développement pour le pays. Aucune décision ne peut être prise par le gouvernement du Bhoutan à moins de répondre à deux des quatre critères suivants. Toute proposition du gouvernement doit être justifiée sur le plan économique; elle doit contribuer à sauvegarder l'environnement; elle doit aider à promouvoir les traditions culturelles du peuple bhoutanais; elle doit être en lien avec une bonne gouvernance. Souvent, le gouvernement renoncera à des gains économiques faits au détriment des autres aspects de la qualité de vie. C'est pourquoi il y a très peu d'industries lourdes au Bhoutan, un pays pourtant riche en ressources naturelles, car le seul avantage que ce type d'investissement peut apporter est strictement économique. Il ne sert en rien l'environnement, la culture ou la gouvernance.

C'est cette voie modérée qu'a adoptée la jeune démocratie du Bhoutan. Même s'il s'agit d'un des pays les moins développés du globe, c'est le seul pays (à part Cuba) où les soins de santé et l'éducation sont gratuits. Le Bhoutan est un exemple de pays qui, sans être riche, fait beaucoup de choses de la bonne façon. Son programme de développement est un modèle pour le reste du monde. J'ai lu des économistes qui, après s'être penchés sur la question, ont jugé cette idée irréaliste. Et pourtant, est-ce réaliste de baser des économies uniquement sur des critères économiques ? Les résultats sont-ils toujours au rendez-vous ?

Emprunter la voie du milieu, c'est déterminer ce qui est important *mis à part l'argent*.

Je suppose que, toute ma vie durant, j'ai vécu une version du bonheur national brut en ce sens que je ne fais rien uniquement pour l'argent. Chaque geste que je pose doit répondre à plusieurs critères. Ce geste doit me faire rire et être un geste de compassion, éducatif ou enrichissant d'une quelconque façon. S'il est profitable sur le plan financier, tant mieux. Les périodes de ma vie qui ont été les moins fructueuses et épanouissantes sont celles où j'ai fait des choses uniquement pour l'argent.

Quitter le Bhoutan pour revenir à Nashville équivaut à descendre d'une bicyclette toujours en mouvement ou quitter un tapis roulant comme ceux que l'on retrouve dans les aéroports – vous devez presser le pas pour ne pas perdre l'équilibre. Vos amis vous parlent de la vie qu'ils mènent, de la voiture qu'ils conduisent, de leurs plans, de la politique – même si tout cela semble absolument fascinant, j'ai de la difficulté à m'y intéresser. C'est comme arriver à un cours sur la physique des particules déjà rendu à mi-chemin. Certes, vous avez lu préalablement le chapitre en guise de préparation, mais c'est encore un peu confus dans votre tête. Vous savez quoi ? Il y a une partie de moi qui aime cette sensation. En fait, je suis un peu entre les deux. Il y a tant de façons de communiquer en Amérique du Nord ; tout le monde a un téléphone cellulaire, et nous sommes constamment connectés aux autres. Il existe des centaines de moyens d'exprimer des idées, et l'accès à la nourriture, aux vêtements, au logement et à l'information est très facile. Lorsque je me trouve à Nashville ou ailleurs, tant et aussi longtemps que je suis en mesure de me concentrer sur l'essentiel et de simuler le mode de vie plus lent et plus agréable que j'ai au Bhoutan, tout va bien. C'est le meilleur des deux mondes.

Par ailleurs, après les événements du 11 septembre, la peur est plus palpable aux États-Unis. Les attitudes des gens ont changé. Nous sommes plus cyniques, plus divisés. Si vous regardez les nouvelles ou que vous naviguez sur Internet, vous apprenez toutes sortes de mauvaises nouvelles; c'est comme si le pays tout entier avait sombré dans une dépression nerveuse.

Lorsque je reviens aux États-Unis après un séjour au Bhoutan, je suis convaincue que tout irait mieux si nous pouvions retrouver, autant dans nos vies que dans nos expériences, un sentiment de paix et d'acceptation. Il faut prendre à bras le corps certaines habitudes pour s'en débarrasser, puis poser de petits gestes simples de la bonne façon. Cultiver un sentiment d'appartenance aide en ce sens. Nous devons nous amuser davantage et dompter nos peurs. Cette peur sera toujours présente. Il suffit de se rappeler d'emprunter la voie du milieu.

Chapitre 14

Il n'y a pas de hasard

Cela faisait trois ans que je vivais au Bhoutan, et Namgay était un ami qui enseignait comme moi à l'École des Beaux-Arts. Au début, il venait l'après-midi prendre le thé à la maison et lentement, graduellement, nos discussions ont pris un ton amical. Comme nous bénéficiions d'un congé de trois mois pendant l'hiver, Namgay me rendait visite lorsqu'il ne peignait pas. J'ai alors appris à moins parler et à passer de longs moments sans dire un mot. C'était la façon bhoutanaise de faire les choses. Bouddha dit qu'on ne doit pas bavarder inutilement et qu'on doit parler uniquement lorsqu'on a quelque chose à dire. Je ne suis pas très bonne en ces domaines.

C'était un hiver froid, mais nous produisions notre propre chaleur en nous assoyant devant le poêle à bois de la cuisine, puis par la suite en nous blottissant l'un contre l'autre sur deux tabourets, genoux contre genoux, devant l'appareil de chauffage qui se trouvait dans le salon. Peu à peu, nous nous approchions de la chambre à coucher.

Nous mettions à peine le nez hors de la maison. Il nous semblait que la seule chose à faire était de nous concentrer sur l'autre et d'apprendre sa langue. Il était, et est toujours, un excellent cuisinier. Souvent, il apportait de beaux légumes ou des champignons frais afin de préparer un curry qui accompagnerait le riz. Pour ma part, je lui préparais des pâtes et je lui ai enseigné à cuire des légumes à la vapeur. Faire la cuisine était un bon moyen de nous connaître et d'enrichir notre vocabulaire respectif en dzongkha et en anglais.

J'avais placé quelques dictionnaires dzongkha-anglais sur une table installée près du poêle à bois et, dès que nous butions sur un mot en cuisinant ou en discutant, nous prenions un dictionnaire pour pointer du doigt ce mot.

Nous nous racontions non seulement notre parcours personnel, mais nous décrivions à partir de nos points de vue respectifs l'histoire du monde. En un sens, nous étions en train de créer notre propre cosmologie comme le font les gens mariés ou qui s'apprêtent à l'être. Namgay n'avait jamais appris l'histoire du monde. Bien entendu, il savait qu'il existait un vaste ailleurs à l'extérieur du Bhoutan, mais il n'avait jamais regardé la télévision, et son éducation avait essentiellement porté sur l'enseignement tantrique propre au bouddhisme. Nous nous sommes enseigné mutuellement ce que nous savions.

Il m'a raconté que le premier monarque héréditaire du Bhoutan, Ugyen Wangchuck, était arrivé au pouvoir au tournant du XXe siècle, plus précisément le 17 décembre 1907, à Punakha Dzong. Son couronnement avait mis fin aux querelles futiles qui avaient cours dans la région et marqué le début de l'âge d'or du Bhoutan.

Je lui ai raconté qu'à la même époque, il régnait un grand désordre dans le reste du monde. Les anarchistes, qui étaient les terroristes de l'époque, faisaient exploser des bombes un peu partout en Europe et, sept ans plus tard, la Première Guerre mondiale éclatait. Lorsque les soldats ont débarqué sur les plages de la Normandie 30 années plus tard, le Bhoutan d'Ugyen Wangchuck connaissait, pour la première fois depuis des siècles, une période de paix.

Aux États-Unis, pendant que le Nord et le Sud s'entredéchiraient pendant la guerre de Sécession, Jigme Namgyel, le Régent noir et le père du premier roi, livrait bataille aux Britanniques pendant la guerre du Douar. Au bout de cinq mois de combats, les Bhoutanais avaient dû céder le territoire contesté à leur adversaire.

J'ai parlé à Namgay des Croisades qui ont eu lieu à l'époque de Drukpa Kuenlay et Pema Lingpa. Pendant que Shabdrung Ngawang Namgyal s'affairait à unifier le Bhoutan, Michel-Ange peignait la chapelle Sixtine.

Il y avait beaucoup à assimiler ; l'histoire individuelle de l'autre en plus de l'histoire du monde telle que nous la connaissions. Dans sa jeunesse, Namgay avait vu au cinéma *Le Dictateur* et *Les temps modernes* de Charlie Chaplin. Il connaissait ces films par cœur et il m'a demandé où vivait Chaplin.

— À Hollywood, ai-je dit. C'est en Californie. Ou peut-être à Londres, en Angleterre. Je ne suis pas sûre.

Il a ajouté qu'il aimerait le rencontrer. Chaplin était mort depuis plusieurs années, mais j'ai préféré ne rien dire. À quoi bon ?

J'aime à penser qu'en vivant en haute altitude dans les vallées isolées du Bhoutan, je peux voir le monde à vol d'oiseau et bénéficier d'une perspective plus large qui permet de comprendre les liens qui unissent tout ce qui existe. Ma vie avec Namgay m'a confirmé qu'il n'y a pas de hasard et que nous sommes tous liés les uns aux autres. Lorsque j'ai posé le pied pour la première fois au Bhoutan en 1994, un homme m'a conduite à Punakha sur sa motocyclette. C'était ma première visite au Bhoutan, et non ma dernière. Trois années plus tard, je m'installais au Bhoutan, puis trois autres années ont passé avant que je n'épouse Namgay. Imaginez le choc que j'ai ressenti lorsqu'après deux ans de mariage, j'ai découvert que j'avais rencontré Namgay lors de ma *première* visite au Bhoutan. C'était lui, l'homme qui m'avait fait monter à bord de sa motocyclette. J'y repense sans cesse et, depuis, je cherche constamment des liens entre les choses ainsi que des *lagniappes* — un mot que j'adore et qui signifie « cadeaux inattendus ».

Lorsque le mot mariage a été évoqué pour la première fois, Namgay était convaincu que c'était notre destinée, puisque même si nous venions de régions du monde aux antipodes l'une de l'autre, nous nous étions rencontrés. Parfois, lorsque je songe à tout ce qui est survenu dans nos vies, je me demande si nous n'avons pas manqué d'autres liens, d'autres événements importants. Deepak Chopra a déjà dit : « Il n'y a pas de hasard... seulement des tendances qui nous échappent encore. » Je suis convaincue que c'est vrai.

Mon union avec Namgay repose sur une combinaison d'extrêmes. Le côtoyer me ramène les deux pieds sur terre. C'est une personne qui possède une totale maîtrise de soi, une égalité dans l'humeur. Mais la réalité a ses raisons que la raison ignore. Et c'est surtout lorsque nous sommes aux États-Unis que je cherche à découvrir les liens cachés entre les choses, à l'affût de points de référence.

De retour au Bhoutan, il nous arrive de fréquenter un centre de méditation où vit le cousin de Namgay, Rinchen, qui est un lama. Lorsque nous lui rendons visite pour passer la journée en sa compagnie, nous garons la voiture sur le côté de la route, à environ quatre kilomètres d'un col. Il faut deux heures de marche en montagne pour accéder au centre qui comprend un temple, un *shedra* (une école monastique) et une quinzaine de petites huttes, isolées les unes des autres. C'est là où les lamas se retirent du monde pour méditer. C'est un centre important sur le plan spirituel.

Le sentier bien balisé longe une longue crête recouverte d'une végétation épaisse. Il est parsemé de cascades qui dévalent jusqu'à la vallée en contrebas. Nous marchons entourés d'arbres qui nous cachent le fond de la vallée. Lorsque nous empruntons ce sentier pendant la saison où le lichen abonde, nous apercevons de chaque côté une variété infinie de fleurs sauvages, d'orchidées et d'autres plantes étranges dont j'ignore le nom.

Nous apportons toujours des provisions à Rinchen, et quelques gâteries, car il descend très peu de la montagne. Bien entendu, sa famille s'occupe de lui et s'assure qu'il a suffisamment à manger. Lors d'une visite faite pendant l'hiver, j'avais demandé à Namgay de tout transporter dans son sac à dos parce que j'avais peur de glisser sur le sentier recouvert de glace. Nous avions gravi tant bien que mal le sentier, et Namgay trouvait que je ressemblais à RoboCop, parce que j'essayais de garder mon équilibre en marchant sans plier les genoux. Pour le faire rire, j'avais commencé à parler comme RoboCop. Nous avions bien rigolé tout au long du trajet.

Cette fois-là, avant d'arriver à la portion du trajet à pied, nous nous étions arrêtés pour faire monter à bord de notre voiture une *anim* âgée, une religieuse. Pendant que nous roulions, Namgay et elle bavardaient. Il lui a demandé s'il y avait des ours dans les parages. Ceux-ci sont habituellement actifs à la fin de l'été afin de se préparer à hiberner. Il est alors conseillé de rester sur ses gardes et de faire du bruit. Namgay se méfie constamment des ours et il n'aime pas s'aventurer dans les bois à l'approche de la saison d'hibernation. Ce n'est pas de la paranoïa ; il a eu sa part d'amis et de membres de sa famille attaqués par des ours. La vieille anim a dit qu'il n'y avait pas d'ours. En fait, les ours semblaient avoir disparu.

Nous étions soulagés. Les ours noirs de l'Himalaya sont des animaux agressifs. Les Bhoutanais croient que, si un fermier chasse un ours de ses terres, l'ours s'en souviendra pendant les neuf années qui suivront et cherchera à se venger. Puisque nous n'avions plus à nous préoccuper des ours, j'ai cessé d'y penser. C'est alors que j'ai cru entendre le mot *singes*. Namgay s'est exclamé « Pa, pa, pa, pa ! ». Ce qui peut se traduire plus ou moins en « Nom de dieu ! ». Au bout d'un moment, la vieille anim a dit qu'elle voulait descendre de voiture. Après l'avoir déposée, j'ai demandé à Namgay ce qu'elle avait dit.

— Des singes ont attaqué un moine sur le sentier la semaine dernière, a-t-il répondu d'un air grave.

— Le moine s'en est tiré ? ai-je demandé.

— Non, pas vraiment, a-t-il dit.

Namgay m'a ensuite expliqué que les singes avaient attaqué sans provocation. Ils avaient mordu le moine aux mains, au visage et dans le cou, ratant de peu l'artère carotide, comme s'ils avaient cherché à le tuer. Un singe avait arraché quatre centimètres de chair et de muscle entre le pouce et l'index du moine. Il avait pratiquement perdu tout son sang lorsqu'il a finalement rejoint la route, avant d'être transporté à l'hôpital par un chauffeur de camion. Les morsures de singe sont précises et sauvages. Les singes sont des machines à tuer.

Dans quelle situation me suis-je donc placée ? pensais-je en marchant sur le sentier. C'est ainsi que les choses se passent. Vous dressez un plan pour accomplir quelque chose, puis de nouvelles informations arrivent et, sans réfléchir, vous mettez quand même votre plan à exécution. Puis les problèmes surviennent.

Vivre dans les montagnes du Bhoutan a renforcé en moi l'idée qu'il n'y a pas de hasard. Si votre heure de subir un mauvais coup du sort est arrivée, elle arrivera. Si votre dernière heure est venue, vous mourrez ; sinon, vous continuerez à vivre. Le fatalisme a son utilité. J'estime cependant qu'il est possible de conjurer le mauvais sort en faisant attention, en évitant d'être trop téméraire. Où se situe la frontière entre prendre un risque calculé et pousser sa chance un peu trop loin ? Je l'ignore. C'est une question de synchronisme, l'idée qu'il existe un lien subtil entre deux événements qui surviennent. Par exemple, vous pouvez croiser un ami d'enfance en Italie tout juste après avoir pensé à cette personne ou avoir rêvé à elle.

Si nous n'avions pas rencontré cette religieuse, nous n'aurions pas entendu cette histoire à propos des singes, et nous n'aurions pas été sur nos gardes. Cela signifiait-il pour autant que nous profitions d'un quelconque avantage en cas d'attaque ? Comme je le disais, c'est le genre de réflexion que je fais souvent, surtout depuis mon improbable mariage.

Il ne faut pas refuser de faire quelque chose pour la seule raison que cela comporte un petit risque. Je crois cependant qu'il existe une espèce de destin, ou force de l'univers, ou karma, qui est à l'œuvre pour déterminer la suite des choses. La plupart du temps, si vous y mettez de la bonne volonté, vous en récolterez les fruits. Et pourtant, vivre dans la nature m'a appris qu'elle est imprévisible. Les êtres humains ne la contrôlent d'aucune façon. Nous nous contentons de nous adapter. Et de nous habituer à l'idée que nous n'y pouvons pas grand-chose. Il existe des puissances supérieures à la puissance humaine. Nous sommes insignifiants face à l'univers.

Lorsque nous sommes arrivés à sa hutte située à flanc de montagne, Rinchen n'y était pas. Comme il ne pouvait être bien loin, nous avons déposé nos sacs à dos et nous avons attendu. Namgay a marché jusqu'à un chantier de construction où des ouvriers s'affairaient à construire une nouvelle résidence pour le lama. Ils ont dit à Namgay que Rinchen était allé faire sa lessive.

Nous avons ouvert un sac de biscuits et nous en avons mangé quelques-uns, sans oublier les deux chiens de Rinchen. Une quinzaine de minutes plus tard, il est arrivé avec un panier de lessive humide. Pendant qu'il accrochait ses robes marron et ses chemises jaunes de moine sur une corde à linge installée à l'extérieur de sa hutte pour les faire sécher, il bavardait avec Namgay alors que je me promenais dans son joli petit jardin où abondaient les dianthus roses et les pavots rouges. Près de la porte, un mur complet était recouvert de pois de senteur qui embaumaient l'air. À travers ces fleurs se trouvaient des légumes — feuilles de moutarde, pois, coriandre, piments, tomates et haricots verts.

Nous sommes entrés à l'intérieur de la hutte et nous nous sommes assis sur des coussins posés sur le plancher d'une petite pièce d'où on pouvait apercevoir la vallée située quelques kilomètres en contrebas. Parmi les maisons et les petites fermes, on apercevait beaucoup de temples éparpillés à flanc de colline. Ailleurs qu'au Bhoutan, personne ne se serait installé dans un tel endroit en raison de la pente trop raide. Mais il y a très peu d'endroits plats au Bhoutan. Et les montagnes sont propices à la méditation et à la réflexion.

Rinchen, un homme au visage rond et aux traits agréables, portait une cape rouge qui recouvrait son crâne rasé hiver comme été. Ses grands yeux couleur ébène lui donnent un regard perçant, mais toujours amical. En fait, je l'ai rarement vu sans un sourire accroché au visage ; il a toujours l'air un peu rieur, comme s'il avait une bonne plaisanterie cosmique en réserve à vous raconter. Je pense que c'est un homme heureux. Il a déjà deux retraites à son actif, ce qui signifie qu'à deux reprises, il a passé trois ans, trois mois, trois semaines et trois jours (et je suppose trois heures, trois minutes, trois secondes, mais je n'en suis pas sûr) dans une caverne, sans contact avec d'autres êtres humains. Ce qui fait au total six années et demie d'isolement et de méditation. On ne voit plus le monde de la même façon après un tel régime. Il vit maintenant dans un simple refuge de montagne où il médite jour et nuit. Parfois, il se rend à Thimphou pour visiter sa famille ou participer à une puja.

Être en sa présence procure un sentiment à la fois apaisant et énergisant. Dire qu'il vit pleinement le moment présent est un euphémisme. À l'intérieur de sa modeste demeure, l'ambiance est légère et joyeuse.

Je n'avais jamais rencontré quelqu'un qui semble être d'une part si terre à terre et ancré, et d'autre part si ésotérique et détaché des contingences terrestres. Ces oppositions sont, à mon humble avis, l'essence même du bouddhisme. J'ai parfois l'impression qu'il est ailleurs et que nous nous trouvons uniquement en présence de son enveloppe charnelle ; il est dans le monde, mais il n'y appartient pas.

Ma première réaction lorsque je me suis installée dans sa petite antichambre, dont deux côtés sont munis d'une fenêtre, en a été une de soulagement, suivie rapidement par une soudaine envie de pleurer. J'ai attribué cette humeur aux hormones, à la fatigue physique engendrée par la randonnée, à l'anxiété par rapport aux singes. J'ai frotté mes yeux et pris un bol d'air vif des montagnes, et la sensation a disparu. J'étais calmée.

J'avais l'impression que Rinchen me connaissait mieux que je ne me connaissais moi-même – qu'il savait sans le savoir. Sa présence amicale m'a incitée à prendre quelques respirations profondes. Là, dans ce coin retiré du monde, je me sentais détendue, mais mise à nue. Je me sens souvent ainsi en présence de ces Bhoutanais qui ont choisi de mener une vie de piété et de spiritualité en marge de la société. Je suppose qu'on peut les considérer comme des ermites. Ils se sont pas prisonniers des préoccupations de ce monde comme nous le sommes. Je peux sentir leur compassion. Puisqu'ils se tiennent volontairement à l'écart de la société, ils en sont de bons observateurs et ils comprennent le prix à payer pour vivre dans le monde parmi ses semblables.

Pendant que Rinchen nous servait du thé, son ample robe rouge flottait dans les airs, ajoutant une merveilleuse et flamboyante touche qui contrastait joliment avec la simplicité de sa vie. Il discutait avec Namgay alors que j'étais dans un état de semi-méditation. Namgay a vidé nos sacs à dos : de l'huile pour les lampes à beurre, de l'encens, des drapeaux de prière, du thé, des biscuits, des mangues et du *zow* – du riz cuit croustillant. Namgay avait profité de notre dernier séjour aux États-Unis pour acheter dans une grande surface une glacière souple en toile munie de sacs isothermes qui permettent de conserver la nourriture froide ou chaude pendant plusieurs heures. On en trouve partout aux États-Unis, mais ils sont introuvables au Bhoutan. J'avais fait chauffer les sacs en plastique remplis de gel dans l'eau bouillante afin que les *momos*, les boulettes de pâtes tibétaines cuites à la vapeur et garnies de fromage et de chou, soient bien chaudes lorsqu'on les servirait à Rinchen.

J'ai ouvert la fermeture éclair de la glacière, et la vapeur en est sortie.

– De quelle magie noire s'agit-il ? a demandé en riant un Rinchen surpris.

Dans son univers, il n'y avait que des objets physiques simples. Il n'avait pas l'eau courante et ne profitait de l'électricité que depuis peu pour alimenter deux faibles ampoules électriques. Des câbles branchés à une boîte installée à l'extérieur couraient jusqu'au plafond de sa salle de prière et de la cuisine. Il était vraiment amusant de voir son émerveillement face à un objet qui avait cessé depuis longtemps de nous étonner. Namgay, qui avait fait son éducation en regardant les publireportages diffusés à la télévision, a expliqué à Rinchen, qui examinait la glacière avec un plaisir empreint de naïveté, comment les sacs gélatineux insérés dans les poches latérales permettaient de conserver la chaleur ou le froid.

Tout au long de l'été, il avait subsisté avec du riz et ce qui poussait dans son jardin. Il s'est attaqué aux momos avec un plaisir non feint, en engloutissant un tout entier dans sa bouche. Namgay et moi n'en avons mangé que quelques-uns, prétextant ne pas avoir faim. Ainsi, il en resterait suffisamment à Rinchen qui pourrait en manger davantage après notre départ.

Chaque fois qu'ils se retrouvaient, Rinchen et Namgay parlaient de l'époque où ils étaient jeunes. En plus d'être cousins, ils étaient les meilleurs amis du monde. Ils étaient ensemble partout où ils allaient, et tous les deux caressaient le projet de devenir moine. Ils le feraient ensemble, disaient-ils. Le jour venu, ils ont acheté des robes de moine à Thimphou et sont allés voir leur oncle, un lama, pour lui annoncer la nouvelle. Celui-ci a félicité Rinchen, mais a dit à Namgay qu'il devrait renoncer à son projet pour plutôt s'inscrire aux beaux-arts et devenir un artiste-peintre de thangka. Cette histoire, ils me l'ont racontée à différents moments et, chaque fois, ils esquissaient le même sourire mélancolique, puis ils éclataient de rire. Vous voyez ? Il n'y a pas de hasard.

Nous avons passé l'après-midi dans la pièce ensoleillée. Parfois, nous échangions quelques mots mais, la plupart du temps, nous relaxions, les yeux fermés et le visage tourné vers la lumière qui filtrait à travers la fenêtre.

Puis l'heure de prendre congé est arrivée.

Nous étions sur le point de partir lorsque Rinchen nous a rappelé la présence des singes.

— S'il y a des bébés avec eux, ils vont attaquer, a-t-il dit sur un ton très neutre.

Quelle charmante façon de dire au revoir, ai-je pensé. S'il s'était agi d'une autre personne, j'aurais répondu quelque chose du genre « Facile à dire », ou « Merci et bonne journée également ». Vous voyez, ce genre de situation serait impossible dans le monde où j'ai grandi. Nous aurions tôt fait de prendre des fusils pour lancer des flèches tranquillisantes à ces singes, ou nous les aurions tout simplement abattus ou enfermés dans un zoo. Notre rapport au monde est totalement différent.

Rinchen nous a accompagnés jusqu'au début du sentier, et nous nous sommes faits nos adieux. Il avait un bonbon de fabrication indienne, un trésor enveloppé dans un emballage d'un bleu éclatant, qu'il a déposé dans ma main en souriant. Nous nous sommes engagés sur le sentier et, juste avant qu'il ne bifurque vers la gauche, je me suis retournée. Il était déjà loin, mais je pouvais voir qu'il n'avait pas bougé d'un iota, aussi immobile qu'un arbre.

Il était environ 16 h 30 et nous avions dépassé l'heure de départ prévue. Le soleil était sur le point de disparaître derrière les montagnes, ce qui créait des ombres aussi longues que sinistres. Privé de soleil, l'air ambiant refroidissait rapidement. Je sentais que mon corps était raide, en partie en raison de la marche et en partie parce que j'étais à l'affût des singes.

— Il ne faut pas traîner, a dit Namgay. Il va faire noir.

Nous avions encore une heure de marche à faire avant d'atteindre la voiture.

— C'est dans l'adversité qu'on reconnaît les forts, ai-je lancé à Namgay.

— Qu'est-ce que t'as dit ?

J'ai répété la phrase.

— Bien dit, a-t-il répondu.

Un des avantages d'avoir épousé Namgay, c'est que même les clichés les plus éculés sonnent nouveaux et originaux à ses oreilles.

Nous marchions côte-à-côte. Nous n'avions pas grand-chose à nous dire, mais il fallait que nous fassions du bruit pour effrayer les singes.

– La réaction de Rinchen à la glacière était ÉTONNANTE, ai-je dit.

Mais ma remarque est tombée à plat.

Namgay a répondu qu'il la donnerait à Rinchen.

– Ne pas être devenu moine comme Rinchen te rend-il triste ?

– Parfois, a-t-il répondu.

Puis il a fait quelques pas à la Charlie Chaplin, ce qui était à la fois charmant et triste. Au bout d'un moment, il a dit en se tournant vers moi avec un sourire :

– Charlie Chaplin est mort depuis longtemps.

Il y a une chose sur laquelle nous nous sommes entendus, Namgay et moi : avant même notre mariage, alors que nous étions assis devant le poêle à bois pendant cet hiver glacial où nous nous sommes racontés nos vies, que nous avons fait des plans et que nous avons appris à mieux nous connaître mutuellement, Namgay m'a dit que lorsqu'il prendrait de l'âge, il voulait faire une méditation de type trois ans, trois mois, etc.

Je répétais invariablement la même chose :

– Et moi alors ?

Il esquivait la question en disant :

– Mais ce ne sera pas avant plusieurs années.

Plusieurs années ont passé depuis. Je dis souvent en plaisantant que, lorsque nous serons vieux, nous passerons toutes nos vacances au monastère.

— Je ne pense pas que je pourrais vivre comme Rinchen, ai-je ajouté.

— Je sais, a dit Namgay.

Des cris stridents ont interrompu notre conversation. Les singes. On aurait dit qu'ils étaient des centaines, même si je savais qu'il y en avait beaucoup moins. Sauf que c'était encore trop. J'étais effrayée.

— Namgay ! ai-je crié.

— Allez ! Dépêche-toi ! a-t-il dit en me tendant la main.

J'étais quelques pas derrière lui sur le sentier et je me suis précipitée vers lui — le mot bondir serait plus exact — pour attraper sa main.

— Namgay ! ai-je crié de nouveau. Ils sont là !

Nous avons couru ensemble sur le sentier. Même si mes jambes n'avaient jamais cavalé aussi vite, je sentais malgré tout qu'il me tirait.

Puis, sorti des profondeurs de l'enfer, d'un abysse ou d'une quelconque salle de torture, un grognement animal s'est peu à peu transformé en hurlement animal désespéré, quasi surnaturel. Il m'a fallu un instant pour comprendre que ce cri provenait de Namgay. C'était un cri comme jamais je n'en avais entendu, un cri qui n'avait rien d'humain. Le seul mot qui m'est venu à l'esprit est douleur. Une douleur pure, insondable.

Quelle interprétation les singes ont-ils fait de ce cri, je l'ignore. Mais les cris stridents ont cessé pour s'estomper dans la forêt.

Chapitre 15

Suivre le courant

Aux États-Unis et au Bhoutan, Namgay et moi semblons toujours vivre dans des endroits où il y a de l'eau à proximité. Aux É.-U., il y a un gros étang aux eaux calmes situé tout juste devant notre domicile où abondent les achigans. À Thimphou, je peux entendre les eaux tumultueuses provenant des glaciers ruisseler le long de la colline qui se trouve derrière notre maison. Détail amusant, chaque cours d'eau est à l'opposé du rythme de vie de la société qui l'entoure.

Alimentée par les pluies d'été, cette rivière dévale le long des rochers pour former des rapides dont le bruit se fond harmonieusement avec les prières du soir de Namgay : *om ah hung*. Ce son constant est apaisant et nous rappelle de suivre le mouvement de l'eau. De suivre le courant. Les obstacles ne peuvent vous empêcher d'avancer ou vous ralentir. Vous les contournez, ou vous passez en dessous ou par-dessus. Ou encore, vous arrêtez pour prendre une nouvelle forme. Rien n'est permanent. Seul le courant importe. Fondez-vous en lui et voyez où il vous mène.

« Suivre le courant » a été mon mantra depuis mon arrivée au Bhoutan. Puisque ma façon de faire les choses diffère de celle des Bhoutanais, je dois réprimer ma tendance naturelle à foncer dans le tas et à jouer du coude pour me frayer un chemin dans la vie. La vie au Bhoutan ressemble davantage à faire la planche ou à s'étendre dans un gros radeau en caoutchouc. Dès que je retourne aux États-Unis, je dois me réhabituer à appuyer sur l'accélérateur, donner des ordres, prendre en charge, faire des pieds et des mains, bousculer. Pour les Nord-Américains, la façon bhoutanaise de faire les choses est trop passive, voire trop soumise. Passer d'un pays à l'autre s'apparente à ouvrir ou fermer un robinet. Il faut de l'énergie pour transformer un filet d'eau en torrent, puis ce dernier de nouveau en filet d'eau. Peu importe l'endroit, et peu importe la force du courant, il est important de le suivre. Aux États-Unis, je fais flèche de tout bois ; au Bhoutan, je baisse la garde et je flotte, je glisse, j'avance en suivant le léger courant sous-jacent qui nous charrie tous. Ce qui ne veut pas dire qu'il n'y a pas de contrariétés au Bhoutan. Bien au contraire. Mais nous devons apprendre à suivre le courant. Cela me rappelle le titre d'un poème de Morton Marcus : « Learn to Be Water » (Apprendre à se comporter comme l'eau). Je l'ai lu lorsque j'étais à l'école secondaire et, contrairement au reste du poème que j'ai complètement oublié, ces mots sont restés gravés dans ma mémoire.

Le temps est venu, chers lecteurs, de vous raconter la fable suivante :

Il était une fois une femme qui aimait beaucoup de choses en ce bas monde. Elle aimait sa famille, elle aimait sa paire de jeans et ses bottes Cordani qui lui donnaient une belle silhouette, elle aimait voir les nuages passer au-dessus des montagnes pendant les moussons d'été, elle aimait faire des randonnées en montagne en compagnie de sa fille, elle aimait manger du gâteau au chocolat au Art Café avec son amie Louise tout en parlant de régime pour perdre du poids. Par-dessus tout, elle aimait sa machine à laver. Vous avez bien lu, sa machine à laver, objet qui arrivait au tout premier rang des quatre ou cinq choses qu'elle aimait le plus. Voyez-vous, cette femme aimait porter des vêtements propres et, au plus profond d'elle-même, l'idée de les laver à la main la terrifiait. Pourquoi ? Parce que cette corvée était extraordinairement fastidieuse — il lui faudrait au moins une journée entière, une fois par semaine, afin de faire la lessive pour une famille de trois personnes. Elle en mourrait d'ennui, sans compter que la tâche exigeait une force physique, surtout dans le haut du corps, pour tordre une brassée de serviettes de bain en tissu éponge et les suspendre à une corde à linge. Le seul fait d'y penser l'épuisait. Avoir des vêtements propres arrivait en tête de liste des choses qui la séparaient du rang des primates moins évolués que l'humain. En fait, elle avait l'impression que la machine à laver était une espèce de colle qui cimentait sa vie chaotique. Malgré tout, elle s'estimait chanceuse car, dans ce pays himalayen isolé où elle passait la majeure partie de l'année, la plupart des gens lavaient leurs vêtements dans des ruisseaux ou des seaux. En fait, sur les sept milliards d'êtres humains qui vivent sur cette planète, seulement deux milliards ont accès à des machines à laver. Autrement dit, moins du tiers de la population mondiale dispose d'une machine pour laver ses vêtements. Les autres les lavent à la main. Certains n'ont même pas accès à l'eau pour le faire ; même une machine ne pourrait les aider à rester propre, ce qui est proprement scandaleux. Et pourtant, cette situation existe bel et bien.

Un jour, en voulant sortir de la machine des vêtements foncés, surtout des jeans et des t-shirts, elle voit à travers le hublot en verre placé en avant de la machine que celle-ci est encore remplie d'eau stagnante. Tous les voyants lumineux sont allumés, mais rien ne se passe. Les vêtements flottent mollement dans l'eau savonneuse. Prise de panique, elle court chercher son mari.

— Quelque chose ne va pas ! La machine à laver est brisée !

Elle sent l'angoisse et l'effroi monter en elle. Son cœur cogne dans sa poitrine.

Son mari examine la machine, appuie sur quelques boutons, la débranche puis la rebranche. Il vérifie également le boîtier à fusibles, fait le tour de la machine en se grattant la tête, puis dit :

— J'ignore ce qui ne va pas.

Ces mots terriblement et affreusement terrifiants résonnent jusqu'au plus profond de son être.

— Peux-tu trouver quelqu'un pour la réparer ? demande-t-elle.

— Je ne sais pas, répond-il en se grattant la tête. Que faire ? ajoute-t-il.

Lorsque les Bhoutanais ne savent pas comment réagir, ils disent : *Que faire ?* Le cheval refuse de monter une côte. *Que faire ?* La voiture refuse de démarrer. *Que faire ?* La machine à laver est en panne, et ainsi de suite. Ce n'est pas un aveu d'impuissance, mais plutôt la reconnaissance que des forces sont à l'œuvre — des forces karmiques, si on peut les appeler ainsi — et font en sorte de rendre quelque chose impossible, ou à tout le moins difficile. Des forces qui peuvent vous freiner ou vous retarder. C'est l'acceptation du destin et de l'inévitabilité des choses, conformément à la loi de Murphy. *Que faire ?* Rien. Seulement vivre. Et suivre le courant pour passer à autre chose.

Toutefois, ces mots sont loin d'être de la musique à ses oreilles. En plaisantant, et à plusieurs reprises à des personnes différentes, elle avait qualifié la machine à laver d'amour de sa vie puisque cette machine lui simplifiait tellement l'existence. Elle avait même couché ces mots sur papier. Cette machine l'avait bien servie pendant une dizaine d'années, et même si je ne veux pas faire ici de réclame publicitaire, ses vêtements en ressortaient immaculés. On ne pouvait rien lui reprocher. Cette machine fabriquée au Royaume-Uni était un don que lui avaient fait ses bien-aimés amis Roger et Sarah, des Écossais qui travaillaient pour une ONG de Thimphou. Ils lui avaient offert cette machine au moment de quitter le Bhoutan, il y avait de cela bien des années. En retour, elle leur avait donné des tapis et des meubles bhoutanais, ainsi qu'une toile de son mari. Maintenant, en ce jour infâme, cette machine refuse de fonctionner. C'est la première fois qu'un tel incident se produit, et elle se blâme pour avoir négligé cette machine en ne lui accordant pas l'attention qu'elle méritait. Elle souffre peut-être d'une maladie, sauf que sa propriétaire ne s'en est pas aperçue.

Elle est dévastée, surtout qu'elle rentre tout juste d'un séjour qu'elle et son mari ont fait à Tsirang la fin de semaine précédente, et qu'il y a beaucoup de vêtements sales à laver. En fait, il y a beaucoup de vêtements, de serviettes et de draps à laver puisqu'il y a une semaine de lessive à rattraper. Une des choses sur lesquelles son mari et elle s'entendent, c'est l'importance de la propreté. Le couple est réellement désemparé.

Son mari appelle un électricien à la rescousse, mais ce dernier ne peut leur dire quand il pourra venir – mardi, peut-être. Nous sommes samedi. Trois jours d'anxiété passent à laver les sous-vêtements et les t-shirts à la main. Le quatrième jour, l'électricien arrive en début de journée. Pour l'accueillir, le mari lui offre à manger comme il en a l'habitude lorsque des amis, des amis des amis, ou même de parfaits inconnus ou un chien errant, entrent dans la maison. Il met tout de côté pour préparer un repas élaboré en utilisant tout ce qu'il y a de mieux dans la cuisine, y compris des morceaux de bœuf séché qu'elle réserve pour des occasions spéciales. S'il n'y a rien d'approprié à manger, il se rend au marché pour y acheter un poulet dodu, le ramener à la maison et le faire cuire. Cette femme ne s'en formalise pas outre mesure, car elle a appris à composer avec tout ce qui est susceptible de survenir. Elle suit le courant. Elle visualise l'électricien en train de manger ce que son mari a préparé, puis de réparer en un tour de main sa machine. Elle suit le courant.

L'électricien, vêtu d'un gho crasseux et pieds nus dans ses chaussures, incline la machine sur le côté en éructant bruyamment. Puis, après s'être glissé derrière la machine pour en retirer le panneau arrière, il annonce qu'une courroie est brisée. Quoi, les machines à laver sont munies de courroie ? Peu importe. *Une courroie, ce n'est pas la mer à boire,* se dit-elle. La machine sera probablement réparée d'ici la tombée de la nuit. Un délai mineur, sans doute. Si la vie est un long fleuve, il ne s'agit que d'un petit caillou lancé en plein milieu. Un simple obstacle à surmonter.

Son mari se rend au magasin Doma, le seul détaillant d'appareils électroménagers en ville, pour y acheter une courroie de remplacement. Le gérant accueille avec chaleur ce client qui a acheté un gros réfrigérateur quelques semaines auparavant, mais, malheureusement, le magasin ne vend plus de courroie. Le gérant suggère plutôt au mari de faire l'acquisition d'une jolie machine à laver de fabrication indienne. Il croit peut-être ce client fortuné. Mais le mari n'est pas homme à renoncer si facilement et, profitant du fait que le gérant s'est éloigné pour répondre au téléphone, un des vendeurs, un jeune Indien, l'informe qu'il y a un endroit situé près du kiosque à légumes, au-dessus du stand où on vend de la viande, où il pourrait trouver une courroie pour la machine à laver. Un homme qui vit là importe des courroies du Bangladesh et il pourrait en avoir une qui ferait l'affaire.

Le mari se précipite vers le marché public, et après avoir cherché en vain cet endroit, et après en avoir discuté avec les propriétaires des boutiques, il apprend finalement que l'homme aux courroies est parti rendre visite à son père à Trashigang, une ville située dans l'est du Bhoutan. Il a emporté avec lui la clé du placard qui donne accès aux courroies. Le père de cet homme est vieux et malade, mais toujours vivant. Qu'il soit vivant est une bonne nouvelle. La mauvaise nouvelle, c'est qu'il n'y a aucun moyen de savoir quand le vendeur de courroie reviendra. Autrement dit, il faudra attendre que le vieil homme rende l'âme.

En sortant de la boutique, le mari rencontre un membre de sa famille (que nous appellerons Sonam Gyetlshen) qui est à la recherche d'un ami commun. Cela fait un bout de temps que le mari n'a pas vu cette personne. Peu importe. Sonam invite le mari à manger chez lui. L'épouse de Sonam, qui leur sert de la laitue provenant de son jardin, possède ce que le mari décrit comme la chose la plus utile, la plus extraordinaire et la plus incroyable jamais inventée : l'essoreuse à salade. C'est la première fois que le mari en voit un, et il n'arrive pas à croire qu'il suffit de laver la laitue, de la placer dans l'essoreuse et d'utiliser la force centrifuge pour l'assécher. Il est même possible de ranger la salade dans l'essoreuse. Rappelez-vous que, lorsque le mari est aux États-Unis, une de ses activités préférées est de rester debout toute la nuit pour regarder les publireportages tout en peignant. Cette combinaison d'ingéniosité américaine, de présentateurs médiocres et d'électroménagers bas de gamme de fabrication chinoise, ne cesse de l'émerveiller. Il faut aussi savoir que cet homme et son épouse lavent la laitue à tour de rôle en la plaçant dans une taie d'oreiller réservée à cette fin, puis en sortant sur la véranda pour faire tournoyer vigoureusement la taie remplie de salade au-dessus de leur tête pour l'assécher. Une essoreuse à salade est une option beaucoup plus raffinée et efficace qui, en prime, permet à la personne qui l'utilise de rester au sec. Le mari demande à Sonam où il a acheté son essoreuse. Sonam lui donne l'adresse d'une boutique située près de l'arrêt d'autobus installé de l'autre côté de la place Chang Lam. Le mari termine son repas, remercie ses hôtes, et se rend aussitôt à la place Chang Lam.

Entre-temps, son épouse, qui est restée à la maison, s'installe à son bureau, le regard rivé sur l'économiseur d'écran de son ordinateur. Elle fait le pari de rester optimiste. Nul doute que son mari trouvera la courroie qui permettra de réparer sa bien-aimée machine à laver. Après tout, n'est-il pas un homme infiniment débrouillard ? Il connaît beaucoup de choses. Il est Bhoutanais. Elle vient d'un pays lointain, là où les gens sont habituellement impatients et pessimistes, habitués qu'ils sont à ce que les choses fonctionnent toutes seules et, dans le cas contraire, à en faire une fixation. Mais elle n'est pas faite du même bois. Elle suit le courant.

Plus tard cet après-midi-là, le mari est de retour. Il entre dans la maison en coup de vent, un sac en plastique à la main.

— Regarde ! dit-il en sortant quelque chose du sac.

L'épouse est confuse.

— Tu veux réparer la machine à laver avec une essoreuse à salade ? demande-t-elle.

Il avait complètement oublié la courroie de la machine à laver. Vous pouvez me croire sur parole lorsque j'affirme qu'à ce moment précis, l'épouse aurait précipité son mari dans les eaux tumultueuses de la rivière qui coule derrière leur maison. Depuis plus d'une semaine, elle attend que sa bien-aimée machine à laver soit réparée. Pendant l'après-midi, elle a fait un peu de ménage et même lavé à la main deux serviettes ; cependant, les vêtements qu'elle porte sont loin d'être propres. Elle se sent comme la mère de Jack, héros du conte *Jack et le haricot magique,* ce garçon que sa mère envoie au marché pour vendre une vache et qui revient avec des haricots magiques.

— Pourtant, tu aimes la laitue, dit-il sur un ton un peu penaud.

C'est alors qu'elle comprend que la colère ne mènera à rien. Elle suit le courant parce qu'elle veut se comporter comme l'eau. Au lieu de réprimander son mari, elle décide de trouver un certain charme à son enthousiasme pour l'essoreuse à salade. Elle décide de goûter le moment, d'aller chercher un peu de laitue dans son potager, de la laver et, pourquoi pas, de l'essorer. Au moins, il y aura quelque chose de propre dans la maison. Au Bhoutan, il n'est guère facile de trouver des accessoires comme une essoreuse à salade ou un presse-ail.

Au dîner, ils dégustent une belle grosse salade.

L'histoire ne se termine pas ainsi : le lendemain, le mari trouve une chambre à air chez sa sœur qui, dieu merci, est une espèce de collectionneuse. Utilisant la courroie de la machine à laver comme prototype, le mari et son beau-frère « fabriquent » une courroie pour la machine à laver avec de l'époxy et une agrafeuse. La courroie s'ajuste parfaitement à la machine à laver qui se remet en marche. Cinq ans plus tard, elle fonctionne toujours. L'eau entre et sort de la machine, tout comme les vêtements, les serviettes et les draps. C'est une excellente machine, et elle le demeure. Sans compter que le mari et l'épouse ont désormais une essoreuse à salade.

L'épouse est heureuse chaque fois qu'elle parvient à garder son calme. Elle est fière d'elle, vraiment, parce qu'elle apprend que tout finit par s'arranger, d'une manière ou d'une autre. Elle sait qu'il y aura des défis à relever, car elle vit au Bhoutan, a épousé un homme qui vient d'une autre culture, s'occupe d'une adolescente de 16 ans et mène tant bien que mal une carrière d'écrivaine. De temps à autre, elle retourne aux États-Unis. Les défis auxquels elle est confrontée sont différents, comme oublier de quel côté de la route conduire la voiture. Mais cela n'est arrivé que deux ou trois fois.

Le Bhoutan a changé ma vie, mais non comme je m'y attendais. L'endroit où vous vivez ne change pas qui vous êtes, ni ne vous rend nécessairement plus heureux. Cependant, l'énorme valeur ajoutée associée aux déplacements et aux voyages réside dans la possibilité d'apprendre, d'acquérir de nouvelles habitudes, d'envisager de nouvelles idées. Vous pouvez également y arriver en restant là où vous êtes et en vous exerçant à penser différemment. Au Bhoutan, j'ai découvert plusieurs nouvelles idées qui peuvent m'être utiles où que je sois, et j'ai appris à prendre la vie comme elle vient, peu importe la manière. Pour en arriver à vivre une existence plus simple, pour aborder le temps sous un angle différent, pour vivre avec plus de grâce et d'humour, pour s'adapter à son environnement, pour lâcher prise face au contrôle, pour cesser de toujours trop vouloir, il suffit d'apprendre à suivre le courant, et c'est ce que j'ai appris en vivant au Bhoutan.

Par la suite, prendre des risques – c'est-à-dire entreprendre des choses énormes, insensées et fantastiques – devient parfaitement envisageable. Si vous êtes coincé, allez dans une autre direction. Mais n'arrêtez pas. Continuez d'avancer. Ainsi, vous ne vous enliserez jamais. Il y aura toujours du courant et des obstacles. Comme l'eau dans la rivière, je sais que rien n'est plus important que le courant. Un lieu ne peut changer l'essence de ce que vous êtes. Rien ne le peut. Mais un lieu peut vous influencer. Et vous pouvez vous adapter à un nouvel endroit. Il faut continuer d'avancer, même si la route est cahoteuse. *Que faire ?* Ne jamais arrêter.

Lâchez prise. Laissez aller. Suivez le courant.

Chapitre 16

Parer à l'imprévu

Pendant des années, j'ai été une perpétuelle invitée du Bhoutan, car je devais renouveler régulièrement mon visa. Il y avait toujours une énième règle à respecter, un obstacle à contourner, un imprévu à affronter, un moment où j'avais l'impression que je n'y arriverais jamais. Au début, cette démarche me rendait très anxieuse mais, au fil du temps, j'ai fini par aborder le tout avec sérénité, convaincue que tout finirait par s'arranger d'une façon ou d'une autre. Et si les choses ne s'arrangeaient pas ? Parfois, c'est lorsque l'imprévu survient que la vie prend toute sa saveur.

C'est une leçon dure à avaler pour les Occidentaux qui sont constamment en mode « attente ». *J'attends avec impatience ce voyage ; j'attends de faire cette visite en ta compagnie ; j'attends les prévisions du marché ; j'attends ta réponse ; je ne m'attends à aucun problème. Attendez !...* Vous voyez ? Nous avons souvent recours à la projection. Nous essayons de tout planifier. Je ne dispose pas de statistiques à l'appui de mes dires, mais je serais prête à parier que la moitié de nos pensées sont accaparées par des projections et des attentes envers le futur. Culturellement parlant, les Bhoutanais sont davantage enclins à ne pas accorder trop d'importance à ce qui va se produire dans quelques minutes, quelques jours ou quelques années. Certes, ils agissent de manière délibérée et avec détermination, mais ils évitent de trop s'investir dans un résultat donné.

Les Bhoutanais négocient la route étroite et sinueuse qui serpente leur pays d'une manière qui illustre parfaitement leur capacité à s'adapter rapidement et à ne pas se tracasser pour des riens. Ils vivent le moment présent ! Pendant qu'ils conduisent, les passagers assis sur la banquette arrière retiennent leur souffle et serrent les dents, stupéfaits par la difficulté de se rendre du point A au point B tout en espérant ne pas mouiller leur pantalon.

Au début, chaque fois que nous devions aller quelque part, je ne saisissais pas toute l'étendue des risques encourus et des prouesses que le conducteur devrait accomplir pour arriver à bon port. La route à une seule voie, qui s'élargissait quelque peu à certains endroits pour atteindre, disons, une voie et demie, rendait inévitable les rencontres face à face avec d'énormes camions, des familles de cinq personnes accrochées les unes aux autres comme des équilibristes sur de minuscules scooters, ou une vendeuse de légumes qui avait imprudemment étalé sa marchandise au beau milieu d'une courbe. Le conducteur devait écraser la pédale de frein et faire preuve de beaucoup de détermination pour éviter la collision. Dieu merci, les Bhoutanais ont des réflexes aiguisés et une propension à la prière. Il s'ensuivait un long soupir de soulagement, puis tous se redressaient sur leur siège, et la voiture reprenait position avant de se remettre lentement en route, rétroviseurs latéraux rabattus pour éviter qu'ils ne soient fracassés en frôlant un camion ou une autre voiture sur une route étroite de montagne, à quelques centimètres à peine d'un abîme.

Rouler continuellement à côté d'un précipice exerce une influence certaine sur votre capacité à faire preuve de calme et de circonspection. Si votre tour est venu de serrer le côté de la route, il n'y a pas grand-chose que vous puissiez faire d'autre. Les automobilistes bhoutanais possèdent une résistance au stress très élevée, parce qu'ils n'anticipent jamais que tout marchera sans problèmes. En fait, ils n'anticipent rien du tout. Ils se mettent en route et restent dans le moment présent.

Les épreuves mènent à la résilience, à l'endurance et à la ténacité. Vous devez vous concentrer sur l'essentiel. Je travaille moi-même en ce sens depuis plusieurs années et, même si j'ai encore des efforts à faire, mettre la pédale douce sur l'anticipation produit des résultats positifs quasi immédiats. D'ailleurs, les anecdotes que m'ont racontées des amis bhoutanais à propos de ce qui leur était arrivé vont en ce sens.

Par exemple, une de ces amies est une femme qui, après neuf décennies de vie, a toujours bon pied bon œil. Mariée à un jeune âge et mère de six enfants, sa vie avait été bien remplie, et elle avait toujours une histoire à raconter. Je me rendais régulièrement à pied jusqu'à la maison où elle habitait avec sa fille. Dans la pièce qui lui tenait lieu de chambre et qui servait également aux prières, je prenais place sur une chaise pendant qu'elle s'assoyait, les jambes croisées, sur le lit. Il y avait toujours des chats, et souvent aussi des chatons, installés sur un tas de valises ou une pile de serviettes. Elle parlait lentement en pesant chaque mot, comme si elle racontait un souvenir lointain. J'ai ainsi appris qu'elle avait été une nonne bouddhiste pendant sa jeunesse, mais qu'un événement était survenu qui avait tout changé.

À sa naissance, comme c'était la coutume, sa mère et son père l'ont conduite chez un lama qui vivait dans un temple près de leur village. Après avoir établi sa carte du ciel en se basant sur l'année, le moment et l'endroit où elle était née, il a prédit sa vie jusqu'au moment de sa mort, précisant au passage qu'elle vivrait très, très longtemps. Il a aussi ajouté qu'elle serait une nonne, et c'est pourquoi il lui a donné le prénom de Lhamo, ou « personne sainte ». Ses parents étaient comblés, car avoir un membre du clergé dans sa famille est de bon augure et renforce le bon karma de chacun de ses membres.

Alors qu'elle avait à peine sept ans, ses parents l'ont confiée à un couvent situé loin dans les collines qui surplombent Punakha afin qu'elle puisse accomplir sa destinée. Le trajet à partir de Trongsa a nécessité trois jours de marche, car le couvent n'était accessible que par un sentier. La nuit sous les étoiles, elle et ses parents, ainsi qu'un oncle et une tante qui les accompagnaient, s'installaient autour d'un grand feu pour se raconter des histoires à propos des lamas et des saints qui apaisent les démons vivant dans les environs. Se trouver si loin de la maison était une grande aventure. Jamais elle ne s'était aventurée aussi loin.

— Étiez-vous heureuse ? lui ai-je demandé.

Une question typiquement occidentale.

— Oui, a-t-elle répondu.

Elle souhaitait être une nonne. Elle y pensait tout le temps quand elle était enfant, et son oncle avait même commencé à lui enseigner le *Choekay,* l'alphabet tibétain classique, afin qu'elle puisse comprendre les textes sacrés, et non simplement les mémoriser comme le faisaient la plupart des nonnes au Bhoutan. Elle savait à quoi ressemblerait sa vie ; elle était prête.

Pourtant, elle a éclaté en sanglots lorsque ses parents ont quitté le couvent.

C'était un endroit très propre où vivaient environ 30 fillettes, quelques femmes plus âgées et une abbesse. Les matins commençaient avec la prière, puis c'était l'étude, suivie par les corvées. Elle se réveillait avant l'aube et se mettait au lit à la tombée de la nuit. Elle aimait réciter les prières du matin et du soir avec les autres novices. Elle était une élève douée et elle apprenait vite.

— *Nga keta du*, a-t-elle dit (je suis intelligente).

L'endroit convenait bien à Lhamo, et c'était un environnement propice pour grandir — beaucoup de discipline ; un horaire strict ; une nourriture saine ; un environnement propre et spartiate ; une vie faite de bonté et de prières. Elle aimait surtout les visites au temple. Elle y passait des heures à prier et, lorsqu'elle ne priait pas, elle contribuait à son entretien. Elle aimait changer les fleurs, verser chaque matin de l'eau dans les sept bols sacrés, fabriquer des lampes à beurre, passer le balais, le tout sous le regard de Bouddhas en or massif au sourire béat et au regard illuminé. Comme il a dû être agréable de grandir en voyant de tels visages.

— Chaque jour, nous priions pour la paix dans le monde, a raconté Lhamo. Nous priions sans cesse.

À l'âge de 20 ans, elle a été très malade. Elle ne pouvait ni manger, ni dormir. Elle s'est mise à boiter en raison d'une douleur lancinante et constante dans sa jambe. Elle s'assoyait sous un arbre situé sur la propriété du couvent ou elle restait au lit, trop faible pour se lever. Elle a perdu du poids et était incapable de se concentrer. Elle flottait dans ses vêtements. Elle dépérissait à vue d'œil. La fin de son monde approchait au fur et à mesure que la force vitale s'échappait de son corps.

Dans un geste désespéré, l'abbesse a envoyé chercher sa mère et son père. Lorsqu'ils sont arrivés au couvent, Lhamo était trop faible pour s'asseoir. Sa mère s'est mise à pleurer.

— Ne t'en fais pas. Elle va prendre du mieux, a dit le père.

Lui aussi était inquiet. C'était leur unique fille. Elle allait mourir.

Nous étions en 1946, et il n'y avait alors ni hôpital, ni médecin, ni médicament occidentaux. La seule chose à faire était de consulter un lama, ce qu'ils ont fait. Lhamo était terrifiée. Elle n'avait pas peur de la mort, mais elle était terrifiée parce que les magnifiques visages, les rayonnantes statues, qu'elle voyait chaque jour dans le temple, ne lui apportaient plus paix ou réconfort. La douleur embrouillait son esprit. Son estomac était brûlant comme du charbon ardent.

Prise d'étourdissements et de nausées, ni les prières, ni l'eau chaude ou les remèdes à base de plante que les nonnes lui préparaient, ni les porridges de riz, ni les porte-bonheur, rien ne parvenait à soulager sa souffrance.

Elle pouvait à peine penser à la prière ou à la méditation. Lhamo craignait d'avoir à renoncer à son rêve d'être une nonne. Elle se disait que, peut-être après sa mort, elle pourrait avoir un nouveau corps, amélioré, qui ne la ferait plus autant souffrir. Cette pensée la réconfortait.

La peau de Lhamo avait pris une apparence cireuse et grisâtre, et ses os étaient de plus en plus saillants. Elle ressemblait à un cadavre. À l'époque, au Bhoutan, organiser une randonnée à pied de deux jours pour aller voir un lama n'était pas une mince affaire. Ses parents devaient louer un cheval, ce qui représentait une importante dépense.

Ce lama était un homme réputé pour ses talents de guérisseur et il vivait dans un monastère près du village. Il fallait arranger la visite, prévoir des cadeaux pour le lama et acheter des provisions : du lait de vache frais, du beurre, des œufs, des prunes séchées ainsi que de la nourriture pour les membres de la famille qui feraient le voyage.

C'était un lama vénéré, et on racontait qu'il faisait occasionnellement des séjours de méditation, qui duraient parfois des années, dans une caverne située plus haut dans la montagne. Certains affirmaient même qu'il pouvait se transformer en oiseau blanc ou en corbeau.

Le sentier qui menait à la lamaserie était dangereux, surtout en été en raison de la boue et des glissements de terrain qui étaient alors fréquents. La nuit, ils installaient Lhamo de la manière la plus confortable possible en lui confectionnant un lit fait de branches et de feuilles. Lorsqu'ils sont arrivés au monastère, les moines leur ont servi du thé, puis leur ont offert un repas de riz et de piments.

Lorsque Lhamo a rencontré le lama, elle a vu que son visage était semblable à ceux des statues du couvent, mais en plus vieux et en plus flétri. Toutefois, les yeux étaient les mêmes. Le lama lui a fait signe en souriant de s'asseoir près de lui. Son père et sa mère l'ont aidée à marcher jusqu'au lama. Elle s'est assise, et il a pris son poignet entre son pouce et son index. Il a tenu ainsi son poignet pendant un temps qui a semblé long. Il l'a regardée avec son regard intemporel pendant qu'elle gardait timidement les yeux baissés en signe de respect.

Il a pris ensuite sa main dans la sienne pendant un bref instant, puis l'a déposée au-dessus de l'autre main de la jeune femme posée sur son genou. Les parents de Lhamo étaient assis et regardaient la scène, à peine capables de contenir leur anxiété. Ce lama était leur dernière chance, leur ultime espoir. La mère de Lhamo bougeait ses lèvres dans une prière silencieuse tout en manipulant un collier.

Lhamo a fait une pause dans sa narration pour regarder les chatons qui s'étaient assoupis près de son lit. Elle m'a regardée avec un sourire timide.

— Le lama a dit que j'avais besoin…, a-t-elle murmuré d'une voix à peine audible. Je ne sais pas comment le dire…

— *Ca* ? (Quoi), ai-je demandé en dzongkha.

Je ne savais trop quoi penser.

— C'est ce que le lama a dit… Je ne sais pas…, a-t-elle répété en arrêtant à la moitié de sa phrase.

La langue faisait barrière. Pour me sortir d'impasse, j'ai eu recours à un autre membre de la famille, qui parlait anglais, en guise d'interprète.

Je craignais avoir perdu le fil de son histoire et m'être embrouillée.

— Le lama vous a donné un médicament ? ai-je demandé.

Elle n'a pas répondu.

— Dois-je appeler Namgay ?

Elle semblait absorbée par ses pensées.

— Non ! Ne l'appelle pas. Appelle plutôt Karma ! a-t-elle lancé.

Je suis allée chercher sa fille, Karma. Après qu'elles eurent discuté ensemble en tête à tête, Karma a soudainement relevé la tête et éclaté de rire.

Les choses prenaient une tournure intéressante.

Karma m'a regardée.

— Elle dit de vous dire…, faisant une pause. De vous dire… une injection d'homme, a ajouté Karma en appuyant le dos de sa main contre sa bouche et en riant.

— Quoi ? Une injection de quoi ?

J'avais sûrement mal compris.

— Elle a besoin d'une injection d'homme, a répété Karma dans un nouvel éclat de rire.

— Homme ? Injection ? Une injection d'HOMME ?

— De mari, a précisé gaiement Karma.

Assises sur le lit, Lhamo et Karma ont acquiescé à l'unisson : oui. Maintenant, les deux riaient ; en fait, nous riions toutes les trois. Il n'y avait pas d'erreur. Dans les temps anciens, il existait une croyance, qui a probablement encore cours aujourd'hui, selon laquelle certaines femmes ne peuvent vivre, et peuvent même mourir, à moins que du sperme circule dans leur corps. Il y a même un livre entier consacré au sujet, et je dois admettre que le tantrisme est encore très populaire au Bhoutan. De manière tacite, on estime qu'une personne qui parle beaucoup du tantrisme n'en est probablement pas un adepte. Après tout, il s'agit d'un rituel secret. Je savais qu'elles ne s'étendraient pas davantage sur le sujet.

Pour Lhamo, le diagnostic avait été établi. Elle avait besoin d'un homme, et le lama avait pris une boîte en bois posée sur la table devant lui et en avait retiré ce qui ressemblait à un petit morceau de viande séchée. Il l'avait ensuite remis à la mère de Lhamo.

– Elle doit prendre ça. Faites-le infuser dans de l'eau chaude.

– C'était un remède pour ton estomac ? ai-je demandé.

– Non, c'était pour un homme, a-t-elle répondu.

C'était de la magie afin qu'elle rencontre un homme.

De retour à son village, Lhamo a commencé à aller mieux. Elle a quitté le couvent pour de bon. La sensation de brûlure dans l'estomac s'est graduellement estompée. Ses cheveux ont repoussé. Le printemps suivant, un homme, un *gomchen* ou moine laïc, qui portait une longue chevelure et qui était vêtu d'un robe rouge, est arrivé dans son village. Il allait devenir l'époux de Lhamo.

– Je l'ai ici, a-t-elle dit en touchant du doigt la pochette tibétaine qui se trouvait sur le banc.

– Vous avez quoi ?

Une photo de son mari marchant sur le sentier ?

Non. C'était le remède qui avait fait en sorte que son mari vienne à elle. Il s'agissait d'une fine poudre noire conservée dans un sac en plastique.

Elle n'avait aucun regret, a-t-elle dit, ni pincement au cœur ou récrimination. Sa vie était une ligne ininterrompue. Elle ne s'était pas déroulée comme prévu mais, puisqu'elle était une Bhoutanaise, elle n'entretenait pas vraiment d'attentes.

En Occident, nous anticipons et nous espérons pour le mieux dans tout ce qui compose notre vie en société, que ce soit au travail, dans nos relations interpersonnelles, dans notre vie spirituelle, ou face aux pièges de la réussite. Nous

nous attendons à ce que nos automobiles démarrent et à ce que nos vies se déroulent sans difficultés. Et à vrai dire, c'est plutôt le cas, tout compte fait.

Les Bhoutanais semblent accepter le concept de vivre non seulement avec moins, mais également avec moins d'attentes. Ne pas s'attendre à ce que tout marche toujours sans imprévus s'avère une vision plus optimiste de la vie. Une vision stoïque, certes, mais qui m'a assuré en bout de ligne une vie plus heureuse. Être, et non aspirer être, vivre le moment présent, se concentrer sur l'intention et non sur le résultat, sont d'excellentes façons de vivre une vie plus équilibrée.

Chapitre 17

Penser à la mort cinq fois par jour

J'ai un aveu à faire. Je pense continuellement à la mort. Je ne me considère pas comme une personne qui s'apitoie sur son sort. Plutôt le contraire. Au lieu de me rendre lugubre et sinistre, adepte des corbeaux, de la musique heavy metal et des vêtements noirs, penser à la mort me rend plus légère et plus amusante. Le ridicule ne me fait pas peur. Penser à la mort me donne envie de vivre – de manière positive, et non négative.

Rien ne me porte davantage à renouveler mon engagement envers la vie et à faire en sorte que chaque journée compte que la perte prématurée d'un proche ou d'une personnalité publique, que cette personne ait été victime d'un cancer, d'un accident de voiture ou d'une quelconque cause tout aussi arbitraire. La mort est laide. Mais elle est aussi magnifique, car elle nous aide à nous concentrer sur l'essentiel et nous rappelle d'être pleinement conscient, présent, exubérant et de profiter de la vie. Elle nous rappelle également d'oublier une fois pour toutes ce qui est insignifiant. Le temps nous est compté. Et personne n'y échappera.

Ma tante est âgée de 90 ans et elle parle d'aller rejoindre son père, sa mère et ses sœurs. J'aime sa façon de voir les choses. C'est comme si ces personnes l'attendaient autour d'une table dressée au paradis.

Partout au Bhoutan, il y a des images de la mort sous formes de statues, de toiles, de sculptures, de mots, de symboles et de photographies. Il y en a dans les temples, les maisons et les boutiques. Certaines images ont été peintes directement sur le roc. Il y a des crânes aux globes oculaires creux, des demi-crânes remplis de matière cervicale, des corps éventrés, écorchés vifs ou carbonisés, et d'autres images macabres associées à l'iconographie religieuse. Il s'agit bien entendu de métaphores, de rappels d'être pleinement conscient. L'odeur caractéristique de la mort est omniprésente et, dans l'éventualité où vos sinus seraient bloqués, il suffit de regarder vers le nord, de l'autre côté de Tashichhodzong, cet énorme complexe de Thimphou qui comprend des édifices gouvernementaux, des monastères et des forteresses, pour apercevoir la fumée qui s'échappe chaque jour ou presque des champs de crémation.

On dirait qu'au Bhoutan, il existe mille et une façons tout aussi ingénieuses que cinématographiques de mourir. Prenons par exemple la dengue, une fièvre plutôt mystérieuse et difficile à diagnostiquer qui peut, sans crier gare, emporter un individu en une journée ou deux. Je connais aussi des gens qui ont été dévorés par des sangliers sauvages parce qu'ils avaient quitté momentanément un sentier pour satisfaire des besoins naturels ; qui ont fait une chute en montagne ou qui ont été victimes d'un glissement de terrain ; qui ont été écrabouillés par un gros rocher pendant qu'ils se prélassaient dans une source thermale. Beaucoup de personnes sont victimes d'hypothermie ou sont mises en pièces par des ours. Bon an mal an, une famille ou deux succombent pendant les mois d'août et septembre, saison haute pour les champignons, victimes d'un empoisonnement causé par des espèces vénéneuses. Souvent, c'est une personne âgée qui n'aimait pas les champignons ou qui avait un estomac fragile qui peut raconter l'histoire parce qu'elle s'était s'abstenue d'en manger.

La route offre également des façons originales de quitter cette vie. Un jour, il y a de cela quelques années, alors que nous roulions en voiture entre Wangdue et Gangtey, nous avons aperçu un gigantesque glissement de terrain. Un gros morceau de terre s'était détaché pour dévaler le flanc d'une montagne, emportant au passage une minifourgonnette Maruti où prenaient place quatre membres d'une même famille. Nous avions suivi cette minifourgonnette pendant plusieurs heures. Puis subitement, pouf, elle a disparu.

J'ai, moi aussi, flirté avec la mort. À Mongar, alors que j'étais en train de photographier une cascade haute de 10 mètres de l'autre côté d'une gorge profonde, je me suis approchée trop près du bord, et seule la rapidité des réflexes de mon chauffeur, qui se tenait tout près, m'a sauvé la vie. Il a attrapé ma ceinture pour m'éloigner du précipice au moment même où je perdais pied. Mon appareil photo a plongé dans l'abîme. J'étais trop en état de choc pour pleurer, mais pas assez pour ne pas uriner dans mes pantalons. Tant pis pour la dignité.

Le trajet entre Wangdue et Gangtey ne m'a guère porté chance. Un jour, nous avons eu un problème de freins. Heureusement, ou malheureusement, je n'étais pas derrière le volant. C'est un arbre et le frein à main qui ont arrêté la voiture.

Quand j'avais 15 ans, mon père, qui était un pilote privé, a dû faire un atterrissage forcé après que nous eûmes décollé de l'aéroport de Washington, D.C., en raison d'une soudaine tempête. Des vents de 100 km/h et la formation de glace sur les ailes avaient épuisé notre réserve de carburant. Pendant la descente, j'ai demandé à mon père :

– Papa, est-ce qu'on va mourir ?

– Hahahahah, nooooon ! a-t-il répondu sur un ton un peu trop jovial.

J'avais alors compris que nous étions condamnés. Mes yeux rivés sur l'aile, j'essayais de me convaincre que la glace était en train de fondre. Puis il a dit :

– Je cherche un endroit où nous pourrions nous poser.

Heureusement, nous en avons trouvé un. Comme il avait maintenu un contact radio constant, nous avons été dirigés vers une petite piste située dans les collines de la Caroline du Nord. Nous avons refait le plein, je me suis assise sur les marches d'une caravane qui se trouvait à côté de la piste en terre, le corps couvert de grosses plaques rouges. De l'urticaire. Tant pis pour la dignité, une fois encore. Une fois la tempête calmée, il a fallu trois heures à mon père pour me convaincre de remonter à bord de l'avion.

Toutefois, certaines choses sont pires que la mort. Le seul moment dans ma vie où j'ai affirmé catégoriquement que je ne voulais plus vivre est survenu à l'école secondaire pendant un cours d'espagnol lorsqu'en éternuant, j'ai lâché un pet vraiment sonore.

Plus sérieusement, je connais des gens qui souffrent énormément en raison d'une dépendance, de la pauvreté, de la guerre, de l'ignorance, ou d'une maladie grave qui les affecte personnellement ou qui touche l'un de leurs proches. Ils perdent la force de vivre et estiment que leur vie ne vaut plus la peine d'être vécue. En revanche, d'autres individus possèdent une vitalité telle qu'on ne peut les imaginer autrement que vivants.

Je crois que penser à la mort, c'est-à-dire reconnaître son existence et son inévitabilité, concourt au bonheur. Au minimum, vous êtes mieux préparé pour ce qui se produira un jour ou l'autre, et la préparation est presque toujours une bonne chose. Cette reconnaissance atténue la peur que nous tous ressentons face à l'inconnu. Nous attarder plus sérieusement à notre condition de mortel suscite également un mélange fait de colère, de frustration et de confusion.

La vie est fragile, et nous devons accepter sereinement le fait que nous allons mourir. Je suis convaincue qu'en Occident, nous essayons de déjouer la mort en greffant toutes sortes de choses inutiles à nos vies. Nous essayons de la conjurer comme si nous étions dans notre maison et que nous barricadions la porte d'entrée. Nous utilisons les biens matériels pour nous distraire de ce qui importe vraiment, car penser à ce qui est vraiment important est troublant et effrayant. Cette peur nous pousse à nous encombrer de toutes sortes d'objets dont nous n'avons pas besoin. Nous entretenons des projets, des idées, des pensées, des espoirs et des inquiétudes. Nous remplissons nos journées afin de nous distraire de la mort. Mais cette mort survient, qu'on le veuille ou non. C'est pourquoi nier la mort en vient à nuire à notre bonheur et à notre mieux-être, car chercher à l'ignorer équivaut à lui réserver une place de choix à la table. Autrement dit, nous consacrons tellement de temps et d'énergie à l'éviter, à essayer de ne pas en avoir peur, que nous devenons incapables de profiter de la vie. Nous devons plutôt nous familiariser avec elle.

Un événement qui s'est produit en 2003 a changé pour toujours ma vision de la mort. Il s'agissait d'une opération menée par l'armée bhoutanaise visant à chasser des ressortissants de l'Inde qui se cachaient dans les jungles du sud du pays.

Historiquement et politiquement, le nord-est de l'Inde, c'est-à-dire les terres qui jouxtent le Bhoutan, a toujours été une région instable. Les raisons qui l'expliquent ont des racines profondes mais, pour les fins de ce livre, disons que la population vit depuis toujours dans une pauvreté désespérante. Le sentiment tribal y est encore très fort, et l'exploitation est omniprésente. On dirait les États-Unis à l'époque de la conquête de l'Ouest avec ses frontières poreuses et son anarchie. Pendant une partie des années 1980 et durant toutes les années 1990, des organisations paramilitaires qui revendiquent la séparation avec l'Inde, comme l'ULFA, les Bodos et les rebelles Maoïstes, ont cherché à échapper aux autorités indiennes en trouvant refuge dans les jungles denses, presque infranchissables et peu peuplées du sud du Bhoutan. Ils y ont établi des bases d'entraînement et ont mené des raids contre l'Inde en posant des bombes dans les gares ferroviaires, en attaquant des véhicules et en donnant du fil à retordre aux Assamais et aux Bengalais. De plus, ils ont compliqué passablement la vie aux 65 000 Bhoutanais qui vivent dans le sud du pays. Pendant six ans, le gouvernement bhoutanais a tenté de négocier avec les rebelles qui se cachaient à l'intérieur de ses frontières. Le gouvernement royal leur a même offert de les payer pour qu'ils partent. Les rebelles ont pris l'argent, mais ont refusé de bouger.

Finalement, le gouvernement de l'Inde a déclaré que, si les Bhoutanais ne parvenaient pas à expulser les rebelles, l'armée indienne envahirait le Bhoutan pour faire le travail. Tous savaient qu'une fois l'armée indienne installée au Bhoutan, elle ne repartirait jamais. C'est en gros ce qui s'était produit au Sikkim, voisin du Bhoutan, lorsque des insurgés népalais avaient envahi le pays.

C'est alors qu'un événement mythique s'est produit, un événement grandiose et remarquable, plus grand que la vie elle-même, qui n'arrive que dans les films ou le théâtre de Shakespeare. Même si nous connaissions le style de leadership direct exercé par le roi Jigme Singye Wangchuck, nous avons été abasourdis d'apprendre, au milieu du mois de décembre 2003, qu'il avait quitté Thimphou en direction des districts du Sud afin de prendre le commandement de 6 000 soldats bhoutanais pour combattre les rebelles indiens. Wangchuck, quatrième roi héréditaire du Bhoutan, était alors âgé de 48 ans. Pensez à un grand dirigeant que vous connaissez – le leader d'un pays ou d'une organisation comme l'ONU, le pdg d'une entreprise, le doyen d'une université – qui prend personnellement charge d'une armée pour la mener au combat. Aucun nom ne me vient à l'esprit autre que le roi du Bhoutan.

Les combats ont officiellement commencé le 14 décembre. L'armée bhoutanaise a attaqué les 30 camps rebelles lors d'un raid simultané mené tôt le matin. Deux jours plus tard, cette attaque surprise avait permis de mettre fin au conflit pour l'essentiel. Après avoir été encerclés, les rebelles sont montés à bord d'autobus et de camions pour être ramenés en Inde afin d'y être placés sous la garde de l'armée indienne.

Des hélicoptères de l'aviation indienne ont ramené les corps des soldats bhoutanais décédés, 11 en tout, à la base militaire située de l'autre côté de la rivière que nous pouvons apercevoir de notre ferme.

Il s'en est suivi une énorme campagne civile, tout aussi vaste et déterminée que l'opération militaire, faite de prières et de pujas organisés dans tous les coins du pays dans le but d'apaiser les dieux protecteurs afin qu'ils n'aient d'autres choix que de préserver la souveraineté du Bhoutan et de sauver non seulement les troupes et Sa Majesté, mais également les rebelles indiens. Tous les médecins ainsi qu'un grand nombre d'infirmières de l'hôpital national sont partis vers le sud afin d'y installer un centre de triage pour les combattants. Autant de personnes, dont la soussignée, se sont portées volontaires pour les remplacer à l'hôpital. Nous avons organisé une collecte de couvertures, de brosses à dents et de savon ; par la suite, nous avons appris qu'une partie du matériel recueilli avait été remise aux rebelles. Beaucoup d'entre eux avaient des épouses et des enfants qui vivaient dans les camps.

Nous avons également découvert cette incroyable histoire. Sa Majesté elle-même avait visité les camps à plusieurs reprises au fil des ans. Cherchant à connaître le nombre de personnes qui y vivaient, il avait demandé à ses soldats de transporter sur leur dos de gros paniers remplis de pommes afin de les distribuer. Après les visites, les soldats n'avaient qu'à compter le nombre de pommes qui restaient dans les paniers pour déterminer combien en avaient pris une.

Le matin de l'attaque, les rebelles étaient en train de préparer le chapatis qu'ils comptaient offrir au roi pour le petit déjeuner. En effet, dès le tout début, le roi avait informé les rebelles de ses visites à leur camp principal, et chacune d'entre elles avait été cordiale. Inutile de préciser qu'ils ont été pris complètement par surprise. L'armée bhoutanaise a rapidement envahi les 30 camps et, après de brefs combats, les rebelles ont rendu les armes.

À Thimphou, nous avons donné du sang, puis nous avons tenté de mener une vie normale en ignorant les hommes armés, membres de la milice bhoutanaise, qui montaient la garde devant les édifices importants. La sœur de Namgay, qui vivait à côté de l'administration de la monnaie royale, disait que l'endroit était très bien gardé. Les soldats les avaient prévenus, elle et ses voisins, de ne pas laisser les enfants jouer le long d'une clôture située près de leurs maisons, car ils risquaient de se faire tirer accidentellement dessus. Les soldats leur avaient également conseillé de ne dormir que d'un seul œil et d'être prêts à tout.

Les autorités alimentaires avaient également fait des réserves de nourriture, puis le gouvernement avait demandé aux étrangers qui vivaient et travaillaient au Bhoutan de « prendre des vacances et de quitter le pays ».

Ces événements seraient survenus quelques années plus tôt, et j'aurais moi-aussi plié bagages. Mais le Bhoutan était dorénavant mon chez-moi. De plus, jamais je ne serais partie sans Namgay. Et même si Namgay avait pu quitter le pays, nous n'avions nulle part où aller. J'ai commencé à comprendre pourquoi les gens restent chez eux lorsque le danger ou l'incertitude planent. Ils aiment rester près des personnes et des choses qu'ils aiment réellement, même si c'est dangereux.

Est-ce que les nombreux ressortissants indiens qui vivaient et travaillaient à Thimphou allaient provoquer un soulèvement et se rebeller ? Y avait-il parmi eux des espions ? L'armée indienne allait-elle lancer une attaque et s'emparer de la capitale ? Qu'en était-il des Chinois ? Interviendraient-ils ? Allions-nous manquer de nourriture ? Jamais je ne m'étais posée autant de questions sans réponse. La peur s'est incrustée, et j'en suis rapidement venue à la conclusion que la meilleure voie à suivre était de s'en tenir à la routine du quotidien. Simplement continuer comme si de rien n'était.

Les frontières avec l'Inde ont été fermées. J'ai cessé de m'éloigner de la maison et de faire des randonnées dans les collines et les vergers qui surplombent la base militaire. Je me rendais en ville pour voir des amis et aller au restaurant, mais nous n'avions guère le cœur à bavarder, sans compter qu'il fallait traverser plusieurs points de contrôle pour se rendre quelque part. Namgay peignait et psalmodiait des prières toute la journée comme d'habitude, et il semblait presque joyeux. C'est typique des personnes pessimistes de nature. Lorsque l'horizon est sombre, ils prennent souvent un air enjoué, heureux de constater que leurs pires soupçons se confirment.

Je lui ai demandé s'il était inquiet.

— Non, a-t-il dit.

— Pourquoi ?

Il a répondu que Guru Rinpoché, le saint bouddhiste qui avait introduit le bouddhisme au Bhoutan au VIIIe siècle, avait fait des prédictions à propos du futur.

— Il a dit qu'il n'arriverait rien au Bhoutan au cours du présent siècle, a dit Namgay. Guru avait prédit que les choses tourneraient mal pour les Tibétains. Il avait raison.

— Oui, les choses ont mal tourné pour les Tibétains, ai-je acquiescé.

Au bout d'un moment, j'ai ajouté :

— Et s'il avait tort ? Tu sais ? Si quelque chose de terrible arrivait au Bhoutan ?

Namgay a réfléchi un moment, puis il a dit en riant :

— Ce sera alors la fin du monde.

C'était le genre de conclusion qui met abruptement fin à une conversation. Mais, étrangement, ce commentaire a eu un effet réconfortant sur moi. La fin du monde signifie la mort, la fin de la vie telle que nous la connaissons, l'extinction, le néant. Que sais-je ? Disons que c'est le néant. Aucune raison de s'inquiéter. Je crois que pour la toute première fois de ma vie — en raison de cette opération militaire qui se déroulait tout autour de nous et de l'incertitude qui en résultait —, l'absence de contrôle que j'avais sur les événements, l'éventualité que l'armée puisse échouer, la possibilité que les combats débordent jusqu'à Thimphou, tout cela m'a amenée à penser différemment.

Être confrontée à la perspective d'une possible mort imminente m'a ouvert une porte afin de contempler et confronter ma propre mortalité, ce qui était un soulagement. Surtout que rien n'a vraiment changé. Ce qui n'était pas si mal, après tout.

Dieu merci, au bout de deux semaines, les combats ont cessé. Je dois avouer que cette expérience a eu un impact profond sur moi car, depuis ce jour, malgré le soulagement et le sentiment de sécurité, je n'ai plus jamais cessé de penser à la mort, de lui faire un clin d'œil, d'y songer quotidiennement. Elle est toujours là, tout près. Quant au Bhoutan, ces événements ont marqué d'une manière métaphorique la mort de l'innocence.

Le printemps suivant, adossée au mur situé à côté de la maison, je sentais la chaleur du soleil sur mon visage. Les cosmos poussent librement à cet endroit.

C'est une espèce non indigène qui s'est implantée de manière envahissante. Les fermiers la détestent. Toutefois, je me rappelle les avoir cultivés avec tendresse dans mon jardin au Tennessee. De l'autre côté de la rivière, ces fleurs colorent de rose la rive tout entière. Les nuances vont du rose vif au blanc mat. Lors des journées sans vent, des points roses statiques parsèment le vert et remontent le flanc de la grosse colline qui part de la rivière pour rejoindre la route principale située un demi-kilomètre plus loin, comme la paroi d'un bol. Dans les rizières, beaucoup d'autres cosmos bordent les nouvelles pousses de riz dont la couleur vert pomme rappelle celle des perroquets et des émeraudes. Au-delà de la route, plusieurs kilomètres plus loin, on aperçoit les baraquements de Lungtenphu où l'armée cantonne et, au-dessus, une grosse montagne d'un vert sombre qui s'élance vers le ciel bleu typique de l'Himalaya où l'air est plus rare et le paradis, plus proche. À proximité du sommet de la montagne, construit à travers les arbres, se trouve un monastère blanc situé si haut qu'il est facile de le manquer si on n'y prend garde. Je me rappelle avoir eu l'impression de le voir pour la première fois après ce dur hiver ; toutefois, malgré ses rigueurs et des pensées de mort presque quotidiennes, je me sentais non pas d'humeur sombre et déprimée, mais ragaillardie.

J'ai compris alors que l'idée de la mort ne me déprimait pas. Elle me poussait plutôt à profiter du moment présent et à voir des choses qu'habituellement je ne verrais pas. Cette vision enchanteresse que ce jour de printemps m'offrait était d'autant plus agréable, intense et délicieuse que nous venions de traverser un hiver difficile. L'idée que j'aurais pu ne plus jamais la voir m'a effleuré l'esprit.

Le meilleur conseil que j'ai à vous donner est le suivant : foncez. Pensez à l'impensable, à la chose à laquelle vous ne voulez pas penser plusieurs fois par jour. Allez aux confins de votre esprit, là où vous évitez systématiquement d'aller. Prendre l'habitude de penser à la mort peut vous procurer une aisance de vie et une détermination qui vous rendront plus fort et atténueront votre peur. Si vous pensez suffisamment à la mort, toutes les réactions qu'elle suscite en vous — la peur, l'effroi, la terreur, l'anxiété, les choses accumulées sur les plans mental et physique, et la répugnance — finiront par s'estomper, comme la dernière lueur d'une chandelle. Tout ce qui vous restera à faire, c'est de rire.

Les Bhoutanais ont l'habitude de dire que nous devrions penser à la mort au moins cinq fois par jour. Compte tenu de notre caractère éphémère, cela clarifiera assurément certaines choses pour vous. Il suffit de vous rappeler que mourir est la partie la plus difficile. En comparaison, la mort est facile.

Chapitre 18

Simplifier la vie

Quand je pense à simplifier ma vie, je pense à un casse-noix.

En mars 2000, sous les auspices favorables de l'Année du Dragon, j'ai épousé Namgay. En novembre, avec huit solides mois de mariage derrière la ceinture, nous avons fait un voyage en Inde, en Thaïlande et finalement aux États-Unis. C'était mon premier séjour à l'extérieur du Bhoutan en plus de trois années. Namgay avait voyagé en Asie, mais n'avait jamais mis les pieds aux États-Unis.

J'avais l'impression d'avoir quitté ma terre natale, et le reste de la planète, depuis une éternité pour m'installer au royaume magique du Bhoutan. Nous avions prévu nous promener pour voir des amis et admirer quelques-unes des splendeurs de l'Amérique du Nord, puis célébrer notre mariage à Nashville.

Une semaine avant le début de notre épique voyage, nous nous sommes rendus au festival Blacknecked Crane qui se tenait près de l'école de Phobjikha, dans le centre du Bhoutan. Il y a tant de choses à aimer au Bhoutan, et il y a toujours une fête. En fait, tout tourne autour de la fête. C'est comme vivre dans une comédie musicale. À la fin du festival, alors que tous les villageois qui étaient encore assis à côté de l'école refusaient de quitter, certains se sont levés pour commencer à danser et à chanter.

Quand je vois des gens qui dansent, je me joins à eux. Nous avons dansé toute la nuit autour d'un énorme feu de camp; les étoiles étaient si brillantes qu'on avait l'impression qu'il suffisait de tendre la main pour les attraper.

Il n'avait pas été facile de quitter cet endroit quelques jours plus tard. De New Delhi, nous avons fait des escales à Bangkok, Tokyo, Détroit et Atlanta avant de finalement aboutir à l'aéroport de Nashville pour plonger dans un tourbillon d'activités où nous étions l'épicentre — réceptions, visites chez des amis, sorties au cinéma et au restaurant, et plus encore. Nous courions d'un événement à l'autre, mais je ne me rappelle pas avoir dansé.

Je me rappelle cependant avoir fréquenté assidûment les magasins, ce qui était, à mes yeux, aussi magique que les étoiles de la vallée de Phobjikha. En 2000, les magasins regorgeaient de toutes sortes de choses merveilleuses. Tout le monde consommait.

Rapidement, Namgay a fait plusieurs découvertes, notamment l'existence d'un bout de papier appelé « coupon-rabais » et des soldes dans les magasins (une pratique qui n'existe pas au Bhoutan). Il a également constaté qu'on trouve de tout et qu'on peut tout acheter pour quelques dollars de moins si on se donne la peine de faire plusieurs commerces.

En outre, si vous souffrez d'insomnie en raison du décalage horaire, vous pouvez passer le temps en allant dans un supermarché parce que celui-ci ne ferme jamais ses portes, sauf à Noël et peut-être à l'Action de grâce. Si vous souhaitez rester dans le confort du foyer, il suffit d'allumer le téléviseur, de regarder la marchandise présentée à l'écran et d'écouter pendant que d'autres achètent, parlent et paient en trois versements faciles.

C'était amusant de voir toutes ces choses en compagnie de Namgay. Je les voyais sous une lumière différente et je savais que l'extravagance dont il était témoin était un choc pour lui et lui ouvrait les portes d'un tout nouveau monde. Il n'a jamais été un simple touriste en ce pays de l'abondance. La peinture en aérosol, qu'il découvrait pour la toute première fois, est devenue une obsession pour lui. Il l'a utilisée pour repeindre les meubles de jardin en fer forgé de mes parents et tout ce qui lui tombait sous la main avant que nous le forcions à arrêter.

Il n'était pas un consommateur avide et était très sélectif en matière d'achats. Avec son œil d'artiste, il savait reconnaître le travail bien fait et les tissus de qualité.

— Tu veux ce chandail ? lui demandais-je pendant qu'il en examinait les coutures.

— On va attendre qu'il soit en vente, disait-il avec un air entendu en le rangeant sous une pile de chandails similaires.

Il avait appris ces trucs de ma tante qui était une excellente chasseuse d'aubaines.

Avec les soldes d'après-Noël, nous fracassions des records quant au poids de nos bagages. Nos valises étaient remplies à craquer d'articles que nous voulions ramener au Bhoutan ; en plaisantant, nous envisagions même de louer un avion-cargo, sauf que c'était un appareil trop gros pour l'aéroport de Paro. C'était l'âge d'or du voyageur avec un excédent de bagages, car les compagnies aériennes étaient beaucoup plus indulgentes à propos du poids et de la grosseur. On fermait les yeux si vous étiez quelques centimètres ou quelques kilogrammes au-dessus de la limite. Nous avons fait des folies, par exemple transporter de grosses bouteilles de liquide dans nos bagages à main.

Nous rapportions un ensemble hétéroclite d'objets : ensemble de casseroles Calphalon pour moi, arc à poulies pour Namgay, petit aspirateur pour nous deux. Que de choses, que de choses ! Nous emportions des vêtements et des chaussures pour tous nos amis au Bhoutan, ainsi que des manteaux, des brosses à dents, de la nourriture et des livres. Rien n'était trop lourd ou trop insignifiant à acheter et à mettre dans nos valises. Après avoir vu tel ou tel véhicule, ou fer à vapeur et séchoir pour vêtements, nous nous disions avec nostalgie :

— J'aimerais en avoir un comme ça au Bhoutan.

Si nous avions pu emporter dans nos bagages un morceau des États-Unis, nous l'aurions fait. C'était comme si nous avions vu ces objets pour la toute première fois, ce qui était vrai dans le cas de Namgay. Il était tombé en amour avec une machine à maïs soufflé montée sur roues, convaincu que ce gadget ferait de lui un multimillionnaire s'il pouvait l'apporter au Bhoutan. Mais, après avoir fait quelques calculs, il a renoncé à l'idée. En guise de prix de consolation, nous avons plutôt emporté deux cafetières et un moulin à viande en métal.

Dire que nous avions franchement perdu les pédales serait en-deçà de la réalité.

En plus des cadeaux qui nous avaient été offerts en l'honneur de notre mariage, nous avions reçu plusieurs cartes-cadeaux. Nous n'avions aucune idée à quoi ces cartes pouvaient servir jusqu'à ce qu'on nous explique qu'elles nous permettaient de consommer encore plus sans avoir à débourser un sou ! Il suffisait de présenter la carte au comptoir-caisse. Au Bhoutan, le mot carte est synonyme de papiers d'identité, car ce pays n'a pas encore été contaminé par les cartes de crédit, les cartes-cadeaux et les cartes de membre. L'inventaire complet des articles que l'on peut acheter à Thimphou ne suffirait pas à remplir la moitié d'un super centre Walmart.

Alors que notre orgie d'achats tirait à sa fin, j'ai déniché chez Williams-Sonoma un casse-noix, un modèle simple et pratique en forme de pinces. Comme nous avions une carte-cadeau de ce détaillant, j'ai décrété que j'en voulais un.

Namgay a répondu que nous n'avions pas besoin d'un casse-noix.

— Pourtant, il y a de délicieuses noix au Bhoutan, ai-je rétorqué.

Dieu seul sait pourquoi j'avais choisi ce casse-noix pour contredire Namgay. Nous étions fatigués après avoir passé un long après-midi au centre commercial, et Namgay venait tout juste de terminer une épuisante session d'emplettes dans une quincaillerie pour y acheter lampes de poche, cartes, porte-clés, marteaux, compas et radios solaires pour la population tout entière du Bhoutan.

C'est peut-être pour cette raison que j'avais insisté. Grâce à mon air boudeur, ou ma larme à l'œil, j'ai eu gain de cause. Ce casse-noix était un peu lourd, mais c'était une goutte dans l'océan en comparaison avec tout ce qu'on emportait.

Une de mes amies à Nashville dit que les gens aiment parler de simplicité volontaire et songent même à adopter ce style de vie, mais que, pour la plupart, ce souhait reste lettres mortes. Ils s'empressent plutôt d'acheter encore plus d'espaces de rangement pour y mettre leurs possessions. Dans une certaine mesure, je suis d'accord avec elle. Je pousserais même le raisonnement un peu plus loin pour dire que ce que nous *voulons* importe peu. À un moment ou un autre de nos vies, des contraintes imposées par l'univers, le sens commun, le feu, la maladie, un désastre naturel, un déménagement, un divorce, une raison d'ordre économique ou toute autre circonstance nous forceront, tous autant que nous sommes, à nous alléger. Il y a aussi l'ultime allègement occasionné par la grande vente de débarras du ciel. Qu'apporterons-nous ? Rien. Mais avoir moins ne signifie pas avoir moins de qualité de vie. C'est dorénavant une évidence pour moi.

La nécessité de simplifier sera probablement provoquée par un manque de ressources. C'est ce qui m'est arrivé à mon arrivée au Bhoutan. Il y avait une différence drastique entre ce que je pouvais trouver au Bhoutan comparativement à la vie que je menais aux États-Unis, ce qui n'était pas si mal après tout. C'était même bénéfique. La simplification a pour avantage de vous ancrer davantage dans le moment présent. Vous avez besoin de moins de choses et vous dépendez davantage de la famille et des amis. Il y a moins d'objets à dépoussiérer et à assurer, ce qui vous laisse plus de temps pour danser. La simplicité dégage un espace physique et mental dans votre vie. Vous vous aimez davantage. Le soulagement émotif est énorme.

J'ai donné, jeté, vendu ou perdu toutes sortes de choses : des cargaisons pleines de livres, de meubles, de vieux magazines, de dépliants publicitaires, de bouteilles usagées, de papeterie de toutes sortes, de bijoux, d'appareils électro-ménagers. Je ne suis qu'une des sept milliards de personnes qui vivent sur cette planète, une minuscule tache sur la surface de la Terre et, pourtant, voyez tout ce qui m'est passé entre les mains. Je garde un souvenir attendri de certains objets : les énormes bagues topaze fumée de ma grand-mère, ma table en trompe-l'œil blanc et noir, mon magnifique tapis oriental, mes milliers de livres. Tant de choses m'ont quittée pour ne plus jamais revenir, mais je veux me soucier moins de ce que j'ai ou n'ai pas.

Une amie scandinave qui travaillait aux Nations-Unies me racontait avoir été invitée à dîner par une collègue de travail. Elle s'est rendue en taxi à l'endroit où cette collègue vivait et qui s'est avéré être une cabane faite en carton installée sur le bord de la route où elle vivait avec sa famille. Elle travaillait pour l'ONU à New Delhi et, pourtant, elle vivait dans un bidonville sur le bord de la route, ce qui n'a pas empêché mon amie de passer une excellente soirée.

Le détail le plus intéressant est le suivant : lorsque j'ai parlé de cette histoire à une amie américaine, elle m'a tout simplement dit qu'elle n'en croyait pas un mot.

Croyez-moi, il y a des gens qui vivent avec beaucoup moins et dans des circonstances épouvantables (à nos yeux). Mais ils survivent et réussissent même à s'épanouir.

Même en bénéficiant de l'indulgence dont j'ai fait mention précédemment, nous avons dû verser à Delta des frais supplémentaires de 800 $ pour l'excédent de bagages que nous emportions au Bhoutan. Je ne fais pas mention ici de ce que nous avons dû payer à Drukair pour transporter notre butin. C'était une somme considérable pour nous, en plus des tracas occasionnés. C'était comme voyager avec une troisième personne — un poids lourd dénué de cerveau ou de muscles.

Lorsque nous sommes finalement arrivés à Thimphou, l'aspirateur a rendu l'âme dès la seconde utilisation. Le mélangeur électrique a surchauffé et s'est définitivement éteint pendant la préparation d'une meringue. (Saviez-vous que l'on peut congeler de la meringue ?) Quant au casse-noix, il s'est disloqué trois jours seulement après notre retour. Namgay et moi étions alors dans la cuisine. Il a dit :

— Attends, avant de sortir dehors.

Il est revenu avec une pierre de rivière grise et lisse.

— Regarde, a-t-il dit.

Il a alors utilisé la pierre pour frapper la coquille au bon endroit qui s'est fendue en deux pour dégager la noix. Il me l'a ensuite tendue en souriant.

Nous avons profité de notre premier séjour aux États-Unis pour rendre visite à mon frère et sa famille qui vivent en Floride. Ma sœur nous accompagnait, et nous avons bavardé pendant qu'elle conduisait. J'étais assise à côté d'elle à l'avant ; Namgay était assis à l'arrière. Sa belle-mère, Ruby, que tous ses petits-enfants appelaient Mima, venait de vendre sa maison en Alabama, et ma sœur ainsi que le reste de la famille lui avaient donné un coup de main pour disposer et entreposer tous les biens qu'elle avait accumulés au fil des ans. Mima et son mari, qui était décédé, avaient élevé trois enfants dans cette demeure. Tout en conduisant, ma sœur s'est lancée dans un long monologue à propos de connaissances et de membres de notre famille que j'avais perdu de vue.

— Mary Grace est entrée à Princeton cet été. Elle a appelé pendant que nous étions en train de vider la maison de Mima. Elle a raconté qu'elle avait chaque soir des centaines de pages à lire et qu'elle s'était endormie dans l'escalier de son dortoir en revenant d'un cours. Elle pleurait parce qu'elle ne verrait plus jamais la maison de Mima. Nous nous sommes tous mis à pleurer parce que Mary Grace ne verrait plus la maison de Mima.

En arrivant au sommet d'une côte sur l'autoroute 286 à Grant, en Alabama, nous avons aperçu sur un panneau publicitaire monté sur roues et placé devant une église aux murs de pierres l'inscription suivante : LA MEILLEURE VITAMINE POUR LES CHRÉTIENS EST LA VITAMINE B-1.

Je me suis retournée pour voir si Namgay suivait le monologue de ma sœur. Il regardait à travers la vitre et psalmodiait silencieusement des prières en bougeant les lèvres.

En Floride, nous avons profité de l'océan et de la plage, sauf que l'absence de relief était oppressante. Namgay se désolait du fait que les familles américaines se rassemblaient rarement et que les gens disaient des choses comme « Comment ça va ? » tout en étant toujours pressés.

Nous avons pris un vol pour Denver, puis une navette vers Boulder. Namgay a dit :

– Je ne veux plus jamais remettre les pieds en Floride.

– Ça peut se faire, ai-je dit.

À Boulder, nous avons attendu 30 minutes à l'arrière d'un minibus, le temps qu'un proposé aide une femme en fauteuil roulant, une personne de petite taille qui souffrait d'obésité, à monter à bord. Je me suis demandé si nous parviendrions à retourner au Bhoutan avec tous nos bagages. Cette situation me tracassait.

La femme en fauteuil roulant a finalement été installée sur un siège situé à l'avant. Il faisait une chaleur torride ce jour-là, et elle disait qu'il faisait plus chaud à Denver qu'à Orlando, d'où elle était originaire (c'est ainsi que nous avons découvert qu'elle venait de cette ville). Un guide touristique, un homme âgé, a résumé la situation au nom de tous les autres passagers du minibus en disant qu'il faisait « plus chaud que dans un four ». Avec son chapeau de Panama et ses verres fumés, il semblait plutôt fringuant, mais, en y regardant de plus près, il avait l'air vieux et frêle avec ses cheveux teints et son faux bronzage. Il me rappelait un des protagonistes de la nouvelle de Thomas Mann, *Mort à Venise*, à propos d'un gentleman allemand qui, au tournant du siècle, part à la recherche de sa jeunesse perdue. Succombant à la mode alors en vogue en Italie, il se teint les cheveux en noir, se maquille et porte un rouge à lèvres rouge, ce qui lui donne une apparence grotesque et triste. En 1971, le célèbre acteur Dirk Bogarde a personnifié ce rôle dans un film du même nom.

La femme en fauteuil roulant et le guide ont commencé à discuter des conditions météorologiques extrêmes qu'ils avaient affrontées mutuellement, chacun essayant d'avoir le dernier mot sur l'autre. C'est alors que Dirk Bogarde a parlé des grosses blattes américaines — des insectes volants qui peuvent atteindre 10 centimètres de longueur. Un autre point négatif à propos de la Floride.

— Quand j'étais dans l'armée..., a-t-il commencé.

Mais j'ai cessé d'écouter puisque j'avais entendu beaucoup de variantes à propos de la blatte américaine. De plus, je devais me concentrer sur le problème des bagages, et j'ai pensé au bol en verre que j'avais stupidement rangé dans notre gros sac en me demandant s'il arriverait intact à destination.

À Saint-Louis, nous disposions de peu de temps pour descendre de l'avion, obtenir nos cartes d'embarquement et prendre notre vol de correspondance. J'étais triste de partir. C'était peut-être la dernière fois que je voyais des gens que j'aimais. Mais j'étais aussi heureuse de rentrer au Bhoutan. La frénésie de la vie en voyage, avec ses mois de chambres d'hôtels, de déplacements et de séjours chez des amis, m'avait épuisée.

Pendant que nous attendions en ligne pour enregistrer nos bagages, une dame âgée vêtue d'un sari, qui avait l'air d'une Indienne, se démenait avec une énorme valise et essayait de franchir les quelques mètres qui la séparaient du comptoir à bagages. Elle avait l'air épuisée et, même si elle semblait écrasée par le poids de ses bagages, elle essayait néanmoins de conserver sa dignité.

Je sympathisais avec elle. Nous étions tous encombrés de toutes sortes de choses : surtout de cadeaux, de requêtes de la part d'amis, d'objets dont nous avions besoin, d'objets pratiques pour nos amis et notre famille, et de trucs qui nous plaisaient mais dont nous n'avions pas vraiment besoin.

Les personnes qui attendaient passivement en file, en tenant leurs propres bagages ou en restant à côté, observaient la femme qui se débattait avec sa grosse valise d'immigrante. Soudainement, la chose que nous redoutions tous est survenue : la fermeture éclair a cédé. La valise s'est ouverte, et tout son contenu s'est éparpillé sur le sol. Le contenu d'une valise qui s'ouvre brusquement n'a jamais fière allure.

Namgay a agilement franchi les barrières pour tenter de minimiser les dégâts. Il a tenu les côtés de la valise et a utilisé le grand châle en pashmina de la femme pour l'enrouler autour de la valise comme une ceinture et attacher habilement des nœuds à chaque extrémité. Puis il l'a aidée à mettre la valise sur le tapis roulant. Elle a titubé légèrement, s'ajustant à l'absence de charge à transporter. Il a posé la main sur son coude, puis il est revenu me rejoindre dans la file d'attente.

Tout était limpide. Cette femme était une des nôtres, plus encore que les membres de ma propre famille. C'était une migrante qui se démenait pour se rendre à l'autre bout du monde en passant d'un aéroport à un autre et transportant plusieurs choses inutiles. Les larmes me sont montées aux yeux. Et j'ai pleuré jusqu'à ce que l'avion décolle de Saint-Louis.

Par la suite, lorsque l'avion a quitté la piste de l'aéroport de Seattle puis s'est élevé au-dessus des montagnes avant de pénétrer dans les nuages, j'ai immédiatement ressenti un sentiment de réconfort à la perspective de survoler pendant des heures et des heures l'océan laiteux. Des heures de calme. Des heures de néant.

Je le confirme. Un caillou peut être un excellent casse-noix.

Chapitre 19

Chercher la magie

J'ai toujours cru que, pour que la magie se produise, il fallait lâcher prise ; perdre le contrôle. Je ne parle pas ici des tours de passe-passe des prestidigitateurs de Las Vegas qui peuvent être lassants à la longue. La magie dont il est question ici est la vraie magie, celle qui survient partout autour de nous, mais que nous ne remarquons pas parce que nous avons l'esprit ailleurs. Être constamment branchés à des machines, des ordinateurs, des téléphones, des tablettes nous empêche, nous Occidentaux, de voir la magie, de conserver notre sens de l'émerveillement et de l'étonnement. Mais j'ai quelque peu changé d'avis depuis, comme vous allez le constater.

Combien de fois au cours du dernier mois avez-vous eu recours à votre sens de l'émerveillement, par exemple en construisant une montagne-miniature-avec-de-la-purée-de-pommes-de-terre, ou encore en vous levant de votre siège pour aller à la fenêtre et regarder quelque chose, bouche bée ? Cela n'arrive pas très souvent, même si nous sommes programmés en ce sens. Nous voulons être étonnés. C'est ce qui explique le succès remporté par YouTube, les fêtes foraines et les films d'action à gros budget. C'est ce qui pousse les gens à s'exclamer « c'est incroyable » à propos de choses qui ne le sont pas vraiment. Nous devons être davantage à l'affût pour voir la magie. Pour trouver la magie, nous devons lâcher prise, ou plutôt changer notre perception de la réalité. Après avoir séjourné aux États-Unis en compagnie de Namgay, j'ai cessé de voir la réalité et la magie comme j'en avais l'habitude. Je crois dorénavant qu'il y a tout le temps de la magie.

En voici un exemple : la scène se passe aux États-Unis. Je regarde la télévision, et Namgay vient me rejoindre. Supposons qu'au même moment se déroule à l'écran une poursuite en voiture et que le héros, ou la personne qui conduit, perd le contrôle du véhicule qui tombe dans un précipice. La voiture s'écrase à la renverse et explose dans une boule de feu. Namgay dira alors : « Est-ce réel ? »

Je sais pourquoi il pose cette question. Il se demande s'il n'est pas en train de regarder un documentaire sur les problèmes d'accélérateur de la compagnie Toyota, une chasse à l'homme style O.J. Simpson filmée par l'hélicoptère d'une station de télévision locale, ou un long métrage. Namgay est intelligent, mais il n'a pas grandi en regardant la télévision américaine – ni la télévision tout court. Confronté à une nouvelle culture qui lui est étrangère, il ne prend rien au pied de la lettre. Il a seulement besoin qu'on lui clarifie les choses.

– Ce n'est réel. C'est un film, dis-je.

De même, lorsque nous regardons les informations, il me demande souvent : « Est-ce réel ? »

Encore une fois, c'est la même question un peu naïve, et j'aime qu'il me la pose, sauf que je ne sais pas toujours quoi répondre, ou bien je reprends sa question en y ajoutant un qualificatif. Je réponds alors « Oui, c'est *très* réel » pendant que nous observons des milliers d'Égyptiens envahir la place Tahrir au milieu des incendies, des bombes et des coups de feu. Une guerre civile dans toute son horreur.

Il change alors de canal pour regarder une émission de téléréalité où on voit deux personnes se disputer, ou quelqu'un qui pleure ou qui est assis sur un lit, perdu dans ses pensées.

— Est-ce réel ?

— Ça ressemble à la réalité, dis-je.

J'ai alors l'impression d'être un arbitre de baseball qui prend une décision pendant un match. Puis je précise ma pensée :

— Non, en fait, ça n'a rien à voir avec la réalité.

À l'époque de nos fréquentations, pendant que nous apprenions à nous connaître l'un et l'autre, il m'avait posé des questions sur mon éducation.

— J'ai une maîtrise en création littéraire, avais-je répondu.

— Qu'est-ce que la création littéraire ?

Ne pas savoir ce qu'est la création littéraire fait partie de son côté charmant. C'est d'ailleurs pour cette raison que je l'ai épousé. Non, je plaisante.

— La création littéraire est quelque chose que l'on invente. Les histoires ne sont pas réelles.

— Que veux-tu dire exactement ?

— C'est raconter une histoire, inventer des personnages et leur faire réaliser toutes sortes de choses comme voler dans les airs ou affronter un dragon.

Il m'a regardé d'un air ébahi. J'ai préféré laisser tomber.

Qu'est-ce que la réalité ? Qu'est-ce que la magie ? Passer de la culture himalayenne à la culture sud-américaine en compagnie de Namgay relève de la magie. Le facteur fascination dans un endroit comme dans l'autre s'en trouve décuplé.

Un jour, nous avons assisté à une réception où il y avait beaucoup de monde. Nous étions encore de jeunes mariés et nous passions quelques mois aux États-Unis. Namgay et moi flânions dans le jardin de la jolie maison où la fête avait lieu, et une magnifique dame âgée qui portait une mousseline de soie rose et un immense chapeau assorti s'est approchée de nous et a dit dans un délicieux accent traînant du Sud au débit saccadé :

— Je te connais ; je connais ta famille ; j'ai grandi avec ta mère ; qui es-TU ?

J'ai regardé Namgay qui était à côté de moi.

— Je m'appelle Linda Leaming, ai-je dit. Vous connaissez ma mère, Dorothy. Voici mon mari… Namgay.

— Linda, comment vas-tu ?

Elle a regardé Namgay.

— Bonjour, Man-Gay, a-t-elle lancé avec un large sourire.

Elle était apparemment inconsciente de massacrer ainsi son nom d'une manière quelque peu accusatrice, mais néanmoins amusante.

— Ce jardin n'est-il pas le plus splendide que vous ayez jamais vu ?

Il a souri, incapable de répondre. Il n'était pas à l'aise avec l'accent du Sud.

— Il est tout simplement spectaculaire, ai-je dit avec mon plus authentique accent du Sud. Et le jambon, quel délice !

Je n'en pensais pas un traître mot, mais je cherchais simplement à dire quelque chose du même genre.

Les gens ne parlent pas ainsi au Bhoutan. Je m'attendais presque à ce que Namgay se penche vers moi et dise : « Est-ce réel ? » Et j'ignore ce que j'aurais répondu.

Pour Namgay, le mot magique s'applique aux perceuses électriques, au comptoir à crème glacée à volonté avec l'achat d'un repas, aux essoreuses à salade, à tout ce qui est de marque Ronco, aux brioches Cinnabon, aux coupons-rabais, aux retouches gratuites avec l'achat d'un pantalon, aux supermarchés américains, aux rubans à mesurer, aux toilettes qui fonctionnent automatiquement, aux cartes de débit, et aux souffleuses à feuilles.

Réel ? Magique ? Irréel ? Fantastique ? Étrange ? J'ai des doutes quant au sens exact de ces mots. Voir le monde à travers les yeux de Namgay a transformé ma propre vision de mon univers. Lors de notre premier séjour aux États-Unis, nous avons vécu dans la campagne du Tennessee pendant quelques mois. Choisir un milieu rural au lieu de la grande ville nous a permis de nous adapter à notre rythme et d'éviter ainsi une transition trop brutale. C'est comme tremper le bout des orteils dans l'eau froide avant de plonger le corps tout entier. Il y avait de petits villages tout autour, ainsi que du maïs, du tabac et des vaches. C'était un mode de vie typiquement américain, mais version légère : de vastes espaces autour, très peu de gens avec qui interagir, et pas grand-chose à apprivoiser mis à part Mère Nature. Il y avait une importante communauté amish qui vivait dans les environs avec tout ce qui s'ensuit : épiceries, boulangeries, scieries et ateliers de courtepointes. Namgay ne faisait guère confiance aux Amish. Il pensait qu'ils jouaient la comédie. L'idée que leur foi les empêchait d'utiliser l'électricité, les véhicules motorisés, ou même les fermetures éclairs, lui apparaissait saugrenue. En cette terre sacrée de la consommation, pays le plus riche et le plus avancé au monde sur le plan technologique, ils tournaient le dos à tout ou presque. Il n'y voyait rien de magique. Un jour, après que j'eus insisté pour aller voir des courtepointes, Namgay a dit qu'une fillette amish, en voyant notre voiture approcher, était entrée en courant dans la maison avec ses chaussures, puis en était ressortie pieds nus. Je ne peux confirmer si c'est réellement arrivé.

Tôt en soirée, nous nous promenions sur les chemins de campagne qui délimitaient les fermes environnantes. La gueule pleine d'herbe, les vaches s'arrêtaient de mastiquer pour nous regarder comme si nous étions des extraterrestres, elles qui ne voyaient uniquement que des fermiers qui leur apportaient de la nourriture ou qui ouvraient et fermaient les portes des enclos.

Cela faisait une dizaine d'années que je n'avais pas vu les fleurs sauvages du Tennessee, et j'adorais observer les côtés de la route : sedums, chardons roses et pourpres, carottes sauvages, tournesols et chèvrefeuille à l'odeur sucrée, autant de souvenirs qui remontaient en moi.

J'ai raconté à Namgay que 80 % des fleurs étaient blanches, ce qui n'a guère semblé l'impressionner. Ce qui l'impressionnait, c'était la machinerie agricole, comme la grosse moissonneuse-batteuse et la débroussailleuse de marque John Deere qu'un de nos voisins lui avait permis de conduire. Namgay était aux anges.

Il disait que le paysage lui rappelait l'Inde. Je savais qu'il essayait d'avoir une meilleure idée de l'endroit où il se trouvait, d'avoir un point de référence. Comparativement au

Bhoutan montagneux, le Tennessee peut effectivement ressembler à certaines régions indiennes. Il y a beaucoup de terres agricoles en Inde, mais elles ont une allure moche et terne en comparaison avec les champs luxuriants des fermes du Tennessee. De leur côté, les fermes du Bhoutan sont de véritables cartes postales, érigées en terrasses sur les flancs de montagnes escarpées. Les pauvres vaches doivent emprunter d'étroits sentiers de montagne pour avoir accès aux maigres pâturages et aux broussailles dont elles se nourrissent. Dans ce monde exigu traversé par des routes et des sentiers de montagne, où les ours et les tigres rugissent, et où une brume semblable à l'haleine d'un dragon peut subitement apparaître et tout envelopper, rien n'est jamais très éloigné.

— Après tout, le Tennessee est très différent de l'Inde, a conclu par la suite Namgay lors d'une de nos promenades de fin de journée.

Il aimait lever les yeux vers le ciel pour voir les traînées blanches produites par les avions à réaction. Voir ainsi ces appareils le fascinait puisqu'il n'y a jamais d'avion qui survole le Bhoutan. En fait, il était fasciné par tout ce qui volait dans le ciel. L'après-midi, il pouvait compter cinq ou six avions alors que j'étais toujours à la recherche du premier. Certains volaient à une altitude si élevée qu'ils ressemblaient à de minuscules points incrustés dans la stratosphère, presque impossibles à voir.

— J'aime l'idée qu'il y a des gens qui se trouvent tout là-haut, disait-il. Ils sont dans un avion et ils sirotent du thé. Ils vont à la toilette et ils chient !

J'ai regardé le minuscule grain dans le ciel en songeant aux toilettes de l'avion, et cette seule pensée m'a fait frissonner. Après des années de vol en classe économique et d'utilisation des toilettes toujours plus minuscules, j'ai développé une phobie des microbes. L'odeur poisseuse d'antiseptique qui ne parvient pas tout à fait à masquer les autres odeurs, mais qui au contraire se mélange désagréablement à elles ; les détritus et la négligence des personnes qui laissent des traces de leur passage ; le plancher gluant et collant après 12 heures de vol au-dessus du Pacifique ; le bruit inquiétait de succion produit par la chasse d'eau de la toilette pour en évacuer le contenu ; la liste est longue, et je vous en ferai grâce.

L'avion ressemblait à un petit curseur dans le ciel avec sa traînée blanche. Et il y avait des gens à l'intérieur. Et oui, ces personnes utilisaient les toilettes.

– C'est magique, ai-je dit.

– Je sais, a-t-il acquiescé.

Le simple fait que notre couple soit resté soudé pendant si longtemps, et se soit même épanoui, relève aussi de la magie. Oui, des miracles se produisent, mais nous sommes trop occupés pour en prendre note. En Occident, nous avons bénéficié de plusieurs choses merveilleuses comme la richesse et l'efficacité, mais cela s'est fait au détriment de l'instinct, de la perception, du sixième sens, de l'intuition ; appelez cela comme vous voulez. Lorsque l'esprit est accaparé chaque minute de la journée par la nécessité de survivre, il ne reste plus de temps pour autre chose. Chacun à notre façon, nous sommes comme les fermiers bhoutanais et leur agriculture de subsistance : nous essayons de garder la tête hors de l'eau.

Mais à sa façon, le Bhoutan est différent. La magie, le mystère, les miracles et le surnaturel font partie de l'histoire du pays. Padmasambhava, ou Guru Rinpoché, le saint qui a introduit le bouddhisme au Bhoutan au VIIIe siècle, a volé sur le dos d'un tigre pour construire Taktsang à flanc de falaise. Encore aujourd'hui, on ne peut s'empêcher de contempler ce monastère et de s'émerveiller du défi lancé à la gravité par cette masse solide qui semble flotter dans les airs. Je suis toujours étonnée lorsque je me rends à cet endroit et que j'en reviens sans avoir fait une chute du haut des nombreuses falaises rocheuses qu'il faut affronter pour y accéder.

Et qu'en est-il des dragons ? Personne au Bhoutan n'affirmera catégoriquement en avoir vu un. Un jour, alors que je discutais avec un ami au marché, je lui ai annoncé que j'écrivais un livre. Puis, sans avertissement, un coup de tonnerre a retenti. Mon ami a déclaré sur un ton solennel :

— Le dragon approuve.

Un jour, alors qu'il était encore enfant, Namgay est rentré de l'école et a annoncé à sa mère que les Américains avaient marché sur la Lune.

— Qui a marché sur la Lune ?

— Les Américains.

— Qui ?

— Les Américains. Les gens qui ont des voitures pouvant aller sur la Lune.

— Ahhhhhhh ! *Go na !*

Elle a levé le bras comme si elle allait lui donner une taloche du revers de la main.

— Ne mens pas !

— *Shapjapne me !* (Je ne mens pas !) C'est l'enseignante qui l'a dit.

Bien des années plus tard, à l'occasion d'une visite au Space and Rocket Center situé à Huntsville, en Alabama, Namgay a eu une confirmation magique de cet événement en observant les roches lunaires et le vaisseau qui avait fait le voyage vers la Lune. Il a commencé à peindre des toiles montrant des fusées américaines, et surtout la fusée Apollo 13, tout en y incorporant l'iconographie bhoutanaise. Treize est son chiffre chanceux. Il disait que les fusées américaines ressemblaient aux dragons bhoutanais. Parfois aux États-Unis, Namgay a l'impression d'être seul, isolé de tous, chevauchant à toute vitesse vers une destination inconnue. Et, en passant, les toiles sont magiques.

Épouser un artiste-peintre thangka bhoutanais s'apparente à un conte de fée, et même un conte un peu fou, mot qui est un synonyme moins poli du mot magie. En réalité, un mariage interculturel n'est pas toujours une partie de plaisir, mais la magie est dans le quotidien. Je repense à l'époque où, à l'âge de neuf ans, je fréquentais une école élémentaire située dans une banlieue typiquement « classe moyenne » de Nashville. J'y ai acquis une connaissance rudimentaire du monde à travers les cours de sciences humaines et le Weekly Reader's. J'aimais lire des contes de fée où il était question de dragons et de chevaliers, aller à la piscine et faire des visites au centre commercial avec des amis. Je savais que je voulais voir le monde, et je savais instinctivement que ma vie emprunterait plusieurs détours. J'étais persuadée de vivre des aventures.

Lorsque Namgay avait neuf ans, il a quitté la maison familiale située à Trongsa, au beau milieu de l'Himalaya, pour entamer une marche d'un mois, pieds nus. Il n'y avait pas de route. Il était accompagné par son oncle, un saint homme bouddhiste vêtu d'une longue robe rouge. Ils se sont rendus à Lhuntse, situé dans l'extrême-est du Bhoutan, aux limites du monde qu'ils connaissaient. Namgay a appris le *Choekay*, le langage religieux tibétain, et a étudié d'obscurs textes sacrés bouddhistes, assis sur une planche en bois dans les arbres qui surplombaient un petit champ de maïs installé dans une clairière. Il a appris à déjouer les singes et à survivre en mangeant des plantes. Son monde se résumait au royaume spirituel à l'intérieur de sa tête. Vingt-six années plus tard, alors que ni lui ni moi n'avions beaucoup changé, nous nous sommes mariés. Chaque matin, je me réveille encore en pensant que certains ont besoin d'une vie tout entière pour connaître une telle magie.

Plus j'avance en âge et plus je crois que la vie ne se limite pas au clinique, au banal, ou au politique. J'ai besoin de croire qu'il existe des choses inexplicables et que tout ne peut être minutieusement déconstruit afin de prendre chaque élément isolément.

Croyez en la magie. Vous ne vivrez peut-être pas d'expériences magiques, mais vous vivrez peut-être quelque chose qui s'en approche ou de tout aussi merveilleux. La porcelaine de Dresde a été découverte au XVIIe siècle par un alchimiste allemand du nom de Johann Friedrich Böttger qui avait été conscrit par le roi de Saxe pour tenter de produire de l'or. Vous voyez ?

Il y a quelques années, nous avons initié la mère de Namgay à Skype. Nous étions aux États-Unis, et elle était au Bhoutan. Nous avons dit « Allô » et elle a répondu « *Kuzu !* » (Allô !). Nous avons ri pendant plusieurs minutes uniquement en nous regardant mutuellement. Impossible d'arrêter. Puis elle s'est levée pour aller voir derrière l'ordinateur. « *Ane terribari ?* » (« Est-ce réel ? ») disait-elle.

Je ne pense pas que ce soit réel. Il y a de la magie partout.

Chapitre 20

Voir le monde avec son cœur

« Le paradis existe, mais vous avez choisi de ne pas le regarder », disait mon ami, le photographe, auteur et explorateur John Guider. Certains d'entre nous ont consacré leur vie à chercher la beauté et à voir le monde. Par voir le monde, j'entends aller au-delà des apparences, dégager un sens, comprendre et examiner une situation sous tous ses angles afin d'en saisir les subtilités.

Voyager à travers le vaste monde et vivre dans des endroits méconnus, cela m'a aidé à comprendre comment le monde fonctionne et de quelle façon l'aborder.

Il faut voir le monde avec son cœur.

Parfois, quand nous arrivons aux États-Unis ou au Bhoutan, nous avons l'impression d'être des hommes-canons, car voyager de nos jours demande rigueur et bonne capacité cardio-vasculaire. La confusion est également au rendez-vous. Un jour, après avoir passé quelques semaines à New Delhi, nous sommes arrivés au Tennessee. Nous avons ensuite décidé de nous rendre en voiture jusqu'à Nashville, puis d'aller voir un film dans un centre commercial. Avant notre départ, je me rappelle avoir vu Namgay, assis à un bureau, en train d'examiner une carte. Il n'arrêtait pas de dire :

— Où est-il ? Je ne le trouve pas.

– Où est quoi ?

– Le Pria Center, a-t-il répondu. Je ne le trouve pas sur une carte.

– Le Pria Center est un centre commercial de New Delhi, ai-je dit. Rappelle-toi. Nous allons au Green Hills Mall de Nashville.

Il était en train de regarder une carte du Kentucky.

La région située au centre du Tennessee compte une faune abondante, et notre cour semblait être située au beau milieu d'une route migratoire utilisée par des animaux de toutes sortes : chevreuils, dindons, renards, hérons, mouffettes, et beaucoup de serpents. Un matin, Namgay a pointé du doigt une marmotte qui s'était dressée sur le terrain qui jouxte notre maison, tout juste en face du boisé qui borde notre propriété. La marmotte se trouvait à environ six mètres de la fenêtre de notre cuisine. Namgay m'a dit qu'elle se pointait le museau chaque matin à l'heure du petit déjeuner. Pourtant, même en m'installant à cette fenêtre pendant une centaine d'années, jamais je ne l'aurais aperçue, car elle était bien dissimulée et je ne suis pas une fine observatrice. Mais les yeux de Namgay, habitués depuis la naissance à scruter la nature, avaient repéré la marmotte sans difficulté. Chercher des yeux la marmotte s'est intégré à ma routine matinale et, chaque fois que je m'en donnais la peine, la marmotte finissait par se manifester ; les animaux sont des êtres routiniers. Elle se dressait sur ses pattes de derrière pour renifler l'air ambiant ou pour chercher de la nourriture et se goinfrer en prévision de son hibernation. Avec son air un peu débraillé, elle me rappelait le journaliste et auteur Christopher Hitchens.

Après avoir passé l'année suivante au Bhoutan, nous sommes revenus au Tennessee. La marmotte n'avait pas chômé pendant ce temps et, au lieu de sa vie en solitaire, elle était maintenant en couple avec trois petits. Au printemps, Namgay s'est absenté pendant un mois pour aller travailler dans un temple. Après avoir conduit Namgay à l'aéroport, j'ai aperçu sur le chemin du retour un des petits qui était mort sur la route, frappé par une voiture. Toute la journée, j'ai pensé avec tristesse à ce bébé sans savoir lequel des trois dont il s'agissait. Voilà le genre de choses dont vous êtes témoin quand vous regardez le monde. Le monde est parfois synonyme de souffrance.

La propreté de notre domicile au Tennessee était assurée par un petit bataillon composé de deux femmes. J'aimais les moments où Janey et Trina venaient faire le ménage, car elles étaient des personnes très agréables à côtoyer. La grisonnante Janey, avec son sourire et sa gentillesse, nettoyait les planchers, passait l'aspirateur et la vadrouille de manière ordonnée et méticuleuse. La rousse Trina, une femme petite de taille au tempérament plus énergique, s'occupait des corvées comme monter dans un escabeau pour épousseter le ventilateur de plafond, étendre du papier ciré dans les armoires de la cuisine et nettoyer le four. Elles bavardaient sans cesse de tout et de rien. J'appréciais leur présence, car je suis issue d'une tradition de gens qui aiment parler et raconter des histoires. Certes, les Bhoutanais sont aussi des raconteurs, mais j'adorais la façon avec laquelle ces dames du Sud livraient leurs anecdotes. Je sais maintenant que cette manière de s'exprimer était ce qui me manquait le plus lorsque j'étais au Bhoutan. C'était comme un déluge verbal.

Nous venions tout juste de rentrer, et Janey m'a demandé à quand remontait notre dernier séjour aux États-Unis. Je lui ai dit que ma dernière visite avait eu lieu trois années auparavant à l'occasion du décès de ma mère.

— Je suis désolée, a dit Janet.

— Elle souffrait d'un cancer, ai-je précisé.

Je n'ai eu qu'à prononcer le mot *cancer*, et les écluses se sont ouvertes : Janey, appuyée sur sa vadrouille, parlait d'une voix douce en articulant chaque mot, le visage accueillant et détendu, tandis que Tina, juchée sur un escabeau en train de nettoyer un luminaire avec ce qui ressemblait à une brosse à dent et une gourde, répondait avec son débit rapide typique du Sud. Il suffisait de changer la langue et l'environnement, et il aurait très bien pu s'agir d'une conversation entre trois femmes dans un village du Bhoutan.

Trina a dit à Janey :

— Connais-tu cette femme qui habite Old Quest Road ? Elle souffre d'un cancer du foie et, la semaine dernière, ils ont cessé les traitements. Ils disent qu'il n'y a plus rien à faire. Elle n'a pas de famille. Je fais le ménage de sa maison, et c'est moi qui l'accompagne chaque mardi chez le médecin.

— Old Quest ou New Quest ? a demandé Janey.

— Son nom de famille est Richards, mais elle n'est parente avec aucun des Richards qui vivent à Coopertown. Elle n'a pas de famille. Je l'aide à faire le tri dans ses affaires. Elle veut se débarrasser de tous ses vieux magazines.

— Ces Richards possèdent une ferme près de la nouvelle école.

— Elle s'est installée dans cette maison blanche après qu'ils eurent eu cet accident.

— Ah oui, a dit Janey. Je la connais. Qu'est-ce qu'elle va faire des magazines ?

— Je les envoie à la résidence pour personnes âgées.

— As-tu déjà mangé au restaurant qui se trouve tout près de la résidence ?

— Lequel ?

— Celui qui sert de la tarte au chocolat avec de la crème glacée à la menthe.

— J'ai une bonne recette de tarte au chocolat, ai-je dit en m'immisçant dans la conversation.

Pour m'amuser, j'essayais de faire dévier la conversation.

— J'y suis allée avec Jerry et eux, a dit Trina en descendant de l'escabeau pour attraper un sac d'ordures. Je veux cette recette, a-t-elle ajouté en se dirigeant vers la porte.

La dynamique est semblable au Bhoutan : la maladie (cancer, diabète, n'importe quelle maladie en fait) est une bonne amorce pour lancer une conversation, peu importe l'endroit où on se trouve dans le monde. Par la suite, cette conversation se poursuivra en empruntant des détours imprévisibles. La leçon que j'en retire est que les êtres humains ne sont pas si différents les uns des autres, peu importe le pays où ils vivent. Nous sommes tous les mêmes dans notre cœur et nous pouvons créer des liens avec d'autres personnes même si nous ne parlons pas la même langue. Ces liens se forgent à partir de n'importe quel point de départ.

Un tel lien s'est créé entre Namgay et un ami plus âgé de Nashville parce que tous deux aiment regarder l'émission *The Apprentice.* Ils se parlent à peine. Mais un lien les unit lorsqu'ils regardent la télévision ensemble.

Il existe une région qui, sans que je sache pourquoi, me touche droit au cœur dès que j'y pose le pied. Même si cet endroit ne correspond en rien à tous les autres endroits que je connais, le contact est immédiat et me donne sans cesse envie d'y revenir. Il s'agit de la région du Douars, cette partie de l'Inde située au sud-ouest du Bhoutan, et ses villes débordantes de vie, Kalimpong et Darjeeling, réputées pour leurs habitations incroyablement perchées à flanc de colline. On retrouve également dans ce secteur le troisième sommet du monde, Kanchenjunga, qui, avec ses 8 500 mètres, représente pour les habitants un majestueux protecteur. Il y a aussi le fleuve Teesta qui louvoie à travers les montagnes couvertes d'une végétation dense et qui s'élargit légèrement lorsqu'il s'engage en serpentant à travers la plaine. Même le nom, *Teesta,* évoque de la tendresse en moi. Sur la carte, l'État indien du Bengale occidental est un petit gribouillage géopolitique qui relie Calcutta, aujourd'hui appelé Kolkata, l'océan Indien au sud et l'Himalaya au nord. Les contreforts de Darjeeling qui s'étendent jusqu'au Bhoutan sont constitués d'exploitations agricoles et de plantations de thé. Même s'il compte officiellement 90 millions d'habitants, le Bengale occidental est un territoire relativement petit, ce qui en fait un des États les plus densément peuplés de l'Inde. En fait, on ignore le nombre exact de personnes qui y vivent. On retrouve aussi 17 millions de Népalais qui vivent dans l'illégalité ; chassés de leur pays natal, ces gens vivent comme des apatrides dénués de droits dans cette partie du nord-est de l'Inde. Ces terres au relief accidenté qui souffrent de la sécheresse et de la surexploitation sont néanmoins grouillantes d'âmes – une masse composée d'êtres humains, de chèvres, de vaches, de voitures, de poussière, de bruit et de chiens. Quand je pense à l'Inde, je vois une brume de poussière brunâtre ; en comparaison, le Tennessee, avec ses vallons et ses arbres feuillus qui poussent en bouquets au milieu des champs, est d'un vert voluptueux et riche. Dans le sous-continent indien, la lutte pour la survie est constante. Le Douar est une région oubliée du reste du monde, mais qui recèle pourtant une énorme énergie. On ne voit que des gens transporter à pied ou à bicyclette des charges invraisemblables de foin, de bois ou de branches de palmiers, tirer une charrette remplie de marchandises, ou nourrir des animaux. Ils n'ont que la peau sur les os, véritables squelettes à la peau tannée, et leurs yeux noirs et leurs visages laissent deviner la dureté de leur labeur. Les seules touches de fluidité et de couleur sont les saris gracieux que portent les femmes. Personne ne ménage les efforts dans cette partie du monde où il faut lutter pour survivre. Je suppose que ce lien avec ces gens que je sens dans mon cœur s'explique par le fait que je suis également une survivante. Voir une pauvre femme tenir son enfant me rappelle que nous faisons tous preuve, à notre façon, de résilience, et c'est en Inde que je le ressens avec le plus d'intensité.

Nous sommes tous, à un certain degré, des survivants.

Le paysage est vaste et les arbres sont déformés comme s'ils avaient été pillés, les branches les plus basses ayant été arrachées pour servir de bois de chauffage. Chaque parcelle de terre est exploitée au maximum et accueille une maison, une route de terre, un champ cultivé, un temple, un bâtiment placardé d'affiches. Malgré l'aspect décrépit et empoussiéré, le tout n'est pas dénué de charme.

Lors de notre dernier séjour à Darjeeling, un pont a été emporté à Binnaguri, là où les plantations de thé et les exploitations agricoles qui cultivent le jute dominent la plaine. Pendant plus d'un kilomètre, on apercevait des camions garés sur le côté de la route et des cuisines de fortune avec des feux à ciel ouvert où on préparait de la nourriture à vendre aux camionneurs. Quelqu'un a raconté à notre chauffeur que ces installations étaient là depuis trois jours. Nous avons alors décidé de faire un détour en empruntant une route de terre à une voie qui traversait des villages isolés et des fermes. C'était le jour du marché, et tout le monde apportait du jute pour le vendre. Il y avait du jute partout : en rouleaux, pendu sur les côtés des ponts pour le faire sécher, ou tressé pour en faire de la corde. On apercevait aussi d'énormes ballots de jute que l'on transportait à bicyclette ou sur des charrettes. Parfois, les ballots empilés atteignaient deux mètres de hauteur et, au-dessus, assises comme si elles étaient de petites déesses, on apercevait de jolies fillettes vêtues de saris colorés.

Nous nous sommes ensuite engagés dans un secteur marécageux, et le chemin de terre, légèrement surélevé, était désormais bordé d'eau de chaque côté. De jeunes hommes avaient installé des péages de fortune pour extorquer de l'argent en échange d'un « reçu » qui accordait le droit de passer à travers leur village. Ils appartenaient probablement à une organisation antigouvernementale — il en existe des centaines du même genre — qui milite, en vain à mon humble avis, en faveur de la sécession du Bengale avec l'Inde et de son retour au statut de pays souverain. Après que notre chauffeur indien se fut mis en colère et eut refusé de payer, ils nous ont laissés passer. Une fois de retour sur la route principale, nous avons aperçu deux chiens mâles qui copulaient simultanément avec une chienne, scène qui témoignait de la vie dans ce qu'elle a de vulgaire.

Une semaine plus tard, sur le chemin de retour vers Thimphou, nous avons constaté avec soulagement que le pont avait été réparé, ce qui nous évitait de faire le même détour. Nous n'étions plus qu'à une heure de route de la frontière avec le Bhoutan lorsque nous avons aperçu devant nous ce qui ressemblait à un éléphant entouré par une foule. En nous approchant, il est devenu évident qu'il s'agissait d'un accident. Il s'agissait en fait d'un camion militaire, et non d'un éléphant. Le véhicule avait fait une sortie de route pour atterrir sur le côté dans un fossé. Derrière la roue arrière gauche, on apercevait ce qui restait d'une motocyclette très amochée. Nulle trace du conducteur de la motocyclette mais, à côté du camion, un officier en uniforme et coiffé d'un béret rouge de l'armée indienne était encerclé par une foule en colère composée de jeunes hommes qui vociféraient et gesticulaient. Le militaire était probablement le conducteur du camion. C'était un homme de belle apparence, grand et mince, avec des traits ciselés d'acteur de cinéma. Lorsque notre voiture est passée près de lui, j'ai été capable de voir l'immense peine que trahissait son visage. Il gardait la tête basse et brandissait son poing droit dans les airs. J'ignore ce que signifiait ce geste, mais la scène était affligeante.

J'ai demandé à Namgay si nous devions arrêter pour essayer de faire quelque chose, mais c'est notre chauffeur qui a répondu. Il a dit non ; nous devions continuer notre route.

— Si nous nous arrêtons, Dieu seul sait ce qui pourrait nous arriver.

— Qu'est-ce qui va arriver ? Va-t-il s'en sortir ?

Personne n'a répondu. Dans cette région de l'Inde, il n'est pas rare qu'une foule décide de se faire justice et lynche sans autre forme de procès ceux et celles qu'elle juge coupables.

J'ai eu l'impression d'avoir retenu mon souffle jusqu'à ce que nous traversions la frontière à Phuentsholing. Jamais je n'avais été aussi heureuse d'arriver à la maison. Les images de l'accident et de l'officier indien me hantaient. Quelques jours plus tard, j'ai appelé mon amie Maria qui vivait à Sikkim, l'État situé au nord du Bengale occidental. Je lui ai raconté l'accident et le geste du poing dans les airs.

— Il s'agissait peut-être d'un geste politique, a-t-elle dit.

Le Bengale occidental avait connu un régime communiste avant l'arrivée d'un nouveau gouvernement.

— Il voulait peut-être manifester sa solidarité.

Ce n'était pas dénué de sens.

— Crois-tu qu'il va bien ? ai-je demandé, sachant fort bien qu'elle ne pourrait pas me donner un oui catégorique.

— Oui, a-t-elle répondu énergiquement. De toute façon, a-t-elle ajouté, si c'est un militaire, il avait une arme.

— Merci de me dire ce que je souhaite entendre, ai-je dit. J'ignore pourquoi, mais je ne peux m'empêcher d'y penser.

— Parce que c'est pénible et douloureux, a-t-elle ajouté. Voilà pourquoi.

C'est peut-être en lien avec cette lutte, ce dur labeur, qui me va droit au cœur. Il y a tant d'efforts dans cette partie du monde. La vie est fragile, réduite à son expression la plus primitive. En fait, elle ne vaut presque rien. Les gens vivent d'expédients et sont laissés à eux-mêmes. La réalité dépasse la fiction, ce qui se confirme d'ailleurs dans d'autres parties du monde. Mais une pensée me remplit d'espoir, d'amour et de quelque chose qui ressemble au bonheur : aucun être humain ne peut être à part des autres. John Donne avait raison. « Aucun homme n'est une île. » Nous sommes tous solidaires, et il y a un monde à voir. Vaste programme.

Chapitre 21

Mettre l'ego en laisse

Règle générale, nos pensées et nos actes sont dictés par notre ego. Si tant de conflits surviennent, c'est parce qu'ils sont alimentés par une envie démesurée de penser d'abord à soi. Cet égocentrisme nous amène à croire que le monde tourne autour de nous et de nos besoins. Nous devenons des esclaves de notre individualité. C'est le propre de la condition humaine. Nous devons montrer au monde que nous existons ; nous devons montrer ce que nous sommes capables de faire. De là découle une souffrance, car aucun d'entre nous n'est le nombril du monde. Plus nous apprenons à nous mettre dans la peau de l'autre et à cesser d'être centrés uniquement sur nous-mêmes, et plus nous serons heureux.

Cette propension à essayer de dominer l'autre et de le surpasser, cette manie de penser d'abord et avant tout à soi, entraîne un conflit. C'est pourquoi le monde va autant de travers. Les débordements d'ego nous rendent imprudents, irresponsables, avides de pouvoir, irréfléchis, malheureux. Nous avons tous un ego. L'idée ici n'est pas de nous en débarrasser ; c'est impossible. Vous pouvez essayer de le dompter ou de l'ignorer mais, en bout de ligne, vous n'y parviendrez pas. Il reviendra en force, et tout sera plus puissant et agressif que jamais. Ces problèmes auxquels nous sommes confrontés sont inhérents à la vie elle-même. Ils ont pour cause l'argent, les relations avec les autres, le travail, ou le simple fait de négocier avec la vie. Ces problèmes seront toujours présents, et nous pouvons travailler à les résoudre ; toutefois, lorsque l'ego entre en jeu, ces problèmes deviennent indissociables du « nous ». Nous sommes ce que nous faisons — ou pire, ce que nous souhaitons être. Notre ego sème la pagaille, et la solution consiste à transcender l'ego.

Qui suis-je ? Je ne suis pas la somme de mes attributs et de mes habitudes. Je n'ai pas besoin de prouver que je suis unique. C'est un piège. Nous sommes davantage que notre ego.

Pour montrer comment notre ego peut nous rendre tristes et stupides, je vais utiliser un exemple puisé dans ma propre vie. Je vais vous confier un lourd secret à propos de notre mariage : nous nous chamaillons. Je vais vous laisser le temps d'encaisser le coup parce que je sais que cette révélation est choquante. La plupart de nos disputes sont ridicules pour toutes sortes de raisons, mais elles s'expliquent surtout par l'ego. Tout d'abord, il y a ce gouffre culturel qui nous sépare et qui ne disparaîtra pas. C'est inscrit dans notre ADN. Après tout, nous sommes des êtres humains.

Un des premiers gestes que j'ai posés au moment de notre mariage a été de me constituer une banque de mots en dzongkha, la langue de Namgay, qui me serait très utile pour me disputer : « *Ca che BE !* » (Pourquoi ?), « *Le shim men du.* » (C'est nul.), « *Jeda !* » [censuré], « *Cheu sage !* » (Tu es un idiot !). C'était une excellente idée parce qu'ainsi, il saisit mieux ce que je dis quand nous nous disputons, sans compter qu'il s'agit là d'un signe de respect à son endroit.

Ne vous laissez surtout pas berner par le comportement affable et les manières empreintes de simplicité de mon mari. Il est un bouddhiste froid et calculateur et, croyez-moi, il utilise tout l'arsenal que sa religion lui offre : l'humour, la vérité et la compassion, ainsi que bien d'autres choses en apparence positives et enrichissantes, mais qui sont en fait très noires et tordues quand nous nous disputons.

L'objet de nos disputes ? Des niaiseries qui tournent surtout autour de la notion du temps. Namgay souffre d'un trouble qui affecte beaucoup de Bhoutanais : son code génétique l'empêche de voir l'aiguille des minutes d'une montre ou d'une horloge. Cela me rend folle même après toutes ces années. En voici un exemple. Je lui demande l'heure. Il répond qu'il est 9 h. J'entre dans notre chambre à coucher pour aller chercher quelque chose et je jette un coup d'œil sur le réveil. Il indique 9 :48. Quand je lui fais remarquer son inexactitude et qu'en fait, il est beaucoup plus proche de 10 h — il *est* même 10 h à toutes fins pratiques —, il est sincèrement perplexe. Il pense que je suis tatillonne. Pour lui, il est 9 h — plus ou moins 48 minutes. Pourtant, à d'autres moments, il peut être précis à la minute près, par exemple lorsque je lui demande s'il va pleuvoir. Ayant grandi au Bhoutan, il est un homme proche de la nature ; tous les Bhoutanais ont un lien avec ces montagnes. Il ne fait qu'un avec les éléments et il est en paix avec tous les êtres vivants. Il peut littéralement sentir le temps qu'il fera. Si je dois me rendre à Thimphou, il dira :

— Prends un parapluie. Il va pleuvoir aujourd'hui.

Je lui demande quand cela se produira, tout en retournant à l'intérieur pour mettre mes chaussures imperméables.

— Vers 14 h 30 environ, répond-il.

Et il a habituellement raison.

La question du temps est celle qui ouvre le plus souvent la porte aux conflits. Par exemple, si nous sommes invités à dîner ou que nous allons voir un film et que nous devons arriver à 19 h 30, je vais dire :

— Nous devons partir à 19 h. Commence à te préparer à 18 h 30.

À 18 h 50, j'entends un bourdonnement à l'extérieur. C'est Namgay qui nettoie l'allée avec la souffleuse à feuilles. Puisque je suis la gardienne du temps, je me précipite aussitôt dehors :

— Qu'est-ce que tu es en train de faire ? Nous partons dans 10 minutes !

— Il va pleuvoir demain, et les feuilles vont coller sur le pavé. Je ne pourrai pas les souffler si elles sont humides.

Buzz, buzz, buzz.

— Et puis ?

— Il commence à y en avoir beaucoup.

— Namgay, il y a tout au plus cinq feuilles dans l'allée.

— Ça fait malpropre.

D'accord, il est de type obsessionnel-compulsif, mais c'est grâce à cela qu'il est en mesure de peindre comme il le fait. Je dois également admettre que notre cour et notre allée sont impeccablement entretenues. D'ailleurs, il est facile de deviner qu'une personne souffrant de ce trouble vit dans cette maison, puisqu'elle a toujours fière allure.

— Tu vis dans un monde parallèle. Tu me rends responsable de surveiller ton emploi du temps !

(Vous voyez où je veux en venir ?)

— Je n'arrive pas à croire que tu ne sois pas prêt.

Je dis ces mots sur un ton convaincu, comme si je m'y attendais, presque.

– Il fallait absolument que je souffle les feuilles dans l'allée.

Puis, il ajoute :

– Je te cause beaucoup de soucis, je sais. Tu as raison. Je n'ai pas la notion du temps.

Vous voyez ? Lorsque la situation tourne à la confrontation, Namgay a recours à ce tour de passe-passe mental emprunté aux arts martiaux : utiliser la force de son adversaire pour la retourner contre lui. Dans ce cas, l'adversaire (en l'occurrence moi) lance une attaque verbale. En réaction, il peut soit faire un pas en arrière, acquiescer et plaider coupable, soit attraper mon bras comme si je chargeais, tout en faisant un pas de côté afin que je fonce tout droit vers le mur.

Si vous pensez que je suis immunisée contre cette inattention face au temps après toutes ces années de mariage, et que je vais rester muette, les bras croisés, vous vous trompez. C'est mon enfer bien à moi. Ou à mon ego, si vous préférez.

Lorsqu'il cède et qu'il se range en faveur de mon opinion, le sujet est clos. Toutefois, céder ne signifie pas mettre l'ego de côté, mais le transcender. C'est génial. Il sait qu'être attentif aux émotions de l'autre, prendre acte d'une manière neutre de son état émotif (calme, agité, en colère, frustré ou transporté de joie) et résister à l'envie de vouloir contrôler ce que l'autre ressent, de s'y opposer ou d'essayer de le manipuler (ce que je n'arrive pas à faire), l'ego est transcendé. Dit autrement, les émotions générées par l'ego ne disparaissent pas. Vous continuez à les ressentir. Vous en prenez acte, mais sans essayer de changer les autres en raison de ces émotions. C'est comme si vous sortiez de vous-même. Vous vous élevez au-dessus de votre besoin d'avoir raison.

Quand je suis à court de mots, je vais là où nous allons tous lorsque nous avons besoin d'aide, de conseils, d'inspiration, d'une voie à suivre, ou tout simplement d'une bonne citation à mettre sur Facebook. Je consulte un site Web qui propose des citations comme Citations.ca. Par exemple, Bouddha aurait dit : « Lorsqu'une controverse éclate, et dès l'instant où la colère monte, nous cessons de chercher la vérité pour plutôt chercher à nous défendre. »

En résumé, c'est le besoin de contrôle qui nous pousse, et qui me pousse, à nous quereller. L'ego sera toujours de la partie. Ce que vous souhaitez faire, et ce que Namgay réussit souvent à faire, est de transcender l'ego. Sentez sa présence, mais ne le laissez pas dicter votre conduite. Utilisez-le à la manière des arts martiaux.

Juste au cas où vous auriez l'impression que Namgay est à l'épreuve de tout et qu'il parvient à conserver son calme bouddhiste (et je dois admettre qu'il y arrive souvent), je peux également révéler qu'en fait, il ne se comporte pas toujours ainsi. Dieu merci.

Nous possédons une grande collection de livres d'art qui compte notamment une trentaine de catalogues de vente aux enchères de Christie's et de Sotheby's. Ce sont des ouvrages somptueux, fantastiques et riches en couleurs que nous feuilletons souvent le soir pour discuter des œuvres présentées. De plus, c'est un merveilleux moyen pour Namgay de s'initier à l'art occidental.

Il avait cependant beaucoup de difficultés à concevoir qu'un tableau de Mark Rothko, une toile blanche de 1,8 par

1,2 mètre avec une petite tâche de rouge dans le haut et une tâche légèrement plus grande de rouge dans le bas, puisse valoir entre 18 et 20 millions de dollars. Ça le mettait en colère. Un jour, pendant qu'il regardait un catalogue Sotheby's, je l'ai entendu dire « Ayyyyy » avant qu'il ne lance le livre de l'autre côté de la pièce.

— Que se passe-t-il ? ai-je dit. Es-tu encore en train de regarder Rothko ?

Il a ramassé le livre et l'a ouvert à une page où il y avait une toile minimaliste qui avait été adjugée pour 14 millions de dollars. C'était juste un tableau gris.

— C'est beaucoup d'argent, ai-je dit.

— Je ne comprends pas, a-t-il soupiré en hochant la tête. Il n'y a rien.

Parfois, il doit avoir l'impression d'avoir été projeté dans un univers parallèle où plus rien n'a de sens. Je sais, je ressens parfois la même chose. Être un citoyen du monde n'est pas pour les cœurs sensibles. Ni pour les gros egos.

Il bénéficie toutefois d'un avantage en raison de son éducation bouddhiste. Il comprend beaucoup de choses et possède une bonne capacité d'adaptation. Au Bhoutan, les manifestations d'ego sont un spectacle pour les Bhoutanais qui sont habituellement des personnes calmes et sans prétention, contrairement aux Occidentaux et à leur tendance à être démonstratifs et prompts à se glorifier. Bien sûr, les Bhoutanais ont un ego ; ils ne l'affichent pas ouvertement, c'est tout.

Les Quatre Nobles Vérités sont un des enseignements de Bouddha après qu'il eut atteint l'illumination. Je souhaite vous en parler, d'une part parce que c'est pertinent, d'autre part parce que c'est le moyen utilisé par les bouddhistes pour contrôler l'ego et éviter les pièges qui poussent les êtres humains à tuer, haïr, détruire, blesser et faire toutes sortes de choses qui sont méchantes, destructrices, et surtout autodestructrices.

Voici ma propre interprétation des quatre vérités.

1. La vie est difficile. Nous pouvons faire comme si ce n'était pas le cas et vivre des moments de bonheur et de félicité. Nous pouvons jouir de certains aspects de notre vie sur Terre. Toutefois, il y a cette vérité qui est parfois cruellement déprimante : nous allons tous mourir un jour. Et d'abord, nous allons probablement devenir vieux et malades. Je suis désolée d'être aussi rabat-joie, mais personne n'y échappe.

2. Chaque geste que nous posons, et ce, sans exception, vise à éviter les faits énoncés dans la première Noble Vérité. Notre souffrance en ce monde est le résultat direct de ce désir – notre désir que tout soit facile ; de posséder de beaux objets ; d'être riche ; d'accéder au pouvoir, à l'abondance et à la reconnaissance sociale ; de commander encore plus de chaussures sur Internet. Nous souffrons parce que nous ne voulons pas mourir et que nous voulons des choses qui ne peuvent être. C'est notre désir intense de surmonter notre propre insignifiance dans l'ordre naturel des choses. C'est notre espoir que des objets qui sont extérieurs à nous-mêmes concourent à notre épanouissement et que l'accumulation de biens puisse conjurer la mort. Toute cette souffrance est le produit de cette lutte contre l'inéluctable et de cette

résistance face à l'inévitable. Mesdames et messieurs, permettez-moi de vous présenter l'ego.

3. Bonne nouvelle ! Vous pouvez briser ce cercle vicieux fait de désirs et de souffrance. Vous le pouvez vraiment, et Bouddha vous propose le sentier octuple qui est, de manière générale, un plan pour vivre une vie solide et droite où vous vous préoccupez suffisamment des autres qui vous entourent et où vos gestes visent un but qui est extérieur à vous, de manière à ce que vous puissiez voir les choses comme elles sont ; avoir la bonne intention ; parler et agir à partir d'une motivation éthique ; consentir l'effort et la concentration appropriés. Suivre ce sentier, en tout ou en partie, allège notre souffrance, car nous renonçons à laisser notre ego nous mener et nous contrôler à sa guise.

4. Suivez ce sentier, et soyez éveillé et pleinement conscient. Voyez les choses sous leur vrai jour. Voilà l'illumination.

Nous voulons tous être heureux. C'est pourquoi nous pouvons parfois laisser notre ego nous dicter notre conduite. La voie qui mène au bonheur commence avec cette intention, cette volonté d'être heureux. Mais le bonheur n'est pas le fruit du hasard. C'est le résultat d'une action. Cette action peut prendre la forme d'un éveil, d'une pleine conscience, ou d'une décision de ne rien faire et de rester passif. Il peut aussi s'agir d'un choix entre poser tel ou tel geste. L'important est d'en être conscient. Vous devez choisir d'être heureux. Être heureux se résume à des choses simples : manger, dormir, respirer, marcher, manifester de l'indulgence envers soi-même et envers les autres, et toutes les autres idées que j'ai décrites dans ce livre.

Avant toute chose, vous devez vous détendre et trouver votre centre, cet endroit à l'intérieur de vous qui correspond à votre moi véritable et qui le reste, peu importe les circonstances.

C'est une démarche simple, mais qui peut paraître compliquée parce que, pour beaucoup d'entre nous, il s'agit de mots et de concepts qui nous sont étrangers. Ce livre n'est qu'une amorce. Je ne suis pas en mode recrutement. Je préconise seulement de mettre l'ego en laisse et de méditer sur les moyens qu'il utilise pour vous faire commettre des faux pas. Dans presque tous les cas, la cause de ce qui est difficile ou problématique remonte jusqu'à l'ego.

Pour être en mesure de composer avec les énormes changements auxquels nous sommes confrontés dans notre vie, nous devons détecter les moments où nous sommes soumis à l'ego, en prendre acte, puis réagir avec calme à ce qui se passe autour de nous. Nous pouvons alors passer à l'action. À mes yeux, le temps nous est trop compté pour agir autrement.

Chapitre 22

S'éveiller

Si je regarde à travers la fenêtre de mon salon lorsqu'il pleut, je ne vois que des montagnes enveloppées de nuages, mais je sais qu'en-dessous il y a une ville, Thimphou. Le sentiment d'isolement est double. Ces nuages blancs qui recouvrent le sommet des montagnes créent un effet de parasol. Ils me rappellent aussi un souvenir d'enfance lorsque j'utilisais des draps, des couvertures et des oreillers pour recouvrir des chaises et d'autres meubles pour les transformer en forteresses. J'étais à l'abri du monde, ou à tout le moins j'en avais l'impression. La perception est une partie si importante de la réalité. J'aime ce mélange de solitude, de tranquillité d'esprit et de calme. C'est quelque chose de difficile à trouver en ce monde.

Là réside toute la magie du Bhoutan. C'est un endroit non pollué dans tous les sens du terme C'est un refuge, un lieu de ressourcement. Y faire un séjour produit un effet thérapeutique et procure un sentiment de protection, d'isolement. L'esprit s'apaise. Il se centre sur lui-même. La réduction du « bruit » ambiant permet aux idées d'émerger. Je ne suis pas la seule à penser ainsi. D'autres disent la même chose. Il est bon de trouver un sanctuaire, un endroit sûr où il y a moins d'obstacles au bonheur, où nous pouvons trouver la force et la conscience d'arriver à l'éveil.

Pour les bouddhistes, le processus d'éveil est synonyme de prise de conscience, une condition préalable à l'illumination. Bouddha est l'être éveillé. D'ailleurs, le mot *Bouddha* vient du mot *budhi,* qui signifie « s'éveiller ». Si vous n'êtes pas familier avec ce concept bouddhiste, l'éveil peut signifier plusieurs choses : être plus attentif à ce qui vous entoure ; éviter d'être trop absorbé par sa propre vie ; vivre le moment présent ; être moins obsédé par le futile ; apprendre à être pleinement conscient ; apprendre à voir le monde tel qu'il est ; s'améliorer et faire preuve de plus de compassion ; comprendre comment les pensées et les actions affectent toute personne et toute chose. L'éveil est votre responsabilité. Je n'essaie pas ici de prêcher en faveur de l'illumination. Ce qui m'intéresse, c'est d'être éveillée.

– Qu'est-ce qui te plaît à propos des États-Unis ?

Je pose ainsi à Namgay une question typiquement américaine. Un Bhoutanais ne poserait probablement jamais une telle question, parce que ça ne fait pas partie de sa culture. Sauf que Namgay me connaît et il sait que je lui pose cette question parce que ses réponses varient en fonction de son humeur du moment. Ses réponses sont un baromètre, une indication de son état d'esprit. Je suppose que mes questions sont également des baromètres.

– Qu'est-ce que j'aime ? Walgreens, dit-il.

– Quoi d'autre ?

– J'aime ce qui est propre.

Voilà une indication de son état d'esprit.

– As-tu l'impression que les Américains sont trop matérialistes ?

– Non. Peut-être.

– Selon toi, qu'est-ce que les Américains pourraient faire pour améliorer leur vie ?

– Je pense que les Américains pourraient être plus éveillés, dit-il.

L'éveil n'est pas chose facile. Je le sais parce que, toute ma vie, j'ai essayé d'y arriver.

J'observe Namgay lorsqu'il commence un de ses thangkas. Il applique d'abord un fin mélange de craie et de colle sur un morceau de coton étiré et fixé éventuellement à l'intérieur d'un cadre en bois. Il frotte ensuite le tissu avec une pierre lisse, à quatre reprises, jusqu'à ce qu'il devienne doux et brillant. Le thangka peut ainsi être enroulé et déroulé à l'infini sans que la peinture ne se craquelle. Tout ici est question de superpositions de couches afin d'obtenir l'effet voulu.

Il dessine des images de Bouddha, puis il ajoute la peinture en commençant toujours par le ciel et l'arrière-plan terrestre. Il travaille vers l'intérieur en peignant les Bouddhas. Les Bouddhas inférieurs (apprentis ou lamas) sont peints les premiers – vêtements, membres et visages – afin que les personnages plus importants n'aient pas à attendre que les autres Bouddhas soient terminés. Chaque étape respecte une tradition ancestrale. Le dernier élément à peindre est le visage de Bouddha, et le dernier élément ajouté au visage est les yeux. Lorsqu'il les peint (toujours tôt le matin lorsque le monde est neuf et que ses mains sont très stables), on dit que le Bouddha « s'éveille ».

Il reproduit le même rituel avec chaque toile. J'ai un faible pour les dieux du courroux. Namgay les représente dans la pose yogique du Guerrier, jambes écartées, ce qui offre un maximum d'appui. Le centre de gravité du corps est bas, ce qui permet de se propulser, de rester en équilibre ou de repousser une attaque. Tous ont pour caractéristique commune d'être entourés de feu. Leur visage hideux est muni de plusieurs yeux globuleux et de crocs, et souvent ils ont plus que le nombre requis de têtes et de membres. La couronne en forme de crâne dont ils sont coiffés indique leur caractère tantrique. Ils portent des robes gaufrées en or ou des pagnes en peau de tigre, ainsi que des colliers faits de plusieurs têtes et corps écorchés. Dorje Drolo, la réincarnation courroucée de Padmasambhava, et Vajrapani sont parmi les centaines, voire les milliers, de dieux du même genre.

Ils brandissent des épées ou des flèches enflammées, et parfois aussi des bâtons. Leurs mains et leurs doigts sont figés dans diverses postures appelées *mudras*. Il existe 108 mudras. Vous n'avez qu'à penser aux mains jointes pour prier, au signe de la paix, ou au doigt d'honneur. Les mudras sont des transmetteurs d'énergie. Ils sont liés aux pratiques de yoga et aux rituels tantriques secrets, et contribuent à la circulation de l'énergie à travers le corps. On pourrait les comparer aux signes utilisés par les gangs de rue, mais de style tantrique. Au lieu d'être associés aux fusillades en pleine rue et à la musique hip-hop, ces êtres courroucés sont voués à la protection. Ce sont des protecteurs intimidants, complexes, secrets et ritualistes, mais ils assurent vos arrières et votre propre salut, et incarnent la voie royale vers l'illumination. Chacun possède des aptitudes qui lui sont propres. Avec ses trois yeux, Dorje Drolo le rouge brandit un poignard et un scorpion. Il s'est enfui du Tibet assis sur le postérieur de sa dur-à-cuire de petite amie qui s'était transformée pour l'occasion en tigresse. À l'instar du puissant protecteur Vajrapani, la plupart de ces dieux ont des aiguillons tantriques, appelés *dorjes*, d'où jaillit de l'électricité, des éclairs, ou des décharges de *vajra* (un mot qui signifie lumière, foudre, indestructibilité, précision, ou illumination).

Les courroucés peuvent vous asséner un coup de pied au visage, mais c'est pour votre propre bien ; ils utilisent leurs pouvoirs pour faire le bien, et si leur apparence et leurs gestes semblent effrayants, c'est pour vous protéger du danger et de votre propre turpitude pendant votre sommeil. Ils participent à votre éveil et se dressent sur des disques ou des trônes jonchés de restes de dépouilles humaines. Mais ne prenez pas tout au pied de la lettre. Il ne s'agit que d'une métaphore. Ces corps représentent les attributs ou les habitudes qui nous empêchent d'accéder à l'illumination : la colère, l'appât du gain, l'ignorance, et toutes ces choses qui nous aveuglent et nous poussent à agir de manière contraire à l'éthique et à l'illumination. Cependant, la colère peut, en un sens, mener à l'illumination. Intéressant, n'est-ce pas ? Les dieux du courroux sont des miroirs qui transforment la colère en sagesse. Vous vous demandez peut-être : *Pourquoi exprimer tant de colère ?* C'est que vous ne pouvez pas vivre en ce monde et ne pas être en colère. Pour la plupart d'entre nous, ce monde n'est pas celui dans lequel nous sommes venus, et cela est plutôt irritant — effrayant, même. Ou encore, nous pouvons nous sentir paralysés, acculés dans un coin, ou contrariés. C'est pourquoi la colère « vajra » que les dieux du courroux incarnent est une colère justifiée, voire nécessaire, qui fait partie intégrante du bouddhisme. Ces dieux du courroux sont les gestionnaires de la colère par excellence. Fixez-les du regard, méditez, contrôlez votre colère, votre avidité ou tout ce qui fait obstacle à l'illumination, puis retournez la situation à votre avantage.

J'ai toujours cru que le travail de Namgay, sa vocation ou sa destinée karmique, était d'aider les gens à s'éveiller, et c'est ce qu'il fait avec les thangkas qu'il peint. Les images qui dépeignent le panthéon des dieux bouddhistes sont des signes et des symboles, des indications, qui nous rappellent de suivre la voie de l'illumination. Peu importe le moyen utilisé – sagesse, compassion, sexe, colère, philatélie, yoga (conformément à la tradition tantrique, tout peut constituer un véhicule d'illumination) –, il existe un dieu ou un saint qui le personnifie. D'une certaine manière, Namgay peint des appels à l'éveil qui sont raffinés et élaborés. La toile de Namgay présentée sur la page couverture de ce livre, appelée *The Great Game* (Le grand jeu), a été faite à notre retour au Bhoutan après un séjour aux États-Unis. Avec la fusée, Namgay cherche à se rappeler d'être pleinement conscient, éveillé. Je sais qu'il se projette dans cette fusée qui file à toute vitesse sans destination précise. Il dit se sentir ainsi lorsqu'il est aux États-Unis, et il se sert de son art pour explorer et comprendre ce qui se passe autour de lui.

Quiconque prétend avoir atteint l'illumination doit être vu avec un œil suspicieux, à moins qu'il ne s'agisse d'un maître bouddhiste de l'Himalaya qui l'a mis en pratique toute sa vie. Et même dans ce cas, s'il s'agit réellement d'un être illuminé, il est plus que probable que cette personne ne prononce jamais de telles paroles et vous encourage même à douter. L'illumination est un processus long et complexe même si, pour l'école bouddhiste tantrique du Bhoutan, l'illumination peut survenir aussi rapidement qu'un clignement des yeux ou le passage du rouge au vert d'un feu de circulation.

Cette version du bouddhisme propre au Bhoutan et au reste de l'Himalaya est une branche tantrique selon laquelle vous pouvez atteindre l'illumination au cours de votre présente vie. Vous n'avez cependant qu'une seule chance. Si vous ne trouvez pas la voie appropriée, il n'y aura pas de seconde chance.

Déménager au Bhoutan a été le point de départ de mon propre éveil même si, après toutes ces années, je n'y suis pas encore tout à fait arrivée. J'ai cependant pu remettre le compteur à zéro pour repartir sur de nouvelles bases. J'ai été centrée sur moi-même la plupart du temps, ce qui est fort utile pour cultiver la prise de conscience, écrire et rêvasser, mais pas si utile pour tout le reste. Cela m'a confirmé qu'il faut cesser de trop se regarder le nombril pour penser davantage aux autres. Ça, nous le savons tous déjà. Ce qui nous manque, ce sont des moyens efficaces de séparer le bon grain de l'ivraie, ce qui est important de ce qui ne l'est pas. Voilà en quoi consiste l'éveil.

Les Bhoutanais s'intéressent au reste du monde tout en étant conscients que le Bhoutan est unique. Ils savent également que cette spécificité peut susciter un soupçon d'envie, et peut même s'avérer périlleuse. Il faut vivre ici pour comprendre l'impact profond de l'isolement sur les individus, leur vision du monde et leur façon de vivre. À bien des égards, ils sont semblables à nous. Parlez à un jeune Bhoutanais, et la conversation déviera inévitablement sur son désir d'aller en Australie ou aux États-Unis afin de gagner suffisamment d'argent pour acheter le bois qui servira à construire une maison.

— Pourquoi veux-tu une maison ?

— Pour avoir un peu de confort, madame.

— Tu vas devoir travailler dur en Australie. Il est même possible que tu n'amasses pas assez d'argent pour l'envoyer chez toi et construire une maison.

— Si je n'ai pas d'argent, rien n'est possible, *mo, Aney ?* (n'est-ce pas, tantine ?) Pas d'argent, pas de Bonheur Intérieur brut.

Récemment, Kinlay et moi avons fait une randonnée jusqu'à un centre de méditation, le Cheri Goempa, qui est situé à la limite nord de la vallée de Thimphou. Nous avons roulé environ une heure jusqu'à un vieux pont couvert en bois orné de drapeaux de prière qui flottent au-dessus des rapides aux nuances bleu-vert. Cette rivière alimentée par l'eau des glaciers représente la frontière naturelle du parc national Jigme Dorji Wangchuck, un vaste secteur de verdure peuplé de créatures de la forêt. Deux kilomètres plus loin, dans la montagne près de Tango, des moines auraient aperçu des tigres du Bengale qui, victimes de la croissance démographique et des braconniers, auraient migré de leur habitat naturel du nord-est de l'Inde vers le Bhoutan pour profiter de la faible densité de population et de l'abondance de nourriture. Habitués à vivre au niveau de la mer, ils se sont adaptés à l'existence à plus de 1 000 mètres d'altitude.

C'est d'ailleurs à la capacité d'adaptation que je pensais lorsque nous sommes sortis de la voiture pour traverser le pont couvert et amorcer une jolie promenade, quoique vigoureuse par moments, sur le sentier en montagnes russes qui mène jusqu'à Cheri. Ma vie tout entière n'a été qu'adaptation. À mi-chemin, nous avions fait une pause pour grignoter du fromage, du pain et des pommes dans un chörten, cette grosse construction bouddhiste à mi-chemin entre une statue et un monticule. Les chörtens sont des endroits qui servent à méditer et que l'on retrouve souvent dans les sentiers qui mènent aux temples. Ma vieille amie Dragana avait d'ailleurs participé à la restauration de ce chörten, il y a bien longtemps. C'est une structure magnifique en forme de dôme, toute blanche, installée sur une base rectangulaire. Dragana, qui a travaillé pendant de nombreuses années au Bhoutan, s'était plainte à l'époque parce que l'entrepreneur avait déposé le sable et les matériaux le long du sentier qui mène au chörten, laissant ainsi les résidents du coin se servir à volonté. Avec ce qu'ils avaient prélevé, disait-elle, elle aurait pu rénover quatre chörtens.

En entendant ces paroles, son maître, un lama, avait fait claquer sa langue et dit : « Tout le karma (positif) acquis en réparant ce chörten disparaîtra en un clin d'œil avec une seule parole ou pensée négative. » Puis il avait éclaté de rire.

Fluide en apparence, le cheminement vers l'illumination – trouver sa voie et la suivre – est en fait très rigoureux. La vie est essentiellement une question d'adaptation et d'évolution de la pensée.

Cheri a été construit en 1619 par Shabdrung Ngawang Namgyal, le grand unificateur du Bhoutan qui pouvait semble-t-il se transformer en corbeau et se déplacer comme un serpent. Il a mené les Bhoutanais dans leur lutte pour repousser les Tibétains qui, au cours des deux siècles précédents, avaient envahi le nord du pays de manière intermittente. Shabdrung était un lama de haut rang, un artiste et un génie de la politique. Il a instauré une structure politique mixte, laïque et religieuse, qui a permis au Bhoutan et aux Bhoutanais de conserver leur identité culturelle et de rester sur la voie du progrès pendant de nombreuses années. Lui-même originaire du Tibet qu'il avait quitté parce qu'on contestait sa légitimité, il avait été en quelque sorte un immigrant, voire un réfugié, à son arrivée au Bhoutan. Mais il s'est bien adapté.

Avec ses nombreux temples patrimoniaux accrochés au flanc d'une montagne escarpée, Cheri accueille environ 40 moines. Au-dessus des bâtiments principaux, des petites huttes et des lamaseries parsèment la montagne. C'est là où les moines et les lamas vivent et méditent dans la solitude — bon nombre d'entre eux pendant trois années ou plus.

Le trajet a pris environ une heure. Une fois sur place, nous nous sommes assises, Kinlay et moi, sur les bancs installés dans la cour faite en dalles afin de prendre la photo à un million de dollars : une vue de la vallée de Thimphou si magnifique qu'elle est à peine descriptible. Le silence était aussi profond que la vue. Ce n'était pas pour rien que Shabdrung avait choisi ce site. Je suis restée assise moi aussi en silence, profitant de la fine bruine qui donnait corps à l'air. Parmi tous les endroits où j'aurais pu me trouver à cet instant précis, j'avais la chance d'avoir abouti ici. Trois moines sont sortis d'un temple pour s'asseoir avec nous. Nous étions prêtes à fraterniser avec eux et à partager des amandes, des prunes, du fromage et des biscuits.

Un des moines avait apporté du thé. Ce n'était pas la première fois que je le rencontrais, et nous avions un ami commun, un autre moine du nom de Sonam, qui s'était lié d'amitié avec un médecin américain qui avait travaillé brièvement au Bhoutan. Le médecin avait ensuite envoyé un billet d'avion à Sonam afin qu'il puisse venir aux États-Unis pour s'installer dans une communauté bouddhiste américaine. Sept années avaient passé depuis, et il était toujours aux É-.U.

— Avez-vous eu des nouvelles de Sonam? ai-je demandé au moine?

— Non.

J'avais entendu dire qu'il conduisait un taxi à New York et je me demandais si c'était vrai.

— Oui, je crois qu'il travaille à New York, a dit le moine.

Au Bhoutan, devenir membre du clergé est l'aspiration suprême. Une vie de moine (ou de nonne) est le billet qui donne accès à une naissance supérieure dans la vie suivante, et possiblement à l'illumination — c'est-à-dire la fin du cycle de mort et de renaissance.

Lui et ses amis, les moines de Cheri, étaient tous âgés dans la vingtaine et le début de la trentaine, et la plupart avaient terminé des années d'études exigeantes. Je n'ai pu m'empêcher de me demander ce qu'il advenait de la testostérone qui coule dans leurs veines, de leurs souhaits et de leurs désirs, de la force vitale présente en eux. Il faudrait une armée de dieux, courroucés et béatifiques, pour transformer le tout en énergie merveilleuse et détachée.

Dans cette forteresse de solitude, ce monastère au sommet du monde érigé dans un pays minuscule qui est lui aussi une forteresse, ils n'avaient pas accès au reste du monde, mais ils avaient certainement accès à une espèce de monde intérieur profond. Je me demandais ce qu'ils pensaient de Sonam. Représentait-il pour eux une espèce de héros – quelqu'un qui avait réussi ? C'était pourtant un univers qu'ils pouvaient à peine entrevoir, même dans leurs rêves les plus fous. Je me demandais néanmoins ce qu'ils imaginaient. Les moines bhoutanais sont en principe des célibataires, et la rumeur courait selon laquelle Sonam avait pris épouse aux États-Unis.

– La porte serait-elle ouverte pour lui s'il revenait ? ai-je demandé. Pourrait-il être moine de nouveau ?

Ce ne serait pas gagné d'avance, ont convenu les moines. Il devrait en faire la demande et se purger afin d'amadouer les autorités. Ce n'était pas impossible, mais c'était plutôt l'exception à la règle.

En fait, nous savions tous que son retour était improbable.

Je suis revenue à la charge.

– Après avoir été un moine, sa vie suivante sera-t-elle une mauvaise réincarnation ?

Le cosmos n'est jamais tendre avec les transfuges.

Oui, ont répondu les moines en chœur, il aura une naissance de niveau inférieur. Il perdra des points karmiques importants. Il était sur la voie royale vers l'illumination, mais il a renoncé.

Entendre des Occidentaux en visite au Bhoutan affirmer que le pays devrait être protégé de l'influence occidentale, que les Bhoutanais devraient rester tels qu'ils sont et qu'ils ne devraient pas regarder la télévision, que le Bhoutan devrait être un musée ou un Disney World à la manière bouddhiste, me hérisse au plus haut point. Namgay a la même réaction. Un jour, il m'a dit à propos d'un groupe de bouddhistes américains : « Je pense qu'ils croient que mes pets sentent l'encens. » Certaines personnes aiment se pavaner en vêtement de moine, ce qui n'est pas sans vexer nos amis moines qui portent ces robes pour symboliser leurs vœux de renonciation au monde.

J'ai toujours prétendu que le Bhoutan n'est pas un musée. Il évolue. En vertu de quel principe lui imposerait-on des standards plus élevés ? Certes, ce n'est pas aussi simple. Je suis chanceuse d'être née aux États-Unis et, à moins d'une catastrophe, je peux aller et venir comme bon me semble. De mon point de vue, et même si c'est facile pour moi de le dire, la vie des Bhoutanais s'est améliorée, et il devrait continuer d'en être ainsi. Bien entendu, je n'ai rien dit de tel aux moines. J'ai plutôt dit espérer que Sonam mènera une bonne vie et à quel point tout cela est très compliqué.

– C'est correct, a dit le moine. C'est le karma.

C'est aussi ce que je pense. Selon moi, il faut vivre comme si tout ce que nous faisons – les bonnes choses, les mauvaises choses, les choses ni bonnes ni mauvaises – était consigné dans un grand tableau cosmique. Si nous pouvons apporter beaucoup de gentillesse et de compassion en ce monde et œuvrer pour le bien, nous pouvons accumuler du bon karma. Que le karma soit réel ou non importe peu. On peut en débattre, mais il n'en demeure pas moins qu'il faut vivre comme si c'était vrai. Vivre en croyant qu'à travers vos actions, les effets s'accumulent, qu'ils soient bénéfiques ou non.

En redescendant de la montagne, je pensais encore à Sonam et à New York. C'était le milieu de la nuit là-bas, et peut-être qu'il était en train de conduire un taxi qui roulait sur un pavage luisant en raison de la pluie, entouré des lumières de la ville. En un sens, j'étais triste pour lui parce qu'il n'était pas dans ce lieu magnifique à vivre d'une manière qui lui revenait de droit. Sauf que je ne connais pas la doctrine bouddhiste et que je sais que c'est un sujet délicat. Je sais également qu'il a reçu une formation de premier ordre et un enseignement secret sur la façon de vivre une dévotion en solitaire dans les montagnes du Bhoutan et de travailler à atteindre l'illumination. Peut-être que ces études et cet enseignement lui ont appris à vivre un éveil, ou à tout le moins à surmonter l'excès de rage qui se manifeste dans les rues de New York, à lutter contre la peur et le désespoir, à cultiver un cœur plein de compassion. Où qu'il soit, il doit être un être agréable à côtoyer, capable de projeter une certaine clarté.

Parfois, je suis si confuse que j'arrive à peine à suivre le fil de mes pensées. J'ai l'impression que mon cerveau va exploser, victime d'une surabondance d'information. La vérité, c'est que je ne suis pas toujours gentille. Comme tout le monde, j'entretiens parfois une vision pessimiste de moi-même et du monde. Je flirte avec le désespoir et, parfois, j'y succombe. Parfois aussi, je suis une piètre mère. Je travaille trop. Je ne travaille pas assez. Il est même possible que je commette des gestes inavouables. Rappelez-vous que je me suis déjà réveillée avec de la garniture à beignet collée dans mes cheveux.

Peu d'entre nous vivons pleinement en conformité avec ce qui nous revient de droit en tant que gardiens de la Terre, en tant qu'individus capables de manifester de la compassion et de la gentillesse. C'est notre esprit qui est en cause, ainsi que les obstacles, réels ou imaginaires, auxquels nous sommes confrontés quotidiennement.

Je pense à tout cela pendant que je descends la montagne. Puis je pense à ma respiration. C'est par cette respiration que je peux exprimer ma gratitude. Je suis reconnaissante pour l'air qui entre dans mon corps et qui me garde en vie. Je remercie l'univers. Je peux goûter cette randonnée. C'est le bonheur.

Je sais que je vais rentrer à la maison, que nous préparerons un repas, puis que nous flânerons un peu avant de nous mettre au lit. Je peux dormir profondément et avoir de merveilleux rêves, puis me réveiller pour profiter d'une nouvelle journée ensoleillée. Je peux aussi passer une nuit blanche en me retournant dans mon lit et en fixant l'obscurité. Même si je ne profite pas d'une bonne nuit de sommeil, je vais quand même me lever le lendemain. Et même si j'ai mal à la tête et que mes yeux piquent en raison d'un manque de sommeil, je vais faire preuve d'indulgence envers moi-même. Ce moment d'insomnie me permet de tourner la page, de recommencer le lendemain et, cette fois, de faire les choses comme il se doit.

Je sais que si j'agis suffisamment ainsi arrivera alors l'éveil.

Remerciements

Je suis chanceuse d'être une espèce d'aimant pour les bouddhas, les bodhisattvas et les protecteurs qui peuvent tout aussi bien me donner une leçon ou un coup de pouce que lancer du feu en ma direction.

Je veux remercier Joe et Judy Baker pour m'avoir offert soutien, opinions, rires, encouragements, et surtout rêves plus grands que nature. Dire que ces personnes extraordinaires sont généreuses de leur temps et de leurs ressources est en deçà de la réalité. Je suis privilégiée de les connaître et je les aime beaucoup tous les deux.

Je veux dire un merci tout spécial à John McQuiston pour m'avoir suggéré ce livre élégant, simple et éclairant intitulé *Always We Begin Again*. Il n'est pas exagéré d'affirmer qu'il a transformé ma vie. Qui l'eut cru ? Merci aussi à Robbie pour cet agréable moment passé à Paro devant une bière et de la pizza.

Je remercie Laurie Abkemeier qui, sous des dehors de femme menue et élégante, est une véritable dynamo. Une auteure ne peut avoir de meilleure amie, et j'ignore comment des gens réussissent à écrire un livre sans son aide. C'est possible, certes, mais beaucoup moins amusant.

Je remercie la remarquable équipe de Hay House : Patty Gift, la responsable des acquisitions qui est aussi belle extérieurement qu'intérieurement, Sally Mason, Alexandra

Gruebler, Monica Meehan, Christy Salinas, Nita Ybarra, graphiste, et surtout Reid Tracy et la remarquable Louise Hay, avec qui tout a débuté. Tous ont fait de moi une meilleure personne. Je leur suis reconnaissante à jamais.

Il y a tant de gens qui m'ont aidée pendant que j'écrivais ce livre, autant au Bhoutan qu'aux États-Unis, que je ne peux les remercier tous. Je veux seulement mentionner Lonnie Frey, qui a lu mon manuscrit et qui m'a prodigué des encouragements. C'était un réel plaisir d'être en compagnie d'une personne si drôle. Je remercie aussi Will Frey qui, avec ses remarquables photos, m'a montré un Bhoutan que je n'avais jamais vu.

Merci à ces personnes : Marie Brown, Lynee Durham, Marcus Leong, Thinley Dorji (comme toujours), John Halpin, Louise Dorji, Ariana Maki, Pem Tandi, et Tim Towers. Vous ignorez peut-être à quel point vous m'avez aidée. Vous êtes tous dans mon cœur. Vous étiez encourageants et inspirants, et je suis chanceuse de vous connaître. Si je suis heureuse, c'est grâce à vous.

Je veux dire un merci tout particulier à mon père, Perry Leaming, pour m'avoir transmis le gène qui a fait de moi une personne qui aime le changement. Et aussi pour être un excellent pilote.

Un gros merci à Phurba Namgay pour m'avoir permis d'écrire de manière si franche à son sujet. Avec amour.

Merci à toutes les personnes du Pitcher Spring Farm. Merci aussi à Holly Quick, dont le nom est une expression à lui seul et qui connaît les secrets de l'oiseau bleu et du bonheur.

À propos de l'auteure

Linda Leaming est une auteure dont les textes ont été publiés dans le *Ladies' Home Journal, Mandala, The Guardian U.K., A Woman's Asia : True Stories* (Travelers' Tales, 2005), et dans beaucoup d'autres publications. Eric Weiner a ajouté ses textes dans son livre à succès publié en 2008, *The Geography of Bliss*. Détentrice d'une maîtrise en littérature de l'Université de l'Arizona, elle prononce régulièrement des conférences sur le Bhoutan dans les établissements d'enseignement, les églises, les colloques et les clubs de livre. Vous pouvez lire son blogue sur www.lindaleaming.com et www.twitter.com/lindaleaming.